本书由黑龙江省新文科研究与改革实践省级重点项目"基于学科交叉融合的商科人才培养模式探索与实践"（2021HLJXWZ010）支持

数智时代新商科人才培养的理论研究与实践探索

王 佳 张 林 著

中国商业出版社

图书在版编目（CIP）数据

数智时代新商科人才培养的理论研究与实践探索／王佳，张林著. -- 北京：中国商业出版社，2024.8.
ISBN 978-7-5208-2988-5

Ⅰ.F7-40

中国国家版本馆 CIP 数据核字第 20241YM321 号

责任编辑：郑　静
策划编辑：刘万庆

中国商业出版社出版发行

（www.zgsycb.com　100053　北京广安门内报国寺 1 号）
总编室：010-63180647　编辑室：010-83118925
发行部：010-83120835/8286

新华书店经销

三河市天润建兴印务有限公司印刷

* * *

710 毫米×1000 毫米　16 开　17.25 印张　250 千字
2024 年 8 月第 1 版　2024 年 8 月第 1 次印刷

定价：68.00 元

* * * *

（如有印装质量问题可更换）

目 录

1 绪论 ··· 1
　1.1 研究背景 ·· 1
　1.2 研究目的与意义 ··· 3
　　1.2.1 研究目的 ·· 3
　　1.2.2 研究意义 ·· 4
　1.3 国内外文献综述 ··· 6
　　1.3.1 国外文献综述 ·· 7
　　　1.3.1.1 关于新文科的相关研究 ······················· 7
　　　1.3.1.2 关于新商科的相关研究 ······················· 9
　　　1.3.1.3 关于数智时代新商科人才培养的相关研究 ······ 12
　　1.3.2 国内文献综述 ·· 13
　　　1.3.2.1 关于新文科的相关研究 ······················· 13
　　　1.3.2.2 关于新商科的相关研究 ······················· 17
　　　1.3.2.3 关于数智时代新商科人才培养的相关研究 ······ 21
　　1.3.3 国内外研究综述 ······································· 22
　1.4 研究思路与措施 ··· 23
　　1.4.1 研究思路 ·· 23
　　1.4.2 具体措施 ·· 24
　1.5 创新之处 ·· 27

2 数智时代新商科人才培养的内涵与理论支撑 ············ 29
　2.1 数智时代新商科人才培养的内涵 ······················· 29
　　2.1.1 数智时代内涵 ·· 29
　　2.1.2 新商科的内涵 ·· 32
　　2.1.3 新商科人才培养的内涵 ····························· 33

2.2 数智时代新商科人才培养的基础理论 ··· 34
    2.2.1 教学规律理论 ·· 34
    2.2.2 全面发展理论 ·· 35
    2.2.3 终身教育理论 ·· 37
2.3 数智时代新商科人才培养的支撑理论 ··· 39
    2.3.1 人才可持续发展理论 ·· 39
    2.3.2 素质教育理论 ·· 40
    2.3.3 产学结合理论 ·· 43
2.4 数智时代新商科人才培养的相关理论 ··· 44
    2.4.1 人力资本理论 ·· 44
    2.4.2 能力本位教育观 ·· 46
    2.4.3 人本主义理论 ·· 48
    2.4.4 职业胜任力理论 ·· 49

3 数智时代商科人才培养的现状分析 ··· 53
3.1 数智时代的发展历程 ·· 53
    3.1.1 第一阶段：以"连接"互联网为特征的互联网转型
         （2000 年之前） ·· 55
    3.1.2 第二阶段：以"分享、共享、融合"为特征的数字化转型
         （2000—2016 年） ··· 55
    3.1.3 第三阶段：以"平台化、智能化"为特征的数智化转型
         （2016 年至今） ·· 56
3.2 数智时代的经济社会变革 ·· 57
    3.2.1 数智化对传统产业模式的再造 ·· 58
    3.2.2 数智化重构现代基础设施体系 ·· 59
    3.2.3 数智化重构科技人才培育体系 ·· 60
    3.2.4 数智化重构社会发展治理模式 ·· 61
3.3 数智时代人才需求结构分析 ·· 62
    3.3.1 通用数字技能与素养人才 ·· 63
    3.3.2 数字技术与业务整合型人才 ·· 63

3.3.3 数字技术和产品研发人才 ………………………………………… 65
3.3.4 数智化治理人才 ……………………………………………… 65
3.4 新商科人才培养的背景和要求 …………………………………… 66
3.4.1 新商科人才培养的背景 ………………………………………… 66
3.4.2 新商科人才培养的特点 ………………………………………… 69
3.4.3 新商科人才培养的现状 ………………………………………… 71
3.4.4 新商科人才培养的必要性 ……………………………………… 73
3.4.5 数智化时代对新商科人才培养的要求 ………………………… 74
3.5 数智时代新商科人才培养面临的问题及成因 …………………… 77
3.5.1 数智时代新商科人才培养面临的问题梳理 …………………… 77
3.5.2 数智时代新商科人才培养面临问题的成因 …………………… 79
3.6 数智时代新商科人才培养的机遇与挑战 ………………………… 84
3.6.1 新商科人才培养的机遇 ………………………………………… 85
3.6.2 新商科人才培养的挑战 ………………………………………… 86

4 国内外商科人才培养的创新与经验借鉴 …………………………… 89
4.1 数智时代下国内外新商科人才培养建设现状 …………………… 89
4.1.1 数智时代下美国新商科人才培养情况介绍 …………………… 89
4.1.2 数智时代下欧洲新商科人才培养情况介绍 …………………… 93
4.1.3 数智时代下澳大利亚新商科人才培养情况介绍 ……………… 96
4.1.4 数智时代下亚洲商科人才培养情况介绍 ……………………… 98
4.1.5 数智时代下国内高校商科人才培养情况介绍 ………………… 102
4.2 数智时代下国内外商科人才培养经验借鉴 ……………………… 108
4.2.1 数智时代下国内外商科人才培养目标总结 …………………… 108
4.2.2 数智时代下国内外商科人才培养能力框架总结 ……………… 110
4.2.3 数智时代下国内外商科人才培养主要措施总结 ……………… 111
4.2.4 数智时代下国内外商科人才培养体系构建经验总结 ………… 113

5 数智时代新商科人才培养模式构建的实证分析 …………………… 116
5.1 基于知识图谱法的新商科人才培养发展趋势分析 ……………… 116
5.1.1 研究方法和数据来源 …………………………………………… 116

        5.1.1.1　研究方法 …………………………………………… 116
        5.1.1.2　数据来源 …………………………………………… 117
    5.1.2　研究文献的时空分布 ……………………………………… 117
        5.1.2.1　文献的时间分布 …………………………………… 117
        5.1.2.2　文献的机构分布 …………………………………… 118
    5.1.3　研究文献热点和演进的可视化分析 ……………………… 119
        5.1.3.1　关键词共现的知识图谱分析 ……………………… 119
        5.1.3.2　关键词共现知识图谱聚类分析 …………………… 123
        5.1.3.3　基于时区图的研究热点演进历程 ………………… 125
    5.1.4　研究结果分析 ……………………………………………… 127
5.2　基于问卷调查法的数智时代新商科人才的能力结构分析 ……… 129
    5.2.1　调查设计 …………………………………………………… 129
        5.2.1.1　调查对象 …………………………………………… 129
        5.2.1.2　调查工具 …………………………………………… 130
        5.2.1.3　评价指标初选 ……………………………………… 130
    5.2.2　调查分析 …………………………………………………… 134
        5.2.2.1　调查问卷收回情况 ………………………………… 134
        5.2.2.2　信度和效度检验 …………………………………… 135
        5.2.2.3　验证性因子分析 …………………………………… 137
    5.2.3　数智时代新商科人才核心能力框架构建 ………………… 143
        5.2.3.1　数智时代新商科人才核心能力结构构建 ………… 143
        5.2.3.2　数智时代新商科人才核心能力结构分析 ………… 145
5.3　基于扎根理论的数智时代新商科人才培养模式分析 …………… 148
    5.3.1　问题引出 …………………………………………………… 148
    5.3.2　研究设计 …………………………………………………… 150
        5.3.2.1　案例选择 …………………………………………… 150
        5.3.2.2　研究方法与分析过程 ……………………………… 152
    5.3.3　研究结果与讨论 …………………………………………… 152
        5.3.3.1　主范畴阐释 ………………………………………… 154
        5.3.3.2　模型阐释 …………………………………………… 158

| | 5.3.4 结论 | 160 |

6 数智时代新商科人才培养模式构建 — 162
6.1 数智时代新商科人才培养模式构建目标 — 162
6.2 数智时代新商科人才培养模式构建原则 — 163
6.3 数智时代新商科人才培养的类型定位 — 164
6.3.1 数智时代新商科人才的"类型"特征 — 164
6.3.2 数智时代新商科人才的"技术"特征 — 165
6.3.3 数智时代新商科人才的"适应性"特征 — 165
6.3.4 数智时代新商科人才的"创新型"特征 — 166
6.4 数智时代新商科人才培养的主要特征 — 167
6.4.1 思政引领，强化立德树人 — 167
6.4.2 数字赋能，促进专业转型 — 168
6.4.3 深度融合，培养卓越人才 — 169
6.5 数智时代新商科人才培养模式框架结构 — 169
6.5.1 数智时代新商科人才培养模式框架目标 — 169
6.5.2 数智时代新商科人才培养模式思路设计 — 171
6.5.3 数智时代新商科人才培养模式框架结构构建 — 172
6.6 数智时代新商科人才培养"1234"创新模式构建 — 174
6.6.1 思政引领+数智赋能的核心思想 — 174
6.6.2 专业教育+思政教育两线相嵌 — 174
6.6.3 知识传授能力培养价值塑造三维目标 — 175
6.6.4 思政引领+数智赋能的四体创新路径 — 176

7 数智时代新商科人才培养模式的具体实施路径 — 179
7.1 确定先进的新商科人才培养目标 — 179
7.1.1 树立跨界融合的人才培养理念 — 179
7.1.2 建立"双创"和逻辑思辨意识 — 180
7.1.3 注重人才实践能力培养 — 180
7.1.4 提高关注全球视野和跨文化交流的能力 — 180
7.2 深化新商科人才培养的思政引领 — 181

7.2.1 强化马克思主义理论教育 ·················· 181
7.2.2 "课程思政"与"业务能力"双驱动 ············ 182
7.3 完善新商科人才培养的教材建设 ··················· 182
7.3.1 更新教材内容 ······························ 183
7.3.2 引入数字教材 ······························ 183
7.3.3 强化实践教材 ······························ 184
7.3.4 建立数字教材评价体系 ······················ 185
7.3.5 加强数字教材团队建设 ······················ 186
7.4 建立多元化新商科人才培养的课程建设 ·············· 186
7.4.1 制定新商科人才培养课程体系 ················ 186
7.4.2 线上线下混合式课程建设 ···················· 188
7.4.3 虚拟仿真实验课程建设 ······················ 188
7.4.4 微型视频网络课程建设 ······················ 189
7.4.5 大型开放式网络课程建设 ···················· 190
7.5 数智时代新商科人才培养的教学方法 ················ 191
7.5.1 加强案例教学方法 ·························· 192
7.5.2 推行问题导向型教学法 ······················ 192
7.5.3 引入自学与讨论联动式教学法 ················ 193
7.6 数智时代新商科人才培养的师资团队 ················ 195
7.6.1 定期组织教师进行培训与进修 ················ 195
7.6.2 推进虚拟教研室的建设与应用 ················ 196
7.6.3 实施教师互助学习计划 ······················ 197
7.7 数智时代新商科人才培养的教学实践 ················ 198
7.7.1 加强实践教学与专业课程的衔接 ·············· 198
7.7.2 注重"互联网+创新创业"实践训练规划 ········ 199
7.7.3 完善线上线下教学模拟实践环境 ·············· 200
7.7.4 搭建元宇宙智慧实践教学平台 ················ 201
7.7.5 构建双赢的实习基地合作机制 ················ 202
7.7.6 重视学生毕业实习实践活动 ·················· 203
7.8 数智时代新商科人才培养的教学评价 ················ 204

  7.8.1 明确教学评价的目标 ………………………………………… 204
  7.8.2 确定教学评价的内容 ………………………………………… 205
  7.8.3 检查教学评价的方法 ………………………………………… 205
  7.8.4 注重教学评价的反馈与改进 ………………………………… 206
 7.9 数智时代新商科人才培养的产教融合与创新创业教育 ………… 206

8 数智时代新商科人才培养的保障体系设计 ………………………… 208

 8.1 政府部门充分发挥主导作用 …………………………………… 208
  8.1.1 加强新商科人才培养的政策支持 …………………………… 208
  8.1.2 完善新商科人才培养的环境条件 …………………………… 209
  8.1.3 建立新商科人才培养的激励机制 …………………………… 210
  8.1.4 完善新商科人才培养的高校评价工作 ……………………… 211
 8.2 高校充分发挥主体作用 ………………………………………… 212
  8.2.1 完善高校内部治理机制 ……………………………………… 212
  8.2.2 举办国际会议并引进外籍教师 ……………………………… 213
  8.2.3 及时发现新商科人才培养中存在的问题并进行相应改进 …… 213
 8.3 行业协会发挥应有职能 ………………………………………… 214
  8.3.1 提供就业指导与实践平台 …………………………………… 214
  8.3.2 为人才就业发展提供指导 …………………………………… 215
 8.4 建造跨组织共享机制 …………………………………………… 216
  8.4.1 高效利用智能化数字技术优势 ……………………………… 216
  8.4.2 打造多样化信息共享方式 …………………………………… 216
  8.4.3 规范信息标准与传播渠道 …………………………………… 217
 8.5 构建资源有效配置机制 ………………………………………… 218
  8.5.1 利用信息引导资源配置 ……………………………………… 218
  8.5.2 计划性与自发性资源配置相结合 …………………………… 218
  8.5.3 利用增量产出优化资源配置 ………………………………… 218

9 数智时代新商科人才培养的实践探索与经验总结 ………………… 220

 9.1 哈尔滨金融学院数智化新金融人才培养实践案例探索 ………… 220
  9.1.1 数智化新金融人才培养背景 ………………………………… 220

9.1.2 数智化新金融人才培养的基本原则 …………………………… 221
9.1.3 数智化新金融人才培养的顶层设计 …………………………… 222
9.1.4 数智化新金融人才培养目标和计划 …………………………… 222
9.1.5 数智化新金融人才培养专业设置 ……………………………… 224
9.1.6 数智化新金融人才培养的思政引领建设 ……………………… 225
9.1.7 数智化新金融人才培养课程设置、教学方法、教学内容 …… 227
9.1.8 数智化新金融人才培养的具体措施 …………………………… 230
9.1.9 数智化新金融人才培养对新商科人才培养的启示 …………… 232

9.2 哈尔滨商业大学智能会计人才培养案例探索 ………………………… 233
9.2.1 智能会计专业方向成立背景 …………………………………… 233
9.2.2 智能会计专业方向人才培养目标和计划 ……………………… 234
9.2.3 智能会计专业方向的生源和师资 ……………………………… 238
9.2.4 智能会计专业方向的课程设置、教学方法和教学内容 ……… 239
9.2.5 智能会计专业方向学生的学习和就业 ………………………… 241
9.2.6 智能会计专业方向建设的具体措施 …………………………… 241
9.2.7 智能会计专业方向建立对新商科人才培养的启示 …………… 248

9.3 数智时代新商科人才培养的经验总结与启示 ………………………… 250
9.3.1 数智时代推动新商科人才培养建设目标与使命的跃迁 ……… 250
9.3.2 数智时代指明新商科人才培养建设的方向和重点 …………… 250
9.3.3 数智时代助力新商科人才培养建设的教学创新 ……………… 251
9.3.4 数智时代助力新商科人才培养建设的学科治理 ……………… 251
9.3.5 数智时代助力新商科教育共同体发展 ………………………… 252

附录　数智时代商科人才培养能力调查问卷 ……………………………… 254
参考文献 ……………………………………………………………………… 257

1 绪论

1.1 研究背景

党的二十大报告中指出,"中国共产党的中心任务就是团结带领全国各族人民全面建成社会主义现代化强国、实现第二个百年奋斗目标,以中国式现代化全面推进中华民族伟大复兴","高质量发展是全面建设社会主义现代化国家的首要任务","教育、科技、人才是全面建设社会主义现代化国家的基础性、战略性支撑"。2023年3月,习近平总书记在第十四届全国人民代表大会第一次会议上强调,"要完整、准确、全面贯彻新发展理念,加快构建新发展格局","深入实施科教兴国战略、人才强国战略、创新驱动发展战略"的新要求。习近平总书记的系列重要讲话,为进一步推动我国经济高质量发展提供了根本遵循,指明了高等人才创新培养的前进方向。随着科技的飞速发展,我们正快速迈入一个以数据和智能为主导的新时代。《数字中国发展报告(2022年)》指出,2022年中国数字经济规模达50.2万亿元,总量居世界第二,占GDP比重提升至41.5%,数字经济成为稳增长、促转型的重要引擎。党中央高度重视发展数字经济,将其上升为国家战略,从国家层面部署推动数字经济发展。伴随着数字经济的快速发展,人工智能、大数据、云计算等新兴技术迅速崛起,全球经济格局正在重塑,推动产业变革、升级。这一变革对商业环境产生了深远影响,对企业经营、管理和商业模式提出了新的挑战。在这样的背景下,培养具备创新思维、跨界整合能力的新商科人才成为社会经济发展的迫切需求。

2018年教育部启动"六卓越一拔尖"计划2.0,提出建设新工科、新医科、新农科、新文科(以下简称"四新建设"),新文科建设成为人文社科类一流本科专业建设的目标和方向。"新商科"脱胎于"新文科"而独立成

◎ 数智时代新商科人才培养的理论研究与实践探索

为继"四新"之后的又一人才培养模式。当今学术界及教育界对新商科概念的界定和内涵的释义尚未明确，高校对新商科人才培养模式的建立仍处在探索阶段，而新商科作为新文科的经济管理类教育的新概念，其人才培养是新文科建设的重要内容。当今时代，数字经济已成为经济社会转型发展的关键增量，数智人才是"关键增量"里的"核心变量"。数智时代背景下，数字经济的发展越发迅速，未来新兴产业和新经济模式对传统商科人才培养模式提出了挑战，专业基础厚、创新能力强、具备国际竞争力的高素质复合型新商科人才才能适应时代的需求。因此，人才培养理念、目标、模式要紧跟时代变化、服务于经济社会、助力经济可持续发展。财政部《会计改革与发展"十四五"规划纲要》《会计信息化发展规划（2021—2025年）》等文件中明确了推动懂会计、懂业务、懂信息技术的复合型会计信息化人才的培养。教育部公布的《2022年工作要点》中强调，要实施教育数字化战略行动，加快推进教育数字转型。在新时代教育教学改革的宏观背景下，会计教育数字化转型恰逢其时，数智时代新商科人才培养的理论研究与实践探索研究满足高等教育人才服务经济社会时代发展的需要。数字化和智能化技术的快速发展，传统的商业模式和商业思维已经难以适应新的市场需求。这要求新商科人才具备数字技术和商业知识的复合型能力，能够运用新技术进行商业创新和变革。环境、社会和治理（ESG）理念的不断深化，企业的可持续发展能力已经成为衡量其价值的重要标准，新商科人才需要关注企业的环境、社会和治理绩效，具备可持续发展理念和相关技能。全球化和经济一体化深入发展的背景下，商业环境日益复杂和多元化，新商科人才需要具备全球视野和跨文化沟通能力，能够应对不同国家和地区的商业环境差异。在快速变化的商业环境中，变革和创新成为企业生存和发展的关键，新商科人才需要具备创新思维、变革意识和创业精神，能够应对市场变化和商业挑战。消费者和社会对企业的社会责任和道德要求不断提高，新商科人才需要关注企业的社会价值，具备道德伦理观念和社会责任感。在大数据和人工智能时代，数据已经成为企业决策和创新的重要驱动力，新商科人才需要具备数据分析和商业智能的能力，能够运用数据进行决策和商业创新。综上所述，数智时代新商科人才培养是技术革新、可持续发展、全球化、变革和创新、社会价值和责任感以及数据驱动决策的商业环境下对人才能力的需求。为了适应这些变化和要求，新商科人才需要具备数字技术、商业知识、全球视野、创新思维、道德伦理观念和数据驱动决策的能力。

在数智时代，随着技术的不断革新和商业环境的快速变化，新商科人才的专业能力和培养模式确实需要与时俱进。目前，学术界对新文科人才专业能力的研究及新文科人才培养模式已经取得了丰富的成果，但针对新商科人才的研究仍存在一些不足，尤其是在企业数字化、智能化转型后的新环境下。一方面，现有的新商科人才培养研究多集中在传统商业模式和商业思维上，对新技术和数字化转型的深入探讨需要进一步探究。另一方面，学术界对新商科人才专业能力的研究相对分散，缺乏系统的理论框架和评价指标体系。为了更好地指导新商科人才培养实践，需要加强研究新商科人才的专业能力结构、能力层次和发展路径等方面的问题，构建科学合理的能力评价体系。本书将探索数智时代下新商科人才培养的实施路径与培养模式，深入推进会计学历教育教学改革，从师资、课程、教材、教学内容与教学方式和实践基地等方面进行研究和探索，完善学历教育与数字化教育并重的现代会计教育体系，提升会计专业学生的数字化专业技能、知识和理念，为推动我国数字经济发展添砖加瓦、贡献力量。

1.2 研究目的与意义

1.2.1 研究目的

数智时代给商科人才培养带来了新挑战和新机遇，这需要高校以更高的站位找准新文科、新商科教育改革突破点；以更高效的机制推动新商科教育的多学科交叉融合；以更强的力度推动商科人才培养教学改革与创新，为国家培养面向新基建、新产业、新科技和新经济发展需要的数智时代新商业模式下复合型商科人才。未来新兴产业和新经济模式对传统商科人才培养提出了挑战，专业基础厚、创新能力强、具备国际竞争力的高素质复合型新商科人才才能适应时代的需求。目前，我国现有的高等教育商科人才培养模式并不能很好地满足数字经济背景下以"新零售"为代表的新经济业态对商科人才的新要求。因此，本书的研究目的重点在于：

1. 确立新经济业态下新商科人才培养的新理念。分析数智时代对商科人才品质、专业能力、综合素养等方面的要求，确立以立德树人、成果导向、多学科交叉融合为主题的新商科人才培养新理念。调研分析新经济、新产业、新模式对商科人才能力与素质的需求，研究 5G、大数据、互联网等新技术对新商科人才培养模式改革的需求，确定新商科人才培养的定位和目标。

2. 构建新商科人才培养模式。对新商科与传统商科、国内商科与国际商科人才培养的模式进行比较研究，总结新商科人才培养模式的特点，借鉴国际商科人才培养的先进经验，确定新商科人才培养模式。

3. 推进面向新商科人才培养的多学科课程体系的新融合。以多学科交叉融合能力培养为目标，通过文文互鉴、文理交叉、文工融合等方式，构建体现学校办学特色的"经管法文艺深度融合、商理工医有机结合"的课程体系，促进新商科人才培养由单一学科和专业向跨学科和跨专业融合发展。

4. 构建面向新商科人才能力培养的新场景。研究科技革命和产业变革中新产业、新业态对商业人才职业能力新需求，通过产教融合、专业共建、技术集成等方式，开展数字化、智能化、复合型、创新型新商科人才培养，构建包括产业学院在内的新商科人才能力培养新场景，对接我国产业转型升级，促进教育链、人才链与产业链、创新链有机衔接，以形成以产引才、产教融合、以才促产的良性循环为目标。

5. 引领新商科人才培养模式新变革。确定新商科人才培养能力模型，构建新商科人才培养的制度体系和治理机制，持续教学模式改革和新技术运用，注重产教融合和校内外协同，强化质量监控与教学督导，建立面向国家"双循环"战略与"一带一路"建设需求的新商科人才，引领新商科人才培养模式的持续性变革。

1.2.2 研究意义

数智时代新商科人才培养研究的意义重大，它不仅有助于丰富和发展商科教育理论，推动经管类学科的数智化进程，还能够为全国商科教育改革提供借鉴，有助于完善高等教育教学体系。对数智时代新商科人才培养的研究，深入挖掘其理论和实践价值，为商科教育的改革和发展做出更大的贡献。

1. 理论意义

（1）丰富和发展新商科教育理论。数智时代新商科人才培养研究是对传统商科教育的拓展和深化，它通过探讨新时代下商科教育的特点、规律和发展趋势，不断丰富和发展商科教育理论，为商科教育的改革和发展提供理论支持和实践指导。新商科人才培养不仅满足了社会对创新、复合型商科人才的需求，同时也为新商科教育理论提供了丰富的实践土壤和发展动力。

（2）推动经管类学科的数智化进程。数智时代对经管类学科的发展提出了新的要求和挑战。新商科人才培养通过培养学生的数字化思维和技能、与产业界的深度融合以及促进经管类学科的交叉融合，推动了经管类学科的数智化进程，促进学科的交叉融合和创新发展，提升学科的学术水平和教育价值。

（3）为商科教育改革提供借鉴。数智时代新商科人才培养研究不仅可以为国内的商科教育改革提供借鉴，还可以为全国范围内的商科教育改革提供参考。传统的商科教育往往侧重于理论知识的传授，而新商科教育则更加注重实践能力的培养和创新精神的激发，这种转变对商科教育改革具有重要的参考价值。通过各高校比较和交流，可以促进全国商科教育的共同发展和进步。

（4）有助于完善现代高等教育体系。高等教育体系在现代教育体系中占据重要地位，数智时代新商科人才培养研究能够进一步完善现代高等教育体系，推动高等教育与产业界的深度融合，促进高等教育的创新发展。这种教育模式的实施，不仅有助于提高高等教育的质量和水平，还有助于培养更多适应时代发展需求的高素质人才。

2. 现实意义

（1）适应时代发展需求。随着数智时代的到来，商业环境发生了深刻变化，新商科人才培养需要跟上时代发展的步伐，培养具备创新思维和跨界整合能力的人才，以适应经济发展的需求。

新商科教育通过培养新商科人才，不仅能够满足企业的现实需求，还能够推动经济的持续发展。

（2）提升人才培养质量。新商科人才培养研究有利于提升人才培养的质量和水平。通过改革课程设置、教学方法和师资培养等方面，可以完善人才培养模式，提高人才培养的针对性和实效性，更好地满足社会对商科人才的需求。通过紧跟时代步伐、注重实践和创新能力培养以及总结实践经验，可以不断完善和优化新商科教育模式，培养出适应时代需求的商科人才。

（3）推动商业创新与发展。新商科人才培养研究对于推动商业创新与发展具有重要意义。具备创新思维和跨界整合能力的新商科人才能够为企业带来新的发展思路和商业模式，推动企业转型升级和创新发展。

（4）服务国家发展战略。新商科人才培养研究还具有服务国家发展战略的意义。它有助于提升国家在全球商业竞争中的地位和影响力，国家经济发展需要具备创新思维和跨界整合能力的商科人才，新商科人才培养为国家经济的转型升级和创新发展提供有力的人才保障。

（5）促进学术交流与发展。新商科人才培养研究可以促进学术交流与发展。通过研究不同国家和地区的商科人才培养模式和教学方法，可以加强国际交流与合作，促进学术成果的共享和学术水平的提升。

数智时代新商科人才培养研究不仅有助于提升人才培养的质量和水平，还能推动商业创新与发展，服务国家发展战略，促进学术交流与发展。因此，应该加强新商科人才培养研究，不断完善人才培养模式，以适应时代发展的需求。

1.3　国内外文献综述

2018年教育部出台了"六卓越一拔尖"计划2.0，提出了建设新工科、新医科、新农科、新文科计划，关于新文科的建设成为人文社科类专业建设的目标与指导。而新商科作为新文科的经济管理类教育的新概念，其人才培养是新文科建设的重要内容。在全球化与数字化浪潮的推动下，商科教育正经历着前所未有的变革。新商科人才培养作为这一变革的核心议题，已经引起了国内外学者的广泛关注和研究。在信息技术日新月异的背景之下，传统商科教育模式正逐步向数字化、智能化、跨界融合的新商科模式转变。当今时代，数字经济已成为经济社会转型发展的关键增量，数智人才是"关键增量"里的"核心变量"。在新的数智时代背景下，数字经济的发展越发迅速，为适应变革，追求可持续发展，对于新商科人才培养的标准提出了更高要求。

为了从整体上把握国内外关于"数智时代新商科人才培养"的研究，通过对国内外主要文献数据库的检索，梳理总结已有的研究成果，对于外文数据库的选择，选取了学科数量多、综合性强的Web of Science（WOS）核心合集数据库；对于国内数据库的选择，选取了中国知网（CNKI）数据库CSSCI。分别组合在数据库中检索"数智时代""新商科""人才培养"并补充相似研究主题,截至2023年10月,在CNKI中通过主题检索出关于新商科的文献有15篇,关于数智时代的文献有79篇,关于新商科人才培养的文献有7篇,关于数智时代人才培养的文献有3篇,而以"数智时代""新商科""数智时代""新商科""人才培养"共同组合作为主题词检索,没有查询到相关研究。在外文数据库WOS中对主题进行检索,分别输入"Digital Intelligence Era""New Business""Talents Training"依次进行组合检索,并扩充同义词、近义词,得到关于新商科的文献有3172篇,关于数智时代的文献有17篇,关于数智时代、新商科、人才培养的文献0篇,具体检索结果见表1-1。

表1-1 关于数智时代新商科人才培养相关文献的检索结果

检索词(主题词)	CNKI(篇)	WOS(篇)
新商科	15	3172
数智时代	79	17
新商科、人才培养	7	229
数智时代、人才培养	3	0
数智时代、新商科	0	96
数智时代、新商科、人才培养	0	0

数据来源:笔者整理。

从硕、博学位论文的查询中发现,国内尚未有与数智时代新商科人才培养相关的硕、博学位论文。综上,国内外关于新商科人才培养的相关研究成果俯拾即是,但关于数智时代新商科人才培养相关的研究却寥寥无几。因此,关于数智时代新商科人才培养的研究对象、研究视角、研究的深度以及广度等均需要深一层的研究。

1.3.1 国外文献综述

1.3.1.1 关于新文科的相关研究

1. 新文科的发展历程及内涵

"新文科"一词最早可以溯源到1980年,由美国斯隆基金会最初提出"新文科倡议"。斯隆基金会的《新文科项目报告》中说:"斯隆基金会的新文科项目旨在鼓励在大学课堂中把定量推理和技术放在中心位置。它认识到,现代素质教育培养的毕业生，应该熟悉他们所生活的技术世界，并在广泛的领域中对定量方法、数学和计算机模型以及技术思维模型的应用有经验和适应能力。"斯隆基金会认为，适合当下时代的文科教育，应该为学生提供更多使用电脑的经验，在应用数学方面进行进一步的训练，并对技术的本质有一些感觉。继而，美国希拉姆学院于 2017 年提出 New Liberal Arts 教改方案，首次提出可被普遍承认的"新文科"这一概念，旨在推动新科技与人文学科的融合，推动文理交叉，实现多学科的融合与重构。这也是全世界最早的"新文科"雏形，希拉姆学院的出发点是聚焦传统人文科学的学科重组与文理交叉，即将新技术融入语言学、文学、哲学等传统的文科课程当中。

国外有关于新文科的发展，不仅是内在因素的催化，也受到外部环境的推动。自工业革命以来，经济的迅速增长致使人们越发重视自然科学，而文科逐渐失去了应有的地位，国家对文科基金的投入也逐年减少。这种情况直接影响到了人文学科的发展，为了改变这一局面，一些学府如芝加哥大学开始重新重视文科教育，使得文科重新回归学术体系。与此同时，社会对于文科领域的期望也日益增加，这促使着文科教育需要进行内容上的改革，以帮助学生获得更多基本技能和提升批判性思维能力。正是在这种危机意识下，新文科得以崭露头角，为传统文科注入了新的活力和创新。

2. 国外高校新文科建设趋势研究

1980 年，斯隆基金会提出了一项建议，引起了 20 所大学的兴趣。经过仔细筛选，基金会选择了其中的 10 所大学来支持他们的新文科项目。这个项目颠覆了现有的假设，挑战了每个学院独特的教学方式，因此在不同学校之间产生了各种各样的活动种类，尽管每一所高校在新课程开发、教师"再培训"练习、专题研讨会以及增加教师之间关于内容和方法问题的交流等方面均进行了大量的实验。2017 年，美国希拉姆学院延续了这一发展思路，开始进行新文科建设。他们提出了全方位的系统变革，从理念到装备、从课程到教法，促进文理学科之间的交叉重组，这些努力旨在为文科教育领域带来新的可能性和机遇。部分学者进一步地对新文科的建设趋势进行了研究。Balmer R T（2006）研究了新文科的范式，实施了一个融合技术的教育范式，分为五个步骤：①创造一个引人注目的愿景；②传达愿景；③授权教师；④创造短期成功；⑤将结果制度化。案例研究表明有可能建立一个汇聚技术的卓越教育支柱。JEON In—Han J（2015）认为韩国文科教育只提供了文科教育中应该培养的认为素养，无法满足当前韩国社会的需求，应当开设新的教育课程以成为一个能够培养符合社会需求的本科生的专业。Dapat L et al.（2023）采用"计划—实施—学习—行动"（PDSA）模式，利用混合方法设计，旨在开发、实施和评价 BENLAC 中的自主学习模块，对其进行新文科弹性学习模块的评估。

除上所述，跨学科的风潮正在蔓延。华勒斯坦认为："跨学科，克服学科困难，促进学科重建。"跨学科在《知识生产的新模式》等著作被广泛提及。随后，跨学科开始融入大学的教育活动。跨学科课程不仅是教育学专业与新文科建设要求的结合点，更是学者们关注的焦点，跨学科课程的重要性不言而喻。学者们探讨的不仅仅是跨学科课程设置的影响因素，还包括跨学科教学过程等方面的研究。然而，设计和实施跨学科课程并非易事，不同的主体持有不同的观点、高等教育体制机制、高校理念等种种原因都会带来困难。由此可见，跨学科课程的建设为文科发展注入了新的活力，学科之间的融合以及交叉已成为必然趋势，新文科的兴起将为人文学科教育领域带来全新的挑战和机遇，新文科应运而生。

1.3.1.2 关于新商科的相关研究

1. 国外新商科的发展历程

商科人才在不同行业中均扮演着关键角色，是人才体系中不可或缺的一部分。1776 年，亚当·斯密在《国富论》中率先提出了劳动分工，从而催生了商科这一学科的产生。美国宾夕法尼亚大学于 1881 年成立了沃顿商学院，开创了大学商科教育的新时代。在此后的一百多年中，商科不断调整改革，紧跟社会发展步伐。作为西方教育体系中通用的学科之一，商科的课程体系已经相当完善。伴随着经济发展以及社会变化，商业环境也在改变。再者，数字智能时代的兴起，使得生产方式、组织架构、经营形式等发生了彻底的变化。为了适应这种变化，商科教育也在不断地进行改革和创新。新商科人才培养就是在这种背景下产生的。

国外新商科的发展历程可以追溯到 20 世纪后期，随着全球化和信息化的发展，传统的商科教育逐渐面临挑战和变革的需求。国外新商科发展包括职业教育、专业教育、制度化教育、特色化教育四个关键阶段。职业教育阶段

(1635—1880年),此阶段主要侧重于专业培训和学徒制度,为商科教育的发展奠定了基础。专业教育阶段(1881—1945年),从19世纪末开始,一些大学如宾夕法尼亚大学的沃顿商学院和加州大学的伯克利分校开始提供商科教育。20世纪初,哈佛大学等学府也成立了独立的商学院。此阶段标志着商科教育逐渐从职业教育向专业教育转变。制度化教育阶段(1946—2000年),随着"二战"后经济的复苏和发展,商科教育得到了快速的发展。此阶段的特点是以市场为导向,逐步实现了专业化和制度化建设。特别是20世纪60年代初至80年代初,是美国高等商科教育发展最快的时期。特色化教育阶段(2000年至今),进入21世纪,随着数字化、信息化和全球化的深入发展,商科教育开始注重特色化和创新。各大商学院纷纷根据自己的优势和特色,发展出不同的教育方向,如哈佛大学商学院强调领导能力和高级管理知识,沃顿商学院注重企业家精神、创新能力和领导力等。

2. 国外新商科人才培养的相关研究

国外对于新商科人才培养模式的研究比较早,相关实践也较为成熟。在已有的相关研究中,主要是对于会计人才培养模式的研究,包括国际各大会计师协会关于会计人才培养模式的研究以及国外高校关于会计人才培养模式的研究。

(1)国际各大会计师协会关于人才培养模式的研究

许多国家对会计人才应具备的能力较早展开了研究,其中关于会计人才培养的研究更是受到其他国家的关注,国际上各大会计师协会也纷纷对此展开了研究。因此,国外会计人才培养模式的理论成果比较翔实、成熟,并且已经上升到国家政策的层面。美国注册会计师协会于1968年发布了《会计职业的院校教育准备》,并对此进行了两次更新,对美国的会计教育产生了深刻的影响。此后,美国会计学会(AAA)于1986年出版了《未来的会计教育:为日益扩展的职业做准备》,表示众多高校的会计教育应逐渐以培养学生的职业技能为主要任务。受此报告的影响1989年当年的"八大"("八大"为当年的国际八大会计师事务所,即:安达信(Arthur Andersen)、普华(Price Waterhouse)、Arthur Young、Ernst & Whinney、德洛伊特·哈斯金斯·塞尔斯(Deloitte Haskins & Sells, DHS)、塔奇·罗斯(Touch Ross & Co., TR)、毕马威(Peat Marwich)、永道(Coopers & Lybrand)对此进行了研究,联合发布了《教育的视野：会计职业成功的能力》这份白皮书，其中详细说明了注册会计师应该掌握的职业能力以及应该学习的知识框架，同时助力会计教育事业，资助了会计教育改革委员会（AECC）的成立。1999年，美国注册会计师协会在《进入会计职业的核心胜任能力框架》中指出，会计职业胜任能力的框架应该以个人胜任能力、职业胜任能力以及企业经营理念三部分为核心，会计专业的学生应该具备基本的能力，包括分析、解决问题的能力，懂得如何团结协作以及终身学习会计的能力等。同年，为顺应时代的发展，管理会计师协会（IMA）指出会计从业人员应该培养各项综合能力，其中包括计算机处理以及网络的应用能力、科学技术的应用能力、操作软件以及管理软件的能力、表达能力以及沟通能力等综合方面的素质。美国的注册会计师协会、各大会计事务所、会计学会等机构的有关研究在一定程度上推动了会计教育改革，使得会计教育不再只注重知识的传授，培养学生的职业技能也成为教学中的重点。

20世纪80—90年代，英国、新西兰、澳大利亚、加拿大、南非等国家的注册会计师组织纷纷开始研究会计胜任能力的框架，并根据各自的研究发现发表了相应的报告。国际会计师联合会（IFAC）于20世纪90年代中期开始发表相应的文件，重新分类标明会计人才职业能力应包括的内涵，划分为知识要素、技能要素以及职业价值观三类内容，并纠正会计教育的宗旨，提倡高校重点培养会计学生的应变能力和继续学习能力。为使全球执业会计师所学的教育趋同，国际会计师联合会教育委员会颁布了《国际教育准则1—6号》，对教育计划下的允许进入门槛、教育计划的内容、职业技能、职业操守等方面进行了规范。国际会计师联合会教育委员会于2004年5月公布了第7号准则，计划《职业后续教育：终身学习和职业胜任能力后续发展计划》在2006年初实施。这些准则从智力技能、技术和功能技能、个人技能、交流和沟通技能、组织和商业管理技能五方面对职业会计师应具备的能力进行了补充，尤其看重个人的创造力、影响力、沟通与表达、领导能力和决策能力等方面。

(2) 国外高校关于会计人才培养模式的研究

国外各高校，包括哈佛大学、牛津大学以及剑桥大学等世界知名大学，都将追求真理作为办学目标，注重培养高情商、高智力的全能会计人才，教育出更多具有独立思考能力的会计人才，为国家提供更多全面发展的创新型会计卓越人才。

从美国各高校对学生培养的情况来看，相对于培养专业型会计人才，美国高校比较注重造就通用型会计人才，在精英教育中更加关注通识知识的教育，基本上美国一流大学的主要课程都是与人文、科学相关的基础学科，较少有学校将会计专业课程视为核心课程，学校将培养学生独立思考、自我判断、互相沟通能力作为教育的核心内容，注重学生批判性思维的养成，这些都是一个合格领导者所应具备的素质。在美国多数高校，教师鼓励学生突破标准答案进行作答，激励学生探索各种事物并进行准确的自我认知。哥伦比亚大学将培养学生的批判性和创造性的思维习惯作为其本科会计的核心教学内容，使学生在未来能够追求更加有意义和完美的生活。而英国大学的会计培养目标主要集中在培养绅士型领袖和优秀学者两者上，19世纪教育家纽曼提出，绅士型领袖和优秀学者实际上都应具备独立思考、有效推理、相互辨别和全面分析的能力，也可以将他们称为拥有高雅情趣、有效判断力、视野开阔的人。再者，德国大学的教育理念与洪堡的"完人"理念和雅斯贝尔斯的"全人"理念基本相同，在教育学生时更加注重学生人格的完善、创造能力和能动性的培养，把全方位发展的会计学人才和高级专业会计人才作为教学的重点。

1.3.1.3 关于数智时代新商科人才培养的相关研究

目前，关于数智时代新商科人才培养的国外相关研究仍然缺乏，在Web of Science核心数据中，以"New Business Talents & Mathematical Intelligence"为主题词开展搜索，从1998年到现在检索到的文献数量为0。在以往的同类研究主题中，一种侧重于商务人才专业培养中的语言与跨文化交际能力，国外研究更多是选择语言作为典型代理变量考察跨文化人才对于经贸往来的影响。如Gabriel Jet al.（2009）用语言的差异性代表文化接近性作为研究对象，发现相似的语言决定了国家之间拥有的更多共同性，在决定双边贸易量方面可以降低时间消耗和双边信息不对称性等交易成本。Bilyalova A et al.（2020）认为，企业需要具备跨文化交际技能和外语知识的人员，用以解决开展全球化战略所面临的语言障碍以及文化误区。文章论述了经济和商业领域专家跨文化能力现象的本质以及内容，阐述了跨文化能力研究的必要性，探讨了不同国家商业文化的特点以及达成目的的跨文化交流细致的方法。另一种侧重于商务人才库建立的研究，如MalikehBeheshtifar et al.（2013）认为，人力资源部门应当保证企业具有合格的人才和有天赋的人员，人才库正在众多企业机构中显露出即将枯竭的苗头。对于优秀人才流失的问题，企业唯有通过建立国家及地区的人才库和人才管理机构有效应对。此外，Foerster-Metz F S U et al（2019）通过对罗马尼亚职业培训方案的案例进行研究发现：罗马尼亚的一些企业在面临着恶劣经营环境和有限资源能力的现实情况下，通过实施有效职业培训方案，企业能够培养出具备更高技能和竞争力的人才，实现人才库更新，从而解决不断增长的劳动力供应问题。可以说，现有国外关于数智时代新商科人才培养方面的研究，可用作基础的参照内容不多。

1.3.2 国内文献综述

1.3.2.1 关于新文科的相关研究

当前关于"新文科"的研究主要是围绕"新文科"的概念界定、建设与实施以及人才培养等方面所展开的。在中国，"新文科"概念的提出，是基于新时期新形势下，强调对发展性、突破性、创新性的重视不足，对现有文科学科建设和人才培养模式的反思而提出的。倡导引入新的技术元素，促进不同学科之间的交叉融合，创造出人文学科的新体系，将中国的学术传统与学科体系相融合，在人文社会科学领域培养出杰出的专家。

1. 新文科的内涵与发展

国内目前使用的新文科概念是从国外引进的，2017年美国希拉姆学院较早提出了"新文科"的概念。而国内类似的"新文科"概念是在20世纪90年代肖太陶的一篇名为《"新文科群"的办学意义》的文章中较早提出的，谈及随着改革开放的深入，理工学院的文科专业种群（"新文科群"）受到了追捧。往往这类文科专业注重学科交叉社会需求和实用，为高等教育带来了积极的变化。但是，由于没有建成完善的学科体系，缺乏相应的制度建设，由此出现了较为严重的问题，新文科群仍有待研究。2018年8月，中共中央在《关于以习近平新时代中国特色社会主义思想统领教育工作的指导意见》中提到"高等教育要努力发展新工科、新医科、新农科、新文科"，由此正式提出"新文科"的概念。2019年4月召开"六卓越一拔尖"计划2.0启动大会，以此为开端国内学者开始了"新文科"的建设研究。

◎ 数智时代新商科人才培养的理论研究与实践探索

　　学者们关心的是如何界定和理解新文科，研究其新思想、新内涵、新目标、新任务等问题。2019年3月，王铭玉等学者为中国的新文科定义了概念，从新文科和旧文科两个角度进行研究。他们认为，新文科是相对于传统文科而言的，是以进入新时代为背景，倡导打破传统文科的思维模式，推动多领域交叉深度融合，推动传统文科的创新升级。王铭玉提出的概念为后来的有关"新文科"战略概念的讨论定下了基调。冯果（2019）从学科范围视角出发，新文科体现在交叉融合，提倡打破专业障碍，打破学科障碍。樊丽明等（2019）学者对新文科的"新"做了四个维度的阐释，即时间、空间、世界观和价值观、认识论和方法论。他们认为，新文科的提出并不是对传统文科的摒弃，而是要拓宽学科建设路径，更新文科人才的培养方案，在凝练中国传统文化的基础上，立足新时代，推动文科研究的发展，建立中国学派，增强中国文化的软实力。安丰存等（2019）学者认为新文科开创了文科内涵与人才培养之路的新定位。需要对新文科的内涵和特点从重新建构的原因、思路、手段、目标、效果等方面进行透彻的分析，并对其战略性、创新性、开放性、系统性、针对性五个特征进行概括。

　　由此可见，对于"新文科"这一概念的内涵与外延还没有形成统一的认识，国内外学者都在积极地探讨这一问题，对新文科的构建也进行了热烈的探讨。据胡开宝（2020）介绍，新文科是指传统文科经过学科重组，实现文科内部交叉融合后形成的以问题导向、交叉融合、新技术应用和创新发展为主要特征的文科。赋予文科以新的使命，在新的文科建设中展现出新的发展局面（戴炜栋等，2020）。有学者从不同角度对新文科的概念分别做了定义，陈跃红（2020）从创新发展的角度出发，认为新文科中的"新"既是新旧之新，也是创新之新。曲卫国和陈流芳（2020）从词源视角出发，指出新文科只是一个学科领域的人文学科，具有一定的局限性，更多的是一种广博而实用的综合性的教育思想。王学典（2022）认为，从中国特色角度出发，新文科建设应以中国特色哲学社会科学为核心内容。很大程度上反映了中国经验，呈现了中国材料，也包含了中国数据。张宝明（2022）基于构建路径，提出了新文科是在过去的文科发展基础之上，通过大数据、人工智能等手段，增加和融合了新的知识信息以及新的学科增长点。周毅等（2022）学者们对新文科的认识，大多是从人文教育的视角出发，提出了在新文科环境下，人才培养既要有新的内涵，又要有多个交叉领域的新突破。此外，他们还归纳出新交叉、新功能、新范式、新路径这四大特征，这些特征对于新文科来说，都是非常有特色的。傅才武和明琰（2023）认为从文化本质上来看，新文科并非一个新的概念，然而当前"新文科"的提出实际上也是人文文化与科学文化在数字技术语境下重启的一次两种文化的对话。高利红（2023）认为新文科是为回应新问题，运用交叉方法进行学术研究的人文学科和社会学科。韩喜平和王思然（2023）从构建自主知识体系意义上理解"新文科"的价值内涵，认为新文科就是致力于将现代信息技术融入哲学、文学等传统文科的既定内容中，通过开展文理交叉融合，为学生提供综合性的跨学科学习平台，实现人在知识扩充和创新思维两方面的扩展。

2. 新文科背景下的学科建设

在"新文科"的研究中，大部分学者从模式、专业、结构等方面做了较为详尽的探讨。如安丰存和王铭玉（2019）以构建"学科建设、专业建设、课程建设"三者融合的新模式为切入点，从学科学术构建体系的角度，提出了文科实施的新路径。颜冰和郑克岭（2019）提出，新人文学科的构建需要对文科专业与学生进行重新定位，也需要重新确定师生在课堂上"互动"的关系。黄启兵和田晓明（2020）提出要通过实施人才培养新模式、适应学术研究新范式、顺应社会需求新标准、探索文科管理新方法等措施打造新文科。段禹和崔延强（2020）提出建构新文科的策略，包括解读新文科内涵、优化学科生态和践行"质量革命"。彭凤姣和代安定（2021）从课程思维的角度出发，从促进红色文化提升教师意识和能力、系统挖掘文科专业课蕴含的红色文化基因、红色文化基因融入文科专业三个方面，对利用红色文化育人建设新文科进行了深入探讨。阮倩（2022）基于对学科发展深层逻辑的认识，认为中国特色的新文科建设应当秉持自觉服务国家发展战略，助力经济社会发展，通过创新知识生产模式提出新思想、新理论、新方法和新对策这一基本理念来思考和推进学科的自我革新。

此外，国内学者也对新文科的学科建设展开了大量的研究。学科建设在文科不断涌现的背景下，主要包括以下两个研究方向：一是人文社会科学内部建设，二是跨学科建设。

（1）人文社会科学内部建设

在专业建设研究方面，黄炳超（2020）认为，新文科建设是围绕如何重构专业自身特有的学科属性和特点，如学科理念、思维、范式、制度等，构建具有中国特色的学科领域，推进人文社会科学知识体系的革新与发展。也有学者结合自身专业建设情况，具体分析了新文科背景下的专业建设发展，如黄震方等（2020）首先分析了旅游管理专业课程教学中存在的问题及原因，结合新文科建设要求，再结合"金课"建设标准梳理了建设路径：一是以优化课程体系为目标导向，结合已有问题，进行教学内容与课程体系的再造和新理念的导入；二是向一流课程标准看齐；三是改革教学方式，增强课堂效果；四是教师队伍建设需要加大力度；五是健全管理制度，激发教学动力；六是完善一流课程建设的政策保证。马洁和任学柱（2023）研究发现，新文科建设主要赋予高校外语教师理念和方法的创新者、跨学科知识能力的培养者和研究者、外语学科人文性发展的促进者、中国文化传播者的专业身份时代内涵。

（2）跨学科建设

在跨学科建设研究方面，不少学者认为"新文科"建设的核心应当是坚持问题导向、开展跨学科的研究。戴炜栋等（2020）首先从"跨什么""如何跨""跨到哪里"三个方面对语言学学科的发展进行了阐释，然后指出，要想更好地发展，需要处理好语言学的独立性与跨科性关系、语言学的学科交叉性与融合性关系等问题。蔡基刚（2021）认为，发展新外语，首先要打破文科封闭、自己发展的传统模式，在学科、专业考核体系上，迎合社会发展需要，实现文理交叉，更新改革外语人才的理念，让复合型人才得到锻炼。范明献和谭慧媚（2022）认为新文科建设背景下，跨学科培养成为高校社会科学人才培养探索新方向。唐蓓和严丹（2023）认为不同的学科领域以数字人文的方法来开展研究的适用性、成熟度、融合度也各有不同，因此需要探究各学科融入数字人文的主要模式、工具方法及产出形式等，从而把握其跨学科融合的内在机理和研究范式。

3. 新文科人才培养

在新文科建设中，高校需要深化价值导向、育人模式、学科融合以及对外交流四个层面进行深入的探索（王丹，2023），以实现新文科人才培养的内涵式发展。2020年11月教育部新文科建设工作组发布了《新文科建设宣言》，宣言中提出"新文科建设工作任务要构建具有世界水平、中国特色的文科人才培养体系"，将新文科建设提升到国家教育战略层次，这大大推动了学者对该领域的研究。有部分学者是从宏观角度给出了相关建议。如崔延强和段禹（2021）通过梳理人文社科的历史发展和当代危机，归纳出三种人才培养模式：一是国内外强强联合，建立完善的教育学位跨学科培养模式；二是构建现代书院制度，多学科集群；三是实践"传统文化+"的模式。

也有一些学者通过梳理与分析某个学校在新文科专业方面的实践，梳理出一套可借鉴的新文科人才培养模式。例如，袁凯等（2020）对山东大学新文科人才培养模式进行了研究，刘利（2020）对北京语言大学新文科人才培养模式进行了研究。韦韬和詹晶（2022）在湖南省本科院校调研的基础上，以新文科建设为背景，从培养目标、课程体系、教学方法、学生动手能力四个方面进行调研，研究国际贸易人才培养的实现路径。张奕（2023）以西北工业大学为例，对新文科环境下如何将人文精神和科学创新有机地融合起来进行了研究。也有一些学者是针对具体专业领域人才培养给出相应建议。陈春声（2021）针对史学的人才培养，建议在人才培养方面下大力气，以辩证的眼光来看待发展，要把研究的问题搞清楚，把学术背景梳理清楚，还要有更大的气魄、抱负和视野。潘力等（2023）以广告学专业为例，认为应当从强化人才培养特色、以学科竞赛为驱动深化课程融合、优化实践教学模式方法、加强师资队伍建设以及建立学习目标达成的效果评估体系这五个方面来构建人才培养模式。

1.3.2.2 关于新商科的相关研究

商科教育在中国有着百年以上的历史。改革开放以来，商科教育更是为我国工商业企业、金融行业、企事业单位培养了一大批扎根本土、与国际接轨的商科人才。21世纪以来，日新月异的科技进步，促使人类社会在国际政治、经济和产业等方面发生了深刻变化，整个世界正面临着百年未有之大变局。传统商科教育已经不适应新时期的发展需要，转型发展刻不容缓。全国教育工作会议暨新时期全国普通高等学校本科教育工作会议的成功举办，引领了全国高校教学改革的潮流，提出了"四新计划"，即将新工科、新医科、新农科、新文科融为一体。商科作为新文科的重要组成部分，在如何构建新

◎ 数智时代新商科人才培养的理论研究与实践探索

时代的商科新体系中承担着重要使命，亟待探索。新商科建设在知识、能力、素质等方面对业务人员提出了新的需求，包括教学内容、教学方式、学习模式、人才培养方式等方面的探索与创新，要求对传统商科教育进行全方位的改革。

1. 新商科的内涵与发展

2018年5月，教育部高等教育司司长吴岩在"产学研合作协同育人工程对接会"上强调，要全面推进"新工、新医、新农、新文"四大学科的发展，随着"四新"思想的兴起，在各种研讨会上，"新商科"开始受到重视并频频亮相。"新商科"是在"新文科"建设思想下，为了适应新时期数字经济与资讯科技的发展，以管理类专业人才培养为主的一种全新的理念，它是建立在传统商科之上的，通过学科整合与交叉创新，整合跨学科的知识与资源，构建适应数字化时代发展的商业教育。新商科的"新"代表的是新的培养方向。新商科将数字经济和创新驱动时代的新理念、新思维、新技术、新模式融入传统商科课程体系中，以互联互通、人工智能、大数据、共享经济为特色。不断适应全球科技进步和新时代中国特色社会主义经济的发展，是伴随着商业3.0数字经济时代和全球本土化需求的发展而发展起来的。培养新时代的具有跨学科复合型能力的商科人才。2018年12月14日，北京成立旨在立足于新时代中国商业实践，促进国际交流与合作的高校新商科建设与国际联盟。为我国经济社会发展服务，促进我国新型商科建设。

许多学者对此概念内涵的描述仅仅是一个描述性的概念，规范性的概念至今尚未成型。无锡商业职业技术学院杨建新教授为培养新一代商科人才，提出了新商科的内涵，主要体现在两个方面。一是要把新的内容、新的目标注入到现有商科专业的基础上。在现有专业内涵的基础上，不断更新教学内容，创新教学组织方式，创新教学模式。以全面促进科技、社会和个体的发展为前提，完善和优化商科专业人才的核心能力培养。二是实现跨专业的商科人才培养模式的融合。既要超越现有商科专业的限制，又要实现更广泛的商科、科技、人文交叉融合，如商科与理工科等专业。对商科人才培养的核心思想、目标设置、组织形式、课程体系等进行重新审视，或对其框架、逻辑架构等进行重新构思。传统商科侧重于市场营销、财务管理、人力资源管理等专业技能方面的专业人才培养。新商科的特点是在金融科技、财务管理、云数据营销等领域，更注重培养具有跨学科复合能力的人才。张国平（2021）认为，新商科主要体现在思维新、理论新、工具新、能力新四个方面。孔祥维等（2022）指出，以数字经济为基础的新兴商科，颠覆了传统管理学与经济学的学科界限，将现代科学技术融会贯通，形成了一个复合型的、跨学科的商科。即在传统商科的基础上，为了应对社会和经济中的新挑战，在学科中引入新的科学技术、新的理念和方法。金春华和张满（2023）认为，新兴商科的提出，源自经济社会发展的新趋势，如消费升级、互联互通、大数据、云计算、人工智能、共享经济等，代表着一种对现有商科的创新发展。

2. 新商科背景下的学科建设

新商科的学科建设首先要紧紧围绕"培养什么人，怎样培养人，为谁培养人"这一服务于国家发展的根本问题，坚持社会主义办学方向。其次，要主动地与新技术革命相适应，不断地调整自己的专业设置，完善自己的教育体系，为促进新技术的应用，促进国家的经济发展，以及世界治理的发展打下坚实的基础（张春萍，2021）。陈强（2019）将创新创业教育融入专业教育的理念贯穿到课程设计的全过程，结合新商科专业群特点，突出课程"商业意识培养+创业知识普及+创新训练实践"的教学功能，着重培养学生的创新技能。在新商科的建设过程中，更加注重基础知识的学习和学科交叉，强调知识的获取、运用和创新的融合（宣昌勇和晏维龙，2020）。徐振浩等（2020）认为"新商科"建设的背景下，MBA 创新创业教育内容的核心就是资源整合能力的培养。因此，要进一步强化校企合作，深度推进产教融合，推动教学内容，整合校内外资源，真正构建起 MBA 创新创业教育的新生态。刘玉和朱姝（2023）认为，为了培养新商科人才，必须构建学科交叉融合的新课程体系，全面优化课程模块；遵循"先大类培养后专业培养"的思路，科学地制订教学计划的实施步骤；构建多元化办学机制，改革课堂教学模式，优化实践教学系统。

3. 新商科人才培养

截至 2024 年 1 月，在 CNKI 中国知网以"新商科 & 人才培养"为篇名进行搜索，结果共计 281 条，其中硕、博学位论文篇数为 0。从搜索结果看，研究成果主要集中在期刊和基础教育特色期刊中发表，主要内容集中于新商科背景下人才培养模式优化，专业课程改革及教学模式的设计应用等研究。这

◎ **数智时代新商科人才培养的理论研究与实践探索**

些论文主要围绕以下主题展开：从具体学科视角出发，根据各个学科人才应当具备的素质特点来分析如何培养新商科人才这一问题，并提出了相应对策；根据不同地区社会经济发展以及对人才的不同需求，学者们利用管理学、人力资源管理、教育学等相关知识，结合翔实的统计数据，对该地区新商科人才的培养情况进行分析，提出了适合该地区建设需要的人才培养方案。由此可见，国内已有不少学者开始对新商科教学的课题进行研究，但在2018—2019年间才提出了新商科的概念。由于这一概念的形成时间较短，对于新商科教学的研究相对较少，尽管新商科概念作为职业教育中与市场需求、社会发展结合最紧密的一个领域受到了人们的关注。

在新文科建设的背景之下，加强新商科人才的培养具有重要意义（张春萍，2021）。新商科是"面向未来"的商科教育体系，是基于国家战略发展新需求、产业变革新趋势而提出的商科教育改革方向，人才培养是新商科的核心工作。跨界融合在不同领域是新商科的主要特点。不同行业间的差异随着数字经济时代的兴起而逐渐模糊，不断涌现出新的职业和职位。这促使商科教育为建立创新创业人才培养模式，与时代发展需求相适应，做出相应的调整。结合新商科跨界融合的特点，江苏海洋大学为应用型高校商科学生创新创业素质培养和能力提升提出了"四跨"（跨科、跨界、跨域、跨境）培养商科创新创业人才的新模式（徐永其等，2020）。在应对诸多复杂挑战、实现可持续发展的关键上，共同探讨和支持发展新商科人才培养事业，构建现代学习体系，培养一大批创新人才（毛青，2018）。

现有对于新商科人才培养的研究多集中于路径以及模式的构建探索，研究指出，中国的商科人才培养要从改变培养理念开始。新商科人才的培养模式和培养方法，也是在观念变化的基础上不断创新而成的。多元参与、协同育人是培养新型商科人才的基本途径。当前的商科人才培养，从介入的广度和深度来分析，主要有参与型、委托型、共生型三种培养模式。张国平等（2022）指出，新商科人才培养需要为促进高校、政府、企业、社会各方共同参与、协同合作，建立"四位一体、四维融合"的复合型人才培养模式。促进产教融合、学科融合、理实融合、科教融合，实现产学研一体化。在专业选择上，积极推进大类招生，提倡双专业选修，培养复合型人才（张国平，2021）；立足教改实践，强调理论教学与实践教学相融合，推动自主学习能力培养（齐佳音等，2019）；整合各学科实践资源，推动政府、企业、学校、社会多方合作，积极推动学生参与实践活动（朱廷珺，2012）；在学分制度及评价体系方面，改革学分制度，建立完善的评价体系（陈晓红等，2018）。同时现有研究也指出，师资建设是提升教学质量的重要方面，需要加强实践教学师资队伍的建设，创新师资培养机制（曾小彬和李俊，2009）。

霍宝锋等（2023）基于扎根理论研究认为，人才培养思路应由"专一人才教育"向"通识教育"转变，明确以学生为中心的思想，根据学生的特点设置个性化的培养方案。此外，高校进行人才培养，既要结合本校特色，也要满足社会对于人才的要求，相应调整人才培养方案。基于理念变革，新商科人才培养模式和方法也在不断革新。对于新商科人才的培养方案研究，部分学者认为应当构建基于"跨学科"知识体系、线上线下"跨域"融合的"教"与"学"新模式、产教融合的"跨界"资源共享方式，以及境内境外双向交流的"跨境"合作模式，探索重构新商科人才的培养方案（宜昌勇、晏维龙，2020；徐永其等，2020；张国平等，2022）。除此之外，刘玉和朱姝（2023）认为新商科人才的培养必须构建学科交叉融合的新课程体系，建立多元主体的办学机制，多措并举，全力培养学生的创业创新能力。在专业选择方面，全面推进大类招生，打造复合型的人才。金春华和张满（2023）以时代发展对新商科人才信息能力培养的客观需求为出发点，提出了有关新商科专业人才信息化能力培养的创新体系，并以北京信息科技大学的实践探索为基础，充分展示了该创新体系具体的策略、实施路径以及实践效果。除上所述，学科竞赛作为人才培养的重要手段，也被许多高校纳入了人才培养方案当中，李海廷（2023）基于"赛教融合"视角，提出了构建与人才培养方案相衔接的学科竞赛管理体系、课堂教学与学科竞赛深度融合，以及建立科学合理的学科竞赛激励机制等人才培养模式优化策略，为创新型新商科人才培养提供借鉴。

1.3.2.3 关于数智时代新商科人才培养的相关研究

"新商科"以数字经济为基础，跨越传统管理领域和经济领域的界限，融合现代科技元素，形成复合型商科，涵盖多个学科门类。企业转型升级，核心竞争力得到提升，数智时代的智能化已经成为一个不可避免的选择。而传统商科人才的培养很难适应企业在新时期不断发展的需要。这是一场对商科

◎ 数智时代新商科人才培养的理论研究与实践探索

人才培养提出巨大挑战的数智时代的教育认知范式革命，并伴随着商科教育的重构。跨界融合在不同领域是新商科的主要特点。随着数字经济时代的到来，行业之间的界限变得模糊，新职业、新岗位不断涌现，这就要求商科教育必须为适应时代发展的需要，构建创新的创业型人才培养模式而进行相应的调整，这也正是商科教育发展的需求所在。

新商科人才培养是当前数智时代的一个比较新的课题，创新意识和创业思维的培养是新商科人才必备要素，在互联网、云计算、大数据等新技术的支撑下目前与新商科人才培养相关的研究较少（陈强，2019）。数智化新商科人才培养的目标定位于以满足国家重大战略需求为引领，以数智时代新技术赋能学科融合与创新，探索基于人文和理工学科的交叉融合与创新模式，打造纹理融合的新商科数智化课程，打通经管类专业教学平台，推动课堂教学新模式，构建新商科数智化教学的新生态（孔祥维等，2022）。王建明（2022）以工商管理类专业人才培养为例，讨论了数智时代新商科人才培养的变与不变，认为不仅要把握"数智转型、交叉融合"的方向，也要适应"管理方法和工具"的改进，形成新商科人才培养体系，既要有时代性，又要有历史性。进入数智时代，新商科人才培养的目标和模式必然要做出重新定位和重大调整，曲志丽和姜雪松（2022）从新商科的理念出发，根据数智时代对会计财管人才培养模式的构建进行了探讨，着力打造完善合理的教学体系，同时强化实践环节。韩婧怡（2023）分析了数智化时代对于新商科人才的要求，总结了数智化时代新商科人才的培养策略和方法，认为应当遵循时代发展需要、创新人才培养理念以及推进学科交叉融合，以此助力新商科人才的培养。万楚舒等（2023）从数智时代的背景入手，对人才培养的理念、格局、体系进行深入剖析，旨在为数智时代新商科会计财管人才培养提供新思路、做出新思考，解决应用型、技能型、管理型商学人才短缺的问题，为国家、为社会、为企业提供急需的人才，促进数字经济发展。

1.3.3 国内外研究综述

综上所述，国外关于数智时代新商科人才培养方面的研究，可参照的内容不多。而国内于2018年正式提出"新文科"这一概念之后，多从跨学科的研究角度深入，并开始滋生关于"新商科"建设以及人才培养的思想。由此，新商科建设正式从理论走向实践，具体表现为培养各类复合型专门人才，这也是当前新商科研究的重点。

数智时代新商科人才培养已经受到了学者的关注，学者们通过不断的尝试研究，总结现代商科教育的新商科特征，构建新商科人才培养的模式以及路径。但是目前的研究主要是集中在培养目标的分析、教学改革方向和具体实践等方面，较少涉及系统分析与研究。就研究内容上来看，一是国内外学者对新商科内涵理解已基本保持一致，但依然有较多学者从新商科本身特质的角度出发研究，导致出现重复研究现象；二是学者们已经对新商科的内涵进行了广泛探讨，但对于新商科人才培养的具体目标和标准仍未达成共识。这导致在实际培养过程中，各高校和机构对新商科人才的理解和定位存在差异，培养出的毕业生在能力素质上可能存在较大的差距；三是对人才培养现状的分析途径主要集中在文献总结中，多在对新商科人才培养目标和教学改革方向的探讨上，对于如何具体实施新商科人才培养缺乏深入的实践研究，针对性较弱，未充分落实到对数智时代新商科建设的实践结果分析上来。另外，现有研究对新商科人才培养模式和路径的构建也缺乏系统性和完整性，导致实际操作中可能存在偏差。

1.4 研究思路与措施

1.4.1 研究思路

深入学习贯彻习近平总书记关于教育的重要论述，深刻领会《新文科建设宣言》主体精神，在充分调研和分析新经济业态下商科人才培养需求基础上，确定新商科人才培养理念和人才培养目标要求；开展新商科的概念及内涵释义研究，分析商科人才培养的历史变革，对比新商科与传统商科在人才素质能力要求、培养模式等方面的区别；在前述调研与理论研究基础上，综合运用问卷调查法、文本分析法、扎根理论法，分析新商科人才的社会需求、高校培养等数智能力目标框架、构建以数智时代为背景，以跨学科和跨专业能力培养的多学科交叉课程体系为基础的人才培养模式；将教育新技术和新方法融入人才培养过程，搭建面向新商科人才培养质量评价与监测的新标准体系，形成数智时代新商科人才培养体系，并在高校经管类专业中开展改革试点与实践。

◎ 数智时代新商科人才培养的理论研究与实践探索

```
分析社会需求  →  新经济业态
                 对商业人才的需求
      ↓
确定理念目标  →  新商科人才          新商科人才
                 培养新理念          培养新目标
      ↓
搭建课程体系  →  数智时代下
                 新商科人才培养课程体系
      ↓
革新教学方法  →  新技术、新方法融入
                 新商科人才培养过程
      ↓
保障培养质量  →  面向新商科人才培养
                 质量评价与监测的新标准体系
      ↓
形成培养模式  →  数智时代新商科人才培养模式
```

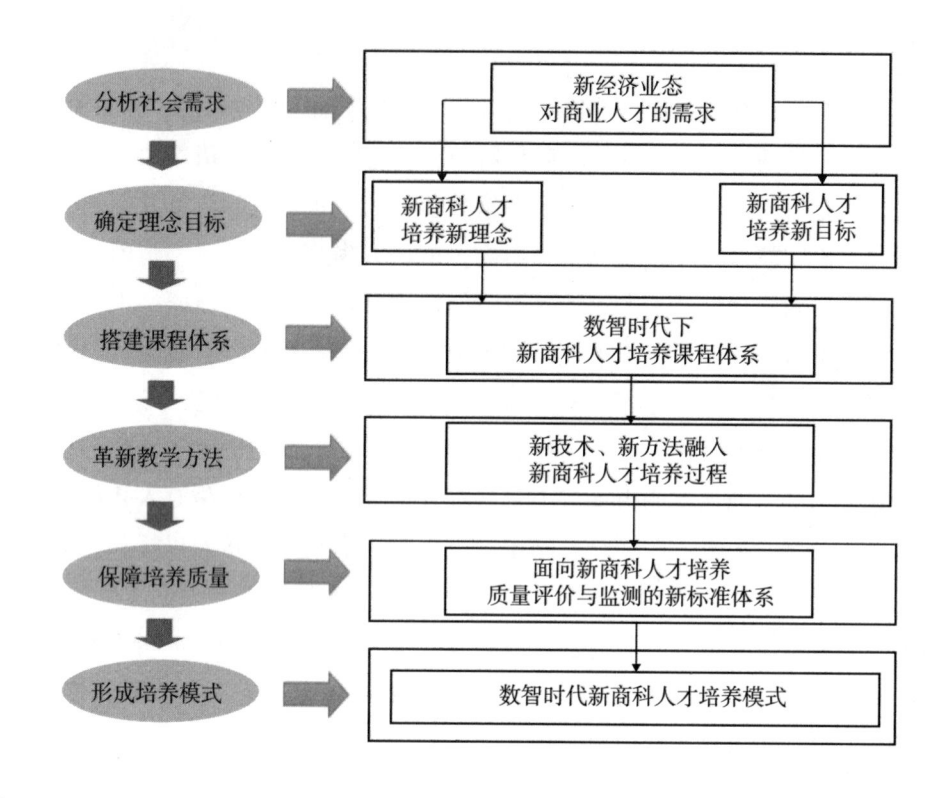

图 1-1　研究思路图

1.4.2　具体措施

研究将基于数智时代下新商科人才培养的新理念与新思想、新商科人才培养的新目标、新商科人才培养的新融合、新商科人才培养的新方法与新手段、新商科人才培养的新场景和新商科人才培养的新人才质量标准评测体系六个方面开展研究。

1. 明确新商科人才培养的新理念与新思想

中国特色话语体系下人才培养理念的融合创新，区别于传统商科主要采用西方理论和案例，从工作岗位职能出发，培养人才的理念与思路，在中国即将成为世界第一数据资源大国和全球数据中心的背景下，新商科人才培养模式的构建应建立在中国特色话语体系下新理念、新思路基础上。新商科人才培养新理念的基础层包括"为党育人、为国育才""立德树人""五育并举""三全育人"等理念，在此基础上人才培养新理念的应用层融合国内数字

经济人才需求所需要的"以学生为本、促进人的全面发展""多样化、开放性对接当前和未来需求""创新性、创造性对接未来发展"的教育理念,以及国际人才培养中"成果导向教育"(OBE)、"CDIO"(构思 Conceive、设计 Design、实现 Implement、运作 Operate)理念等。

2. 确定新商科人才培养的新目标

四维复合新商科人才培养目标体系新商科人才培养目标对应数字经济背景下社会行业对新商业人才的需求,构建的四维复合新商科人才培养目标体系如图 1-2 所示。

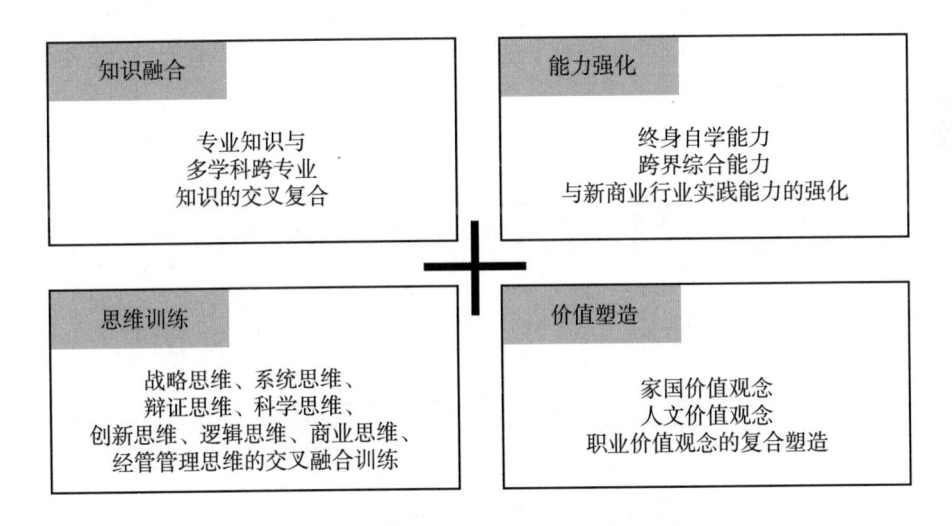

知识融合	能力强化
专业知识与 多学科跨专业 知识的交叉复合	终身自学能力 跨界综合能力 与新商业行业实践能力的强化
思维训练	价值塑造
战略思维、系统思维、 辩证思维、科学思维、 创新思维、逻辑思维、商业思维、 经营管理思维的交叉融合训练	家国价值观念 人文价值观念 职业价值观念的复合塑造

图 1-2 四维复合新商科人才培养目标体系

在传统商科知识、能力、素养的基础上,新商科人才培养目标应涵盖知识融合(专业知识与多学科交叉知识的复合)、能力强化(终身自学能力、跨界综合能力与新商业行业实践能力的强化)、思维训练(战略思维、系统思维、辩证思维、科学思维、创新思维、逻辑思维、商业思维、经营管理思维的交叉融合训练)与价值塑造(家国价值观念、人文价值观念、职业价值观念的复合塑造)四个部分。

3. 实现新商科人才培养的新融合

数字经济与数据技术背景下多学科深度交叉融合的新商科人才培养课程

体系新经济需要大力发展和新产业相关的新兴商科专业和特色专业集群,例如,智能会计、数字经济、金融科技、智慧旅游等,传统的经管类专业知识体系面临更新和升级,需要和其他学科知识进行交叉融合,课程体系要根据时代和产业的需求进行更新和升级,一方面促进现有经管类课程与计算机、信息技术、人工智能、大数据技术等课程交叉融合;另一方面推动经、管、文科教育和理、工科教育的有机融合,积极探索综合性课程、跨学科课程、研讨课程,培养科学基础厚、综合能力强、专业素养高的复合型人才,掌握未来新经济发展的主动权。以培养面向新经济和服务产业、行业及地方经济的新商科人才为目标,确定学生的专业知识和综合能力目标,综合考虑目前经管类专业课程体系和新商科的发展要求,提出多学科交叉融合新商科课程体系如图1-3所示。

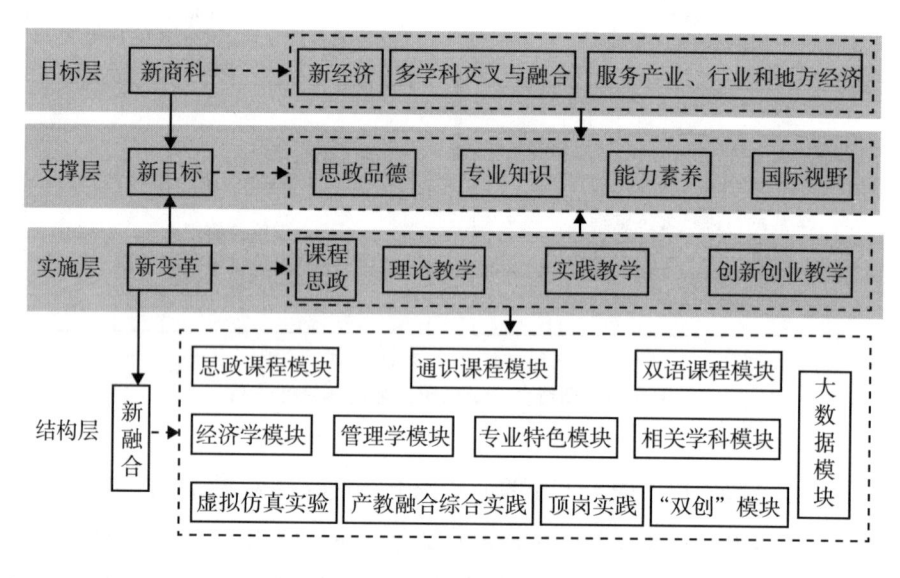

图1-3 多学科交叉融合的课程体系

4. 探索新商科人才培养的新方法与新手段

以数据技术支撑新商科人才培养新方法与新手段全过程创新,新商科人才培养是与数字经济、数据技术的全过程融合。因此,在新商科人才培养方法与手段的创新中数据技术应贯穿始终。从线上教学平台与仿真实践平台建设到线上教学资源库建设（云教材、慕课、SPOC课、在线案例库等），再到教学技术创新（虚拟仿真、智慧教室、5G助力、"翻转课堂"等新技术），最后到线上教学管理与监控体系创新（线上教学评价等）的建设与应用，全面实现新商科人才培养方法与手段的创新。

5. 构建新商科人才培养的新场景

以产业学院为依托构建产教融合的新商科人才培养"双新场景"新商科人才培养的最终目标是满足新经济对商业人才的需求，因此新商科人才培养要构建全新的适应数字经济与数字技术发展与应用的"双新场景"，包括未来新商科人才就业发展应用场景和全新的商科人才实践教学场景。而能够将上述两种新场景实现有机统一的途径则应为以产业学院为具体形式构建的产教融合新商科人才培养模式。

6. 确定新商科人才培养的新人才质量标准评测体系

"四位一体"的新商科人才培养质量标准测评体系、新商科人才培养是专业性与多学科融合性的统一，是理论能力与实践能力的统一，商科思维与"多维思维"的统一，是才能训练与价值塑造的统一。因此，新商科人才培养的质量标准应含括上述四个方面，探索构建涵盖专业知识与综合知识、实践能力与创新能力、综合思维素养、价值观念体系的全过程全方位人才考核方式与人才质量测评体系。

1.5 创新之处

1. 人才培养理念与目标创新

面向国家重大战略需要和经济社会发展的新形势新要求，明确新商科人才培养的核心能力架构，对新商科人才培养的理念和目标进行创新，明确中国话语体系下的商科人才培养新理念，构建知识复合、能力强化、思维训练、价值创造四维复合的人才培养新目标。

2. 人才培养课程体系创新

面向商业经济新业态、新结构、新运行规律对商业人才新需求，在人才培养新理念与新目标的指导下，构建现代信息技术与商科专业、商科专业之间、商科专业与法体文艺专业之间、商科专业与理工农医专业之间多学科深度交叉融合的课程体系。

3. 人才培养教学技术与方法创新

紧密结合数字经济、数据技术新发展，创新并实践基于信息技术、人工智能等新技术的教学方法手段，探索实践线上教学资源库（云教材、慕课、SPOC课、在线案例库等）创新、教学技术（虚拟仿真、智慧教室、5G助力、"翻转课堂"等新技术）创新、线上教学管理与监控体系（线上教学评价等）创新。

4. 人才质量评价方法与体系创新

结合商科人才培养新目标，应用商科人才培养新技术新方法，创新实践"四位一体"（专业性与多学科融合性统一，理论能力与实践能力统一，商科思维与"多维思维"统一，才能训练与价值塑造统一）的商科人才质量评价新方法与新体系。

2 数智时代新商科人才培养的内涵与理论支撑

2.1 数智时代新商科人才培养的内涵

2.1.1 数智时代内涵

数智时代的内涵在于数字技术与智能技术的融合。在当前的时代背景下，信息技术正持续向数字化、网络化和智能化的方向发展，数据已经成为核心的组成部分和关键资源，给社会的多个领域带来了深刻的变革。在数字智能的时代背景下，存在三个不同的"数×化"阶段，分别是数字化（digital）、数智化（intelligence）和数治化（governance）。数智化（Digital intellectualization）可以被简洁地解释为"数字化+智能化"（Digital+Intelligence），它代表了基于数字化的更高层次的需求，它象征着数智技术、数智装置、数智应用、数智理念、数智思维和数智逻辑的持续嵌入和拓展。从文字的角度解读，数字智慧的时代可以被看作"数字"与"智慧"相互融合的年代。在当前的大数据环境中，"数"代表了数字化的发展方向，而"智"则是人工智能飞速进步中的智能发展方向。简而言之，这是一个将数字化与智能化两个维度完美结合的时代。习近平总书记明确表示，数字技术正在以创新的观念、新的业务模式和新的方式，深入地融入到人类的经济、政治、文化、社会和生态文明的各个方面和整个进程中，为人类的生产和生活带来了深远和广泛的变革。在我们的日常生活中，数字智能技术无处不在。

在数字智能的时代背景下，信息技术以其数字化和智能化的核心属性得到了飞速发展，这种技术的广泛应用和普及，对多个行业都产生了深远的影响。在此时代背景下，数字化技术成了最根本的工具，它融合了云计算、大数据、人工智能和物联网等多个领域的技术，能够助力人们更高效、更精确地分析海量数据，从而获取有价值的信息。智能化代表了更高级别的数字化进程，它能够借助机器学习这样的人工智能，赋予电脑人类的智慧。在数智时代，我们可以观察到以下的发展特点。

1. 数据呈现出显著的增长趋势

在数字智能时代，数据信息的快速增长是一个突出的特点。伴随着互联网的普及和智能设备的持续进步，我们已经生成、传递和储存了大量涉及交通、物流、社交媒体和电子商务等多个领域的数据，这为各企业提供了宝贵的决策参考所需信息。

2. 在社会和生产生活中实现智能化

在数字智能的时代背景下，代表性的智能技术如人工智能和自然语言处理得到了广泛的应用。这些先进技术赋予了计算机与其他机器更高的智能和学习潜力，使它们能够模拟人类的决策流程和问题解决能力。如今，智能技术已广泛应用于我们的日常生活，包括但不限于智能家居、自动驾驶汽车和自助服务机器人。

3. 全球范围内的物联网技术正经历着飞速的进展

物联网是一种技术，它允许人们通过电子传感设备，根据事先达成的协议，将各种物体与网络连接起来。这些物品通过特定的传感介质进行信息的交流和通信，从而实现智能识别、定位和追踪等多种功能。随着数字智能时代的兴起，物联网技术得到了飞速的发展，使得人们能够在任何时间、任何地点对物体进行监控和控制，并实现设备之间的智能连接。

4. 云计算的快速发展

云计算，也常被人们称作网格计算，是一种借助互联网为用户提供各种计算资源和服务的技术。在数字智能的时代背景下，云计算技术得到了广泛的应用，仅用几秒钟就可以处理数以万计的数据。在云计算的背景下，企业有能力通过云端数据中心来访问存储资源和软件服务，从而赋予其更高的灵活性和效率。

5. 数智融合

在数字智能的时代背景下，结合数字和智能技术来满足特定的需求变得尤为重要。例如，通过收集和标注用户的数据，并将其转化为具有代表性的视觉图像，这样可以进一步提升用户的服务体验和企业的运营效率。尤其是在互联网行业中，短视频平台和信息技术公司能够根据用户的关键词搜索、过去的浏览历史、地理位置和社交联系等信息来创建实时的用户档案。结合人工智能技术，他们可以为用户推荐他们可能感兴趣的内容，从而确保用户能够长时间使用并提高用户的忠诚度。

数智时代的内涵主要体现在数字化与智能化相结合、数据成为关键要素、创新发展路径、构建数据思维、关键要素支撑以及跨界合作与交流等方面。这一时代的发展需要不断创新与跨界合作，以适应快速变化的商业环境和社会需求。具体包括以下六个方面：

（1）数字化与智能化相结合。数智时代是数字化与智能化相互融合的时代，通过将智能技术融入各领域，实现数据采集、存储、分析和应用的高效化和智能化。

（2）数据成为关键要素。在数智时代，数据成为关键要素和重要资源，对社会发展产生深远影响。人们利用大数据和人工智能技术，对海量数据进行采集和分析，挖掘数据背后的价值，服务于科学决策。

（3）创新成为发展路径。数智时代的本质不是巩固原有做法，而是创新发展路径。数智技术已经具备拟人或超人的能力，为各领域创新提供了广阔的想象空间。例如，在教育领域，数智技术可以为国际中文教育植入"智慧大脑"，精准识别和解决教育中的问题，提高教育效率和质量。

（4）数据思维构建与应用。数智时代强调构建数据思维，通过实现万物互联采集大量数据，在大数据的基础上加入人工智能的算法或运用数字技术管理人工智慧，最终发现问题并找到解决方法。这种数据思维有助于提高人们的认知能力和解决问题的能力。

（5）关键数据要素支撑。数智时代的发展离不开算法、算力、基础设施等关键要素的支撑。例如，云计算、大数据和人工智能等新兴技术为数智时代提供了强大的算力和算法支持；5G等通信基础设施则为数据的传输和处理提供了高效可靠的保障。

（6）跨界合作与交流。数智时代促进了各行业、各领域之间的跨界合作与交流，推动了创新发展。通过跨学科、跨领域的合作，可以整合各方资源，共同应对数智时代带来的挑战和机遇。

◎ 数智时代新商科人才培养的理论研究与实践探索

2.1.2 新商科的内涵

商科概念的起源可以追溯到数字经济时代的来临和社会经济结构的变革。随着以人工智能为代表的信息技术的革命性进展，人类社会逐步踏入了智能经济时代。传统的商科教育，主要服务于工业经济时代对于商科人才的需求，其历史可以追溯到1881年宾夕法尼亚大学成立的沃顿商学院，至今已有近140多年的历史。然而，这种传统的商科教育已经难以适应智能经济时代对于创新型、复合型商科人才的需求。在这种背景下，新商科的概念应运而生。新商科是指在数字化时代背景下，商科领域出现的一种新的概念和理论体系。它强调对传统商科进行学科重组交叉，将新技术、新商业模式、新商业业态融入商科课程，用新理念、新模式、新方法为学生提供综合性跨学科教育。这种教育模式的变革，旨在培养适应数字经济时代需求的创新型商科人才。新商科概念的提出，既是对传统商科教育的一种挑战，也是对未来商科教育发展的一种展望。它代表了商科教育在数字经济时代的新方向，也反映了社会对创新型、复合型商科人才的需求变化。

新商科的概念界定可以从多个角度进行阐述。首先，新商科是在现有商科教育的基础上，回应科技、社会、经济等快速发展所带来的挑战而产生的一种商科教育的新概念。它强调对传统的商科进行学科的重新组合，将新技术、新商业模式、新商业业态融入商科课程，用新理念、新模式、新方法为学生提供综合性跨学科教育。其次，新商科是一种综合性的学科，其外延涵盖了经济学、管理学两大门类，同时还涉及相关的人文、社会科学知识和工科知识。从内涵上看，新商科应当体系完整、功能互补、衔接顺畅、逻辑严密，并呈现科学性、创新性、融合性、发展性等特征。此外，新商科还强调与现代新技术的融合，如互联网、大数据、人工智能等，以转变商业模式，促进商界的转型和升级。同时，新商科也注重理论与实践的结合，借助理论来解释现实，以此指导经济的进一步发展。最后，新商科采用产教融合的全新培养模式，这种培养模式符合当前一线企业对人才的需求，有利于提升教师和学生的实践能力，促进新时代商科教学的发展。综上所述，新商科是一种综合性的、创新性的、实践性的商科教育新概念，旨在培养适应数字经济时代需求的创新型商科人才。

2.1.3 新商科人才培养的内涵

人才培养是指通过一系列的教育、培训和实践等手段，对人才进行全面、系统的培养，使其具备良好的专业素质、职业素养和综合能力，从而能够适应社会经济发展的需要，为企业和社会做出贡献。具体来说，人才培养包括知识培养、能力培养、素质培养、个性发展、国际视野和跨文化沟通能力培养等。商科人才培养是指通过系统学习和实践锻炼，培养具备良好的商业素质、商业知识和商业技能的人才。这些人才能够适应经济社会发展需要，在企业和组织中胜任管理和领导工作，是高素质的商业人才。商科人才培养的目标在于提高学生的商业思维、决策能力、领导力和创新能力等，使他们具备在商业环境中成功的能力。新商科人才培养是指在新的经济和社会环境下，对商科人才进行全面、系统的培养，使其具备创新思维、跨界能力、全球视野和社会责任感等综合素养。从人才培养到商科人才培养，再到新商科人才培养，教育理念与模式结合时代发展对人才能力的需要，不断改革、升级、细化，高等教育对于人才培养的划分更为明确，更具特色，专业方向更鲜明，能力特征更专注，就业岗位更明确。

对传统商科教育进行改革不仅是当前全球关注的焦点问题，也构成了我国在"新商科"观念推动下所强调的时代背景。我们正生活在一个商业、科技和人文紧密结合的现代社会中。在这样的背景下，新商科人才需要融合"数据思维"、"交互思维"、"哲学思维"和"美学思维"等多种思维模式。他们在理念、思维方式、价值观以及解决复杂问题的能力上，都要展现出与传统商业人才不同的特质，并具备管理、组织和领导等多方面的能力。传统商科教育已经难以适应当前社会经济的快速发展，特别是其所掌握的知识结构尚未完全成熟，一些教育方案甚至没有包括理工学科。此外，经济学与管理学之间的隔阂尚未被消除，以形成其完整的课程结构；教育和教学的内容显得过时，而且缺乏足够的实践支持；主要采用"灌输式"的教学方法，而启发式和情境式的教学方法则相对较少，更多地侧重于向学生传授知识，而忽视了对学生能力和个人素质的全面培养。随着数字消费和数字支付等新型商业模式的出现，商业活动也从传统的线下运营模式转向了线上与线下相结合的新型经营渠道和模式，这对新商科人才的培养提出了紧迫的需求。跨学科的交融将催生全新的知识结构、创新的商业模式和形态，这也将不可避免地导致新的商业规则的产生。因此，推动新商科的发展和培育创新型人才不仅是必要的，也是不可避免的。

2.2 数智时代新商科人才培养的基础理论

2.2.1 教学规律理论

教学规律理论是当今教学中常用的理论，它是一种客观的、稳定的、必然的、不以人的意志为转移的理论。运用教学规律理论进行教学的过程中，在认清其为客观存在的基础上，要将其与实践相互联系，培养实践型人才。在工作中将该理论应用于实践，实践中蕴含理论，进而培养出符合新时代的应用型人才，保证学生能够独立地认识问题和解决问题。使学生所学的知识不能与社会脱节，且可以将学习的知识运用到实践中，古罗马学者曾强调过理论与实践的重要性——"没有实践的理论和没有理论的实践都没有意义"，同时，教育家 M.F. 昆体良以及教育家 J.A. 夸美纽斯、教育家 J.H. 裴斯泰洛齐等人都十分重视教学规律的应用。

教学规律的理论呈现出五大显著特点。第一，教学规律是客观存在的，根据马克思主义的辩证历史观，教学既是一种人为的活动，也是一种构建性的活动，教学规律对教学活动起着制约作用。因此，在避免走向唯心主义的前提下，有必要承认教学规律的重要性，如果不能认识到教学规律的存在，那么就等于是在否定这一规律。第二，教学的基本规律主要是统计性质的，而不是固定或动态的规律。统计性规律主要体现在其必然性上，这种必然性是大量事件发生后必然会出现的结果，而不是偶发事件。一些后现代主义者对教育规律和教学规律持反对或否定态度，其核心观点是采用"机械的历史决定论"的规律观，采用"动力学规律"或"确定性规律"的准则来审视教学的规律。第三，教学的固有规律具有一定的灵活性。这也构成了统计规律中的一个核心特性。"教学永远具有教育性"这一观点得到了广泛的认同，其客观和必然性主要体现在教师在教学过程中向学生传授知识，这无疑会对学生在思想品德、世界观以及心理情感等多个方面产生深远的影响。然而，当教师教授相同的教学内容时，对于不同学生在思想道德、世界观以及心理情感等多个方面所产生的影响各不相同。这正体现了教学规律的约束性具有一定的灵活性。第四，教育的规律是分层次的。教学是人类社会中的一个子系统，也是一个相当复杂的系统。第五，教学的规律是有其特定条件的。不管是自然科学的法则还是社会科学的法则，它们都有其特定的条件和适应性。例如，那些适用于宏观或抽象层次的法则，并不总是适用于微观或具体的层面，这在教学规律中也同样适用。

2.2.2 全面发展理论

全面发展是现代教育追求的状态，全面发展理论则是全面发展的支撑。全面发展理论是指人的能力的全面发展，主要是指体力与智力的充分协调发展，同时也包括道德品质与才能等。

历史唯物主义主要涵盖了全面发展的理论。历史唯物主义的创始人马克思从分析人与现实生产关系的角度出发，明确了人全面发展所需的条件、方法和路径。马克思进一步强调，人的全面发展实际上是人最基本属性的提升。因此，马克思主义的全面发展理论是以人为中心，从人的本质出发进行解释，同时，从人的能力、人的个性和人的社会关系开始整理，从片面到整体，从歪曲到正视，从虚无到现实，从贫乏到丰富的发展过程。

第一，人们的需求是持续得到满足的，这种需求是人们在生活中的一种天然渴望，它是驱使人们生活和工作的驱动力。马克思和恩格斯将人的需求划分为三个不同的层面：生存的需求、社交的需求和精神的需求。随着社会结构的持续进步，人们的需求逐渐得到满足。在社会持续发展的背景下，为了达到共同富裕的愿景，物质财富开始集中，这导致了人们需求呈现出多层次和多样性共存的特点。

第二，人们的能力正在持续地增强。人的内在能力是其内在力量的具体表现。人的全方位成长首先依赖于人的各种技能的完全展现，确保社会中的每一个成员都能得到均衡的发展。社会的生产能力在某种程度上限制了人们的整体进步。尽管我国的生产力正在快速增长，但仍然存在某种程度的不均衡，导致人们在时间管理上无法充分发挥其自主决策的能力；由于工作的强制性分工，劳动仅仅成为人们谋生的一种方式。在从"高速"向"高品质"的转型过程中，人的实践的全面性、需求的多样性和社会关系的普遍性将推动人的全面发展。

第三，人们之间的社交联系正在逐渐增强。人是社会的一部分，他们的基本特性与社会特性是一致的。因此，人的各种实践行为都会产生特定的社交联系，而这些社交联系的差异也会引发各种不同的实践行为。人的成长受到社会关系的影响，这主要体现在社会关系的转变上。因此，马克思明确表示："一个人的全面发展不仅仅是基于想象或设想，更多的是基于他与现实和观念之间的全面联系。"人的全方位成长与人际交往的进步是密不可分的。随着社会生产能力的持续增长，人们将超越传统的分工、地理位置、社会阶层、民族和国家界限，进一步拓展社会互动，增强个人的体力和智慧，更加活跃地参与到社会生活的各种领域和层面的互动中，从而建立起紧密的整体联系。只有当我们从历史的角度、科学的方法和发展的视角去分析和解决问题时，个人才能超越其个体、地区和民族的局限性，进而建立一个全面的社会联系，并实现真正的全面进步。

第四，随着时间的推移，人们的性格变得越来越丰富。随着社会生产能力的持续增长，从原始社会过渡到社会主义或资本主义社会，人们的个性得到了极大的提升和发展。在远古的社会阶段，人类的生产潜能相当有限，要想在社会中独立生活并依赖于人与人之间的协同合作是不切实际的。在资本主义的社会背景下，人与人之间的频繁互动导致了物质的交换，这使得人们的需求逐渐上升，生活能力也随之增强。但与此同时，社会上的关系往往与个体产生对立，使得人的成长仍然受到限制和压迫，使得人的个性很难得到真正的塑造和进一步的发展。在共产主义的社会背景下，"个性的全面成长意味着所有的天赋都得到了充分的展现"。一个人真正地掌握了自己的命运，人们的个性得到了全面的发展，彻底摆脱了对人和物的依赖，整个社会将变成一个具有多种个性的自由人的联合体。

人的全面发展理论应用于我国的教育中，对于我国高等教育培养人才的目标而言，人的全面发展则是指人的最基本素质得到发展，人的基本素质主要是在德、智、体、美等方面，高等教育会计人才的培养也是遵循了人的全面发展的教育理念。同时，在培养会计专业人才的同时，坚持以人为本，注重个体的个性化与发展的完整性，因材施教，促进人的全面发展。

2 数智时代新商科人才培养的内涵与理论支撑

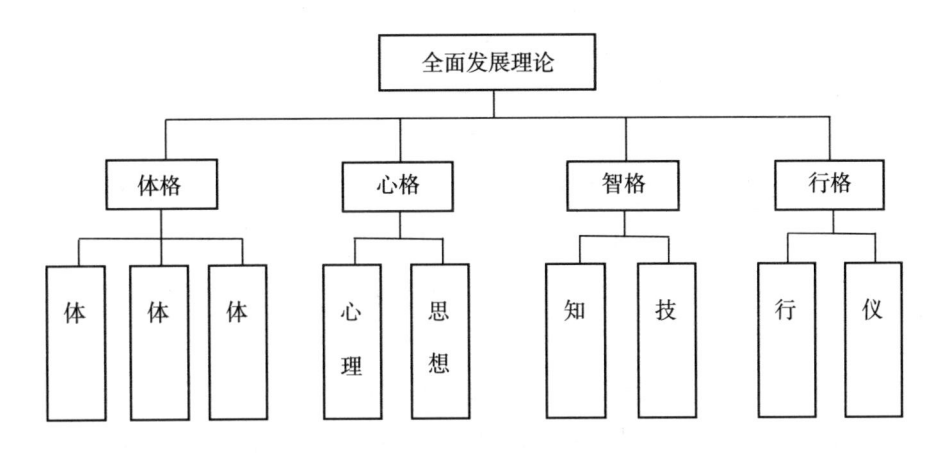

```
                    全面发展理论
         ┌────────┬──────┴──┬────────┐
        体格      心格      智格      行格
       ┌─┼─┐    ┌─┴─┐    ┌─┴─┐    ┌─┴─┐
       体 体 体   心   思    知   技    行   仪
               理   想
```

图 2-1 全面发展理论内容框架

2.2.3 终身教育理论

终身教育思想最早可以追溯到"四大文明古国"的古老哲学，在这些国家的教育思想中含有终身教育的雏形。随着历史的发展，一些古代哲学家、教育学家如夸美纽斯、卢梭也提出与终身教育相类似的思想。1965 年 12 月，联合国教科文组织的"第三届促进成人教育国际会议"中法国成人教育家保罗·朗格朗提出：教育应当贯穿人的一生，应当为人们提供人生各阶段所需要的知识和技能，而不能简单地把人生分为用于受教育的前半生和用于工作的后半生。教育是随着科学知识和技术的进步、人口的不断增长、自由闲暇时间的增加等因素而逐渐产生的。终身教育是一种概念，亦是一种思想、一种理论、一种原则。

对终身教育理论的认识与理解，每个国家都不尽相同，大多数认为，终身教育起于生命之初，终于生命终止，包括人在发展过程中不同阶段的教育活动。同时，也可以理解为，终身教育是一个纵向与横向相结合的过程。纵向是指从婴儿时期到老年时期接受各种教育，横向是指在学校、家庭、社会等不同领域所接受的教育，但是最终的目的都是改善人们的生活质量。

学术界共同承认职业教育是终身教育中的分支，"职业教育包括从业前培训、转业培训、学徒培训、在岗培训、转岗培训，可以由学校实施，也可由社会上职业培训机构实施。它是学校教育和社会教育的一部分，属于终身教育体系的一部分"。由于生产力的不断发展，机器被大规模使用，劳动者需要

◎ 数智时代新商科人才培养的理论研究与实践探索

进行技能熟练和技术训练，职业技术教育成为员工在求职时或者是避免失业时的加分技能项。近年来，社会职业不断转变，劳动者的录用标准逐渐提高，若是没有职业技能训练，大多数劳动者将会固守原有职业，而不能适应职业结构的变化。单次职业训练不能与时代发展要求相一致，因此，人们需要不断接受新技能的培训，从而能更好地适应职业结构的不断变动，这是终身学习理论的实际应用，在一定程度上也体现了终身教育与职业教育的一致性。

当今世界信息技术迅速发展，新的知识不断形成，新的领域不断出现，经过一次学习就掌握全部的专业知识是不可能的。若不进行终身教育，一味地传授知识，忽略能力培养的阶段，学生毕业时则不能适应社会的发展变化。终身教育理念是一种符合未来发展的教育观念，十分看重学生的能力，重点在于帮助学生在接受教育时能掌握继续学习的能力，使学生能够在变化无常的社会中自处，同时也能不断地更新新理念的知识，新商科人才的培养也是需要终身的培养。

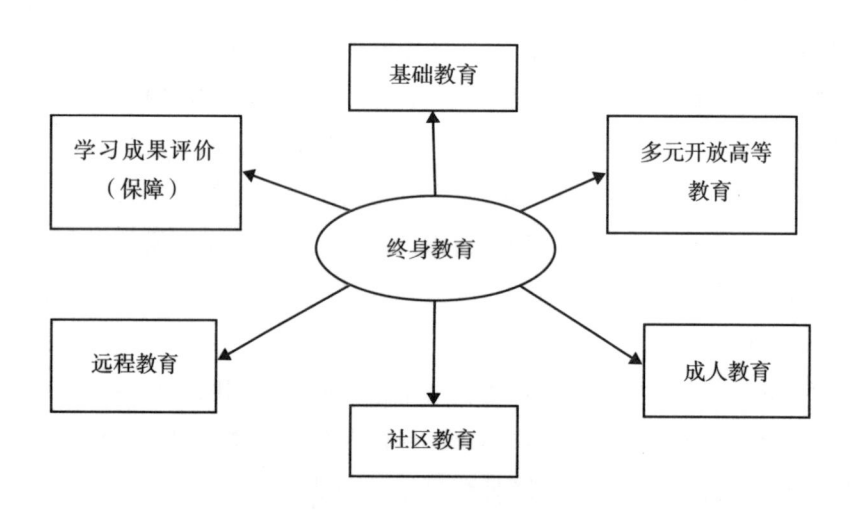

图 2-2 终身教育理论内容框架

2.3 数智时代新商科人才培养的支撑理论

2.3.1 人才可持续发展理论

人才可持续发展理论是一种强调人的全面、协调、可持续发展的理念，旨在培养具备可持续发展意识和能力的人才。该理论的核心思想是，人才的发展应该与经济社会的发展相协调，不仅要满足当代人的需求，还要考虑未来世代的发展需求。人才可持续发展理论是一个综合性的概念，该理论的提出和发展经历了多个阶段，涉及多个学科领域的研究和探讨。人才可持续发展理论的提出可以追溯到可持续发展概念的兴起。可持续发展是指在满足当前世代需求的同时，不损害未来世代满足其需求的能力的发展模式。随着对可持续发展理念的深入研究和应用，人们逐渐认识到人才作为可持续发展的重要组成部分，对于经济社会的长期稳定发展具有重要意义。在人才可持续发展理论的发展过程中，多个学科领域的研究者进行了深入的探讨和研究。这些学科包括教育学、心理学、经济学、社会学等。研究者们从各自的角度出发，对人才可持续发展的概念、内涵、影响因素和实现途径等方面进行了研究。随着研究的不断深入，人才可持续发展理论逐渐形成了较为完整的理论体系。该理论强调在人才培养、使用和管理过程中，要考虑到经济、社会、环境等多方面的因素，确保人才的可持续发展。同时，该理论也提出了实现人才可持续发展的具体策略和措施，如加强教育和培训、优化人才结构、提高人才素质、营造良好的人才发展环境等。

人才可持续发展的特征包括：①人才资源的可再生性。人才资源的可再生性主要表现在它与实物资源的不同上，实物资源不会因为反复地利用而提升自身的价值，然而人才资源则会因为智力的不断利用与开发而不断升值，从而达到人的可持续发展的目的。②人才发展的主导性。主要表现在发展之中，人才的可持续性需要依据社会、企业未来的发展方向而发挥其功能，同时，人才工作的最终成效也需要通过未来发展得到检验。③人才价值的增加性。人才价值的增加主要是通过不断地进行培训，从而使人才能够获得符合时代发展的知识与能力，将人才资源与人力资源相比较，人才创造价值的能力是高质量与高速度并行的。④人才建设动态统一性。在人才发展的过程中，要注重人才的可持续发展与社会发展趋势相一致，同时也要处理好在发展过程中的高峰与低谷、成功与失败之间的关系。在处理好相应关系后也要避免短期行为的出现,科学地解决主要矛盾,不断地促进社会的发展。

人才可持续发展理论对新商科人才培养提供了重要的理论支撑,新商科人才培养需要紧跟时代步伐,更新人才培养理念。人才可持续发展理论强调教育不仅要满足当前社会和经济的需求,还要为未来的挑战做好准备。这为新商科教育提供了创新的教育理念,强调培养学生的适应能力、创新思维和终身学习能力,以满足不断变化的商业环境。人才可持续发展理论强调人才的全面发展,包括专业知识、技能、态度、价值观等多个方面。新商科人才培养也应注重学生的全面发展,不仅要培养学生的商业知识和技能,还要注重学生的创新思维、实践能力、团队协作能力的培养,以及商业伦理和社会责任的教育。人才可持续发展理论鼓励不同学科和领域的交叉融合,以培养具备多元化知识和技能的人才。新商科人才培养也应打破传统学科和专业的限制,推动商科与其他学科的交叉融合,培养具备跨学科知识和能力的人才,以适应复杂多变的商业环境。人才可持续发展理论强调实践能力和创新精神的培养。新商科人才培养也应注重实践教学和案例分析,鼓励学生参与实践活动和创新创业项目,提高解决问题的能力和创新能力。人才可持续发展理论强调人才在发展过程中要关注社会责任和伦理道德。新商科人才培养也应注重培养学生的商业伦理意识和社会责任感,使他们在商业活动中能够遵循道德规范,关注社会利益,实现商业和社会的可持续发展。

2.3.2 素质教育理论

素质教育是20世纪80年代基础教育的一种新的教育观,对传统的应试教育进行改进,经过10余年的发展,适用于高等教育。由于广大教育工作者对该理论的积极探索与实践,促进了高等院校素质教育的实施。素质教育是建立在一系列的理论基础之上的,如哲学基础、心理学基础、未来学基础、人才学基础和社会学基础等。

素质属于本性,包括先天基础也包括后天的修养。素质教育是一种将教学与素质相结合的对学生的教育方式,具有发展性、主体性、全面性等特点,从人的全面发展理论视角出发,素质教育是以提高人的素质与可持续发展作为重点而进行的全面教育。在全面发展教育的基础上把总体发展要求与个体发展差异有机统一,以有差异、有特色的发展求得所有学生的可持续发展,其本质是追求全面高质量的教育。为了培养新商科人才需要注意以下几点：

首先要明确，教育观念的革新构成了实施素质教育的根本基础。我国的高等教育机构应当逐渐从应试教育模式转向创新教育模式，以适应知识经济时代的需求和信息技术等现代技术的快速发展。我们同时提倡采用引导式和启发式的教学方法，以最大限度地激发学生的积极性和主动性，重视培养学生解决问题的能力和创新精神，同时也强调人文素质教育的重要性。在我国的传统教育模式里，偏重于理工科和其他技术性的教育，而相对忽视了人文和社会科学的教育。尽管这与当时社会的需求是一致的，但它已经对知识经济时代下的素质教育产生了明显的矛盾和冲突。鉴于全社会的基本文明问题已经变成了限制社会和经济增长的关键障碍，因此，强化人文素养的教育变得迫在眉睫。

优质的教学环境为大学生的素质教育提供了一个基础性的发展平台。在我国的大学体系中，我们可以将教学环境划分为硬件和软件两大部分。这两个部分相互补充、协同工作并共同推动、共同构建了一个和谐的整体，为素质教育创造了一个有利的环境。硬件设施的建设主要涵盖了图书馆的搭建、后勤的管理、教育设备的配置与升级，以及校园网络的搭建等方面，其中图书馆的搭建被视为最主要的部分；软件环境的建设涵盖了校园文化的塑造、教师队伍的配置、教学方法和手段的创新、学术氛围的塑造、社会实践活动的导向，以及其他相关的管理架构等多个方面，其中校园文化塑造被视为最重要的一环。高等教育机构的图书馆不仅是知识传播的重要渠道，也是科研和创新活动的核心场所。简言之，图书馆为学生创造了丰富的创新和创业机会，而校园文化则作为高校改革的推动力，同时也补充了常规教育的内容。健康的校园文化是素质教育不可或缺的一部分，它也为素质教育的实施营造了一个积极的文化环境。

与此同时，课程体系的构建直观地揭示了教育和教学的核心目标，它是提升教学效果的关键部分。课程体系的构建应当具备科学性、合理性和与时俱进的特点。从科学性的角度看，课程的设计必须遵循特定的教学原则，基础课程、专业课程和辅助课程的教学时间都需要合理分配；课程的合理性体现了课程设计的深度和广度需要与高等教育机构的教师资源相匹配，这不仅可以最大化地发掘教师的能力，还可以避免浪费大学的人力资源；随着时代

◎ 数智时代新商科人才培养的理论研究与实践探索

的变迁，课程的设计需要与社会的实际需求保持一致，而课程的内容、框架和焦点也需要反映出社会需求的演变方向。我国的高等教育机构在课程设计上呈现出某种程度的僵化，对于外部环境的变动反应不够迅速，由于不能根据当前的时间和形势进行调整，这在某种程度上妨碍了大学生素质教育的实施。课程结构的设计不仅是科学的体现，也是艺术的体现，它是科学与艺术的完美融合，间接展示了高等教育机构的教学能力和未来发展空间。

除了上述几点，教学方法也影响巨大，它实际上是高等教育机构的教师向学生传授知识的方式，是实现教学目标和达成教学意图的核心路径。教学方法的有效性不仅反映了教师个人的教学技能，也反映了高等教育机构的整体教学质量。根据现代的教育理论，教师在教学过程中的核心目标依然是向学生传递知识，但这种传递方式已经超越了单纯的知识灌输，更重要的是要在知识传递过程中最大限度地发掘学生的内在潜能和智慧。在高等教育机构里，大学生的创新才能、思维方式和创新精神的培养只能通过教育活动来实现。因此，为了迅速地使教师的教学技能从单纯的知识传授转向智能化，并使教师的授课方法从单纯的"填鸭式"教学转向更为积极的激励式教学，高等教育机构应当激励教师勇于尝试创新的教学方法，并对学校教学管理中那些不利于教师智慧成长的部分进行改革。

最重要的是现代科技，特别是互联网技术的快速进步，它不仅推动了全球经济的快速增长，还深刻地改变了人们的日常生活习惯。互联网不仅是信息和知识的传播平台，也是观念和思想的传播渠道，在对人们的思维产生冲击的同时，也对人们的世界观、人生观和价值观产生了直接的塑造作用。大学生这一庞大的群体，在从网络中寻找有价值的信息时，也很容易受到各种不健康信息的影响。由互联网构建的"网络社会"为大学生的思想政治教育带来了前所未有的挑战。因此，网络素养教育的核心目标是要求高等教育机构引导学生合理地识别、获取和应用网络信息，同时在正确培养新时代思想观念的过程中，我们必须坚定地排除不良意识形态所带来的影响。

总而言之，新商科人才的培养首要在高等院校，如何在高等教育阶段进行有效的教育，使经过高等教育之后的毕业生能够适应社会发展需求。对学生进行素质教育，是当代中国教育需要真正落到实处的关键任务，促进受教育者的全方位发展。

2.3.3 产学结合理论

产学结合是将生产劳动与教育相结合,该思想起源于文艺复兴后的资本主义萌芽和发展时期,教育思想家如托马斯·莫尔、卢梭、裴斯泰洛齐等提出了生产劳动的教育意义,认为教育和生产劳动相结合是作为人的全面发展的手段,但没有对产学结合理论进行仔细的诠释。在历史唯物主义的基础上,伟大的革命导师马克思现代教育思想给予了科学的解释,形成教育与生产劳动相结合的科学理论,奠定了理论基础。

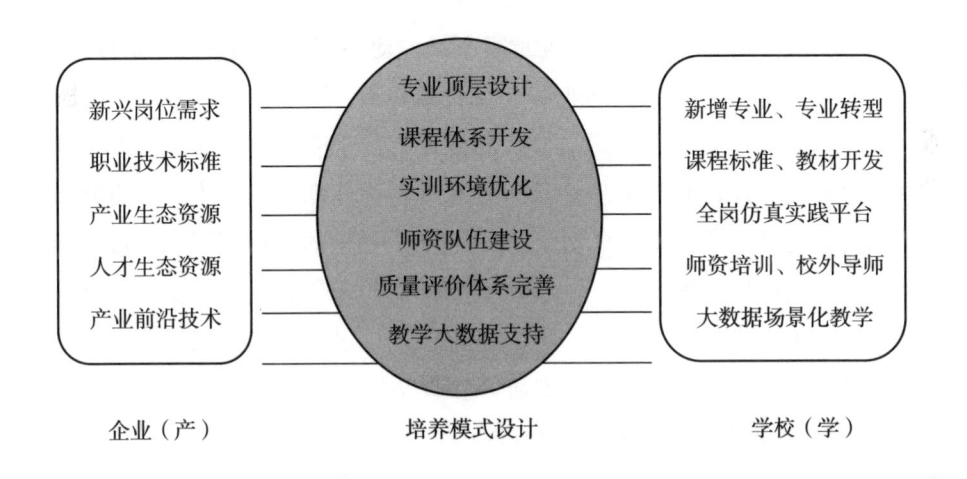

企业(产)
- 新兴岗位需求
- 职业技术标准
- 产业生态资源
- 人才生态资源
- 产业前沿技术

培养模式设计
- 专业顶层设计
- 课程体系开发
- 实训环境优化
- 师资队伍建设
- 质量评价体系完善
- 教学大数据支持

学校(学)
- 新增专业、专业转型
- 课程标准、教材开发
- 全岗仿真实践平台
- 师资培训、校外导师
- 大数据场景化教学

图 2-3 产学结合新商科人才培养思路

生产劳动与教育的结合主要是指人类社会发展到一定阶段,两者出现相互关系的一种状态,在新时代发展的社会,这种状态表现为:在生产劳动过程与教育过程中,虽然两者在形式上是相互分离的,但其内在却有密不可分的联系,它是社会发展的必然社会状态,同时也不以人的意志为转移,因此在培养新商科人才时需要做到以下三点。

(1)新商科人才的培养要重视对技术的研究,包括技术的开发、转化、应用以及培训,新商科人才是否需要从事科研工作是一个具有争议的议题。如果需要从事科研工作,首先需要注意技术研究,关注技术在生产中的应用价值,同时也要为生产能力的提高进行相应的技术研究,不能只为呈现研究成果而进行研究。具体而言就是应用性要先于学术性,值得注意的是,技术研发的发展不仅体现了新商科人才的能力与质量，也是提高整体学术水平的表现。

（2）新商科人才培养必须重视"社会服务"职能。新商科人才培养主要是不同领域的产学研结合，因此，产学研结合不仅是提升教学和研究能力的手段，也是高校教育的主要目标。在一定程度上，新商科人才培养应该具有适度市场化的特点，既要与社会"不离不弃"，也要适当地"重即轻离"。

（3）在培养新商科人才时，"创业型反应"的重要性不容忽视。我们需要根据社会进步的需求，为多样化和多元化的市场做出明智的决策。因此在培养新商科人才时，我们必须高度重视市场的动态变化，持续满足市场需求，并努力实现从传统模式向"创业型"模式的转型。同时，我们也需要积极探索和实施与服务社会（产学研结合）相协调的内部变革，如管理制度、组织结构、会计专业建设和精神理念等，而不是坐等外部环境的改善。伯顿·克拉克同时将此种反应定义为"创业型反应"，并持有这样的观点：通过多元化收入来增加自由处理的资金，并努力降低对政府（自治）的过度依赖；为了引入新的思维模式和操作方法（产学研相结合），我们需要发展非传统系的单位；目的是让各个系部在强化学术研究和教学活动的同时，也能主动地向外界募集资金，以增强其面向社会的教学和科研能力。

2.4 数智时代新商科人才培养的相关理论

2.4.1 人力资本理论

人力资本理论最初是由经济学领域的研究提出的。美国经济学家舒尔茨被普遍认为是人力资本理论的先驱。他在20世纪60年代创立了这一理论，为人类生产能力提供了全新的视角，并在1979年荣获诺贝尔奖。舒尔茨在他的著作《人力资本投资：教育和研究的作用》中，阐述了物质资本是指在物质产品中存在的各种资本，这包括但不限于工厂、机械、设备、基础原料、土地、货币以及其他各类有价证券；人力资本是一种体现在个体自身的资本，包括对生产者进行教育、职业培训等方面的支出，以及接受教育时的机会成本等的总和，这体现在人们身上的生产知识、工作和管理能力，以及他们的健康状况的综合体现。

人力资本理论的主要创新点：其一，将人的健康、技能与知识等看成一个资本形态,这也是人力资本理论的核心部分;其二,人力资本的机制是靠后天形成的。该理论认为,人的才能有先天与后天之分,两者是有区别的,人的价值主要是通过后天的学习与自身的努力形成的;其三,对人力资本的投资在一定程度上是一种生产性投资。

人力资本理论是一个完整的研究框架,它的理论主要包括:①人力资源是最宝贵的资源,构成了现代管理理论的核心,体现了现代社会以人为本的理念。在新时代理念下社会经济不断增长,相对于实物资本,人力资本的影响更为显著。舒尔茨持有的观点是:人力资本与实物资本的投资回报率之间存在相互联系,而人力资本和实物资本的相对投资量主要受到收益率的影响。如果收益率很高,那么投资就会不足,应该增加投资;如果收益率偏低,那么所需的投资可能会过多,因此应当考虑减少投资。当人力资本和实物资本的投资回报率达到一致时,这便是它们之间最理想的投资比例。②在众多的生产要素中,人力资本起到了互补和替代的角色。仅仅依赖自然资源和体力劳动已经不能满足现代经济的需求。因此,在生产活动中不断提升劳动者的智慧水平变得尤为重要,需要增加脑力劳动的比例,以替代现有的生产要素。因此,我们可以推断,在经济高品质增长的过程中,由教育培养出的人力资本将逐渐取代更多的生产资源。③教育的进步有助于确保个人收入分配的公平性,人力资源在某种程度上推动了经济增长,提高了个人的收入,并降低了社会收入不均的情况。舒尔茨持有的观点是,个人收入的增加和收入差异的缩小主要是由于人们教育水平的普遍提升,这是人力资本投资的直接后果。

人力资本理论对新商科人才培养提供了重要的理论支撑,该理论强调了教育投资的重要性,认为投资于人的教育和培训是提高个体能力和生产力的关键。这一理论为新商科人才培养提供了理论基础,强调了教育投资对于培养高素质商科人才的重要性。通过增加对教育的投入,提高教育质量和效果,可以培养出更多具备专业技能、创新能力和综合素质的商科人才,满足社会和企业的发展需求。人力资本理论将人的能力和技能视为企业和社会发展的核心资源。新商科人才培养注重提升学生的专业技能和综合素质,培养具备创新思维和跨界融合能力的人才。这种培养模式与人力资本理论的观点相契合,强调了人的能力和价值在商业领域中的重要性。人力资本理论强调了人的能力是可以通过持续学习和职业发展而不断提高的。新商科人才培养也注重学生的终身学习能力和职业发展意识，鼓励他们不断学习和进步，以适应快速变化的商业环境。这种持续学习和职业发展的理念与人力资本理论的核心观点相一致。人力资本理论认为投资于人的教育和培训可以获得长远的回报，不仅对个人有益，也对社会和企业产生积极影响。新商科人才培养致力于培养出能够为企业和社会创造价值的优秀人才，从而实现教育投资的社会效益和经济效益。这与人力资本理论所强调的投资回报和社会效益相契合。这些理论观点为新商科人才培养提供了指导思想和方向，有助于培养出适应新时代商业环境的高素质商科人才。

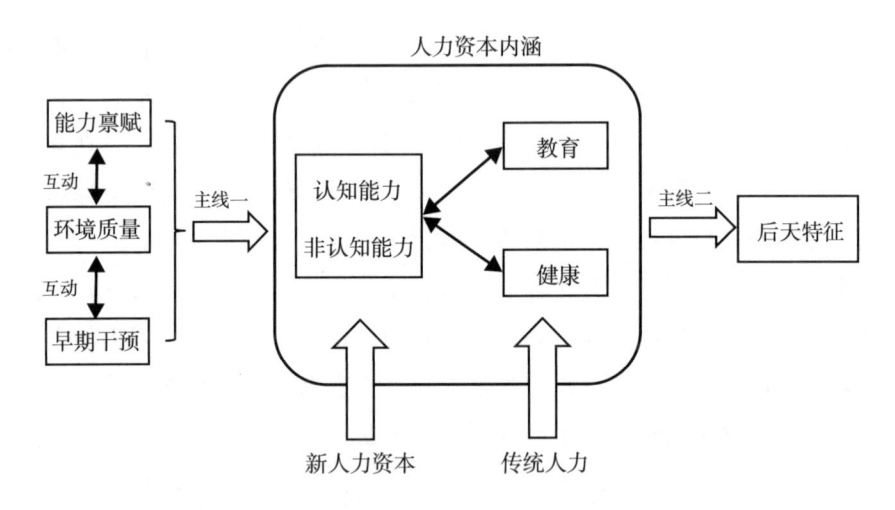

图 2-4 人力资本与教育结合的完整框架

2.4.2 能力本位教育观

能力本位教育观（Competency—Based Education，CBE）的产生与发展主要源于对职业教育和培训的反思与改革。其核心观点是围绕职业工作岗位所要求的知识、技能和能力来组织课程与教学，将培养学生的职业能力作为教育的根本目的。能力本位教育观的产生可以追溯到20世纪60年代的美国和加拿大，当时的经济转型和技术进步对职业教育和培训提出了更高的要求。传统的以学科为中心的教育模式已经不能满足社会的需求，需要一种更加实用、更加注重能力培养的教育模式。因此，能力本位教育观应运而生，并逐渐在全球范围内得到推广和应用。在美国与加拿大，能力本位教育观得到了较高的重视,它于第二次世界大战后产生,主要是指学校聘请行业中的专家组成相应的专家组,按照职位的需要进行分解,明确该行业应该具备的能力,确定相应的培养目标,简而言之就是依据职位,确定相应的能力目标。然后由学校的教学人员,依据所指定的能力作为培养目标,设置与之相关的课程内容,进而考核是否能够达到能力要求。

能力本位教育观主要是强调能力的重要性,将能力视为教学的基础,对于新入学人员的原有经验能力进行考察考核后进行认定与承认。同时,该观念也强调科学管理的严格性以及办学形式的灵活多样,在招收学生的过程中,本着"随时随地"原则,学校对不同程度的学生按照自身的情况决定其学习的时间与方式,即学生也可以根据自己的时间和情况,选择适合自己的学习时间和方式。这种"随时随地"的学习方式,使学习更加灵活和便捷。由于能力本位教育注重学生的能力发展,因此课程时间和毕业时间也可以根据学生的实际情况进行调整。学生可以根据自己的学习进度和能力水平,选择适合自己的课程安排和毕业时间。因此,能力本位教育的灵活性,打破了传统教育教学体系规定,这种以职位所需要的能力作为培养核心的教育模式,保证了职业能力培养的目标可以顺利进行。在现阶段的职业教育领域,能力本位教育观得到了大规模采用,以培养具有胜任特定职业相应能力为目标,是能力为本的教育思路,能力本位教育观可以说是一种以培养学生职业能力为主,在教授专业技能的同时,也教授胜任职业的其他方面的能力。它以"立足于职业,服务于职业"为原则;同时,为顺应职业能力的需要,形成"职业—能力—技能—知识"的教育思维,在新时代向"高质量"转变的过程中,在培养新商科人才时更加重视能力的培养。

能力本位教育观对于新商科人才培养提供了重要的理论支撑,新商科教育注重培养学生的核心能力和专业技能,这些能力是学生在未来职业生涯中成功应对各种挑战的基础。能力本位教育观正是以这些实际应用能力和技能的培养为核心,确保学生毕业后具备与行业需求相匹配的能力和素质。能力本位教育观强调以学生为中心的教学理念,注重学生的个体差异和学习需求。在新商科人才培养中,这种教学理念有助于实现个性化教学和差异化培养,提高教学效果和学习体验。能力本位教育观鼓励通过实践教学和真实场景的模拟来培养学生的实际应用能力。新商科教育同样注重实践教学,包括企业参观、课程实训、综合实训等，这些实践活动有助于学生将理论知识应用于实际工作中，提高其解决问题的能力和创新能力。能力本位教育观强调课程设计应以行业需求为导向，确保课程内容与职业标准对接。新商科人才培养在课程设计方面也应紧密关注行业动态和企业需求，及时调整课程内容，以培养出符合市场需求的高素质人才。能力本位教育观认为教育是一个持续改进和动态调整的过程。新商科人才培养也应建立灵活多样的培养机制，根据市场变化和技术进步不断调整人才培养目标和教学计划，确保人才培养的连续性和适应性。

2.4.3 人本主义理论

人本主义理论起源于公元前5世纪，但真正得到蓬勃发展是在17世纪至18世纪的启蒙运动时期。它的核心观念是提倡自由、平等、博爱。人本主义理论强调人的价值、尊严、创造力和自我实现，认为每个人都有其独立的价值与尊严，并必须自己选择自己的生活方向。人本主义理论在心理学领域也有显著的影响，特别是在美国当代心理学中，它被视为主要流派之一。该理论由美国心理学家A. H. 马斯洛创立，并得到C. R. 罗杰斯等人的进一步发展。人本主义心理学主张心理学必须从人的本性出发研究人的心理。它强调人的潜能和自我实现，认为人的本性中的自我实现是潜能的发挥，这种潜能具有类似本能的性质。此外，人本主义还重视人的情感体验，关注个体的内心感受和自我实现的过程。在教育领域，人本主义教学思想承袭了文艺复兴以来的人文教育传统，注重学生的主体地位和尊严，追求学生的个性、人性、潜能的发展。

人本教育，即以人为本的教育。在哲学上，人本通常与神本、物本相对而言。在以物为本的领域中，社会发展所需要的政治与经济的需求，可能体现在相关的知识与技能上，然而，人的发展是要顺应社会发展和政治经济发展的需要。因而，在以物为本的教育中，"物"可能是政治、经济、技能、知识等，但是这些有一个共同的特征，就是教育并非人的发展核心。神本教育抑或是物本教育，都不是以人为本，使教育并不是依附于人的发展，成为追名逐利或是政治斗争的媒介。然而，人本教育的理念则是强调人的发展，无论是教育的体制、内容还是方式都是以促进人的发展为主要内容。自然，人的神性追求在教育中也占据了一定的份额，但不能视为教育的全部，否则会使教育走向歧途，这是由于人的发展具有多样性，并不能简单地归为一种，而是上述方面的统一整体。因此，人本教育并不是全面地否定人的神性，而是在神性的基础上更好地促进人的发展，使发展更加协调、更加全面，从而为社会提供强有力的人才支撑。在国家提出将"高速度"发展转向"高质量"发展的过程中，每个人都在追求实现自身的价值，追求真、善、美等本性，使自己符合共有的道德标准与价值，教育的主要目的也是在于提高自身的潜在能力与价值，保证人们的自我实现。因此，新商科人才的培养不仅要为经济社会的发展服务，也要为教育者的生存发展负责，使人才在真正成为职业者的同时，也可以学会生存与发展。

人本主义理论对于新商科人才培养提供了重要的理论支撑。人本主义理论尊重个体的差异性和独特性，认为每个人都是独一无二的，具有不同的潜能、兴趣、价值观和目标。在新商科人才培养中，这一理念要求教育者关注每个学生的个体差异，尊重他们的兴趣和选择，提供个性化的教育方案。通过个性化教育，可以更好地满足学生的需求，激发他们的学习动力，培养他们的创新精神和批判性思维能力。人本主义理论强调人的全面发展，包括知识、技能、情感、态度和价值观等方面。在新商科人才培养中，这一理念要求教育者不仅关注学生的专业知识和技能培养，还要注重他们的情感、态度和价值观的培养。通过全面的教育，可以使学生具备更加完善的人格和更高的综合素质，更好地适应未来社会的需求。人本主义理论认为学生是学习的主体，应该具有自主性和主动性。在新商科人才培养中，这一理念要求教育者充分发挥学生的主体作用，引导他们主动思考、自主学习和积极探索。通过培养学生的自主性和主动性，可以激发他们的创造力和创新精神，提高他们的学习效率和解决问题的能力。人本主义理论关注学生的学习体验和情感需求，认为学习是一种情感与认知相结合的过程。在新商科人才培养中，这一理念要求教育者关注学生的学习体验，创造积极、愉悦的学习氛围，满足他们的情感需求。通过关注学生的学习体验，可以激发他们的学习兴趣和动力，提高他们的学习积极性和学习效果。人本主义理论强调实践与经验学习的重要性，认为通过实践和经验学习可以更好地理解和掌握知识。在新商科人才培养中，这一理念要求教育者注重实践教学和校企合作，为学生提供更多的实践机会和经验学习平台。通过实践和经验学习，可以使学生更好地了解商业运作的全过程，培养他们的实际操作能力和解决问题的能力。

2.4.4 职业胜任力理论

能力是通过行为表现出来的，以行为结构为切入点，运用系统的研究方法来获取对能力本质的认识，这是职业胜任力分析的认识论基础。

"胜任力"一词由哈佛大学教授戴维·麦克利兰（David·Mc Clelland）于 1973 年首次在国际上提出，它是一种能够使一个岗位上表现突出的人区别于普通员工的深层特质，包括动机、特质、自我形象、态度和价值观、特定领域的知识、认知和行为技巧，以及其他能够明显区别于普通员工的个人特质。这个新的概念一经提出便受到了学术界的高度关注，并从多个角度对其进行了界定。从广义上讲，胜任力是一种能够应对某一特定职位的特殊任务的能力，以及与企业战略相符的企业管理技能等。它是一个人的综合素质，与其所处的职位相匹配、与其工作业绩密切相关，是可以被测量、被评价、被培养、被提高的。在企业内部，常被应用于衡量企业员工的绩效水平。

胜任力模型是胜任力理论的核心内容。一般而言，胜任力模型是指在工作中完成某项特定任务或担任某个特定职务所需要具备的综合素质，在人力资源管理中具有广阔的应用前景，与工作绩效关系紧密，具有较高的可靠性，并且可以通过培训和发展加以提高。其中，以图 2-5 所示的"冰山模型""洋葱模型"最有代表意义。

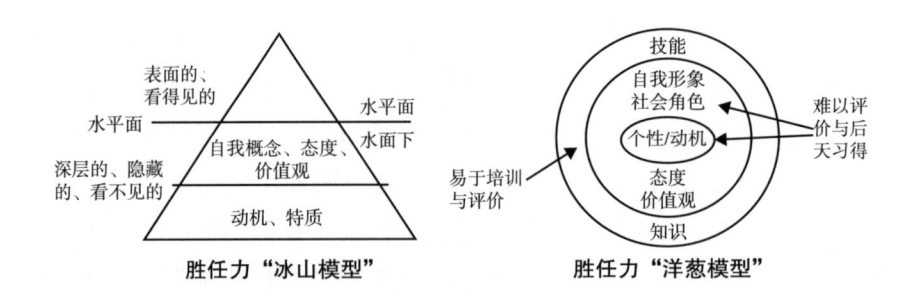

图 2-5 职业胜任能力理论的具体表征

美国学者莱尔·M. 斯潘塞和塞尼·M. 斯潘塞博士（Lyle M·Spencer, Jr·& Signe M·Spencer）从特征的角度提出了"素质冰山模型"理论。素质冰山模型将个体素质形象地描述为漂浮在海洋上的冰山，知识和技能是暴露在水面上的表层部分，这部分是对任职者基本素质的要求，但无法将表现优异者与表现平平者区分出来，这一部分也被称为基准性素质（Threshold Competence）。基准性素质易于衡量、观察，因此易于被模仿。换句话说，知识与技巧是可以从有目的的训练中学到的。内驱力、社会动机、个性品质、自我形象、态度等是潜藏于水中的深层素质，被称为鉴别性素质（Dif—ferentiating Competence）。它是区分表现优秀的员工和表现一般的员工的重要标志，职位越高，鉴别性素质所占比重就越大。与知识、技能相比，鉴别性素质是一种不易观测、不易检测、不易变化、难以评估的素质，是一种难以后天培养的素质。

"洋葱模型"由"冰山模型"发展而来。美国学者理查德·博亚特兹系统地、全面地学习了麦克利兰的素质学说，并提出了"素质洋葱模式"，它揭示了素质组成的基本要素，阐明了每一个要素都具有可观测、可测量的特征。"洋葱模型"，指的是把胜任力素质从里到外归纳为一层又一层的结构，其中最核心的是动机，再往外依次为个性、自我形象与价值观、社会角色、态度、知识、技能。越靠近外围，越容易进行后天培养与评估；越是深入，就越难学习。

胜任力理论在选择人才能力评价指标方面有着一定的启发作用，是否能够胜任所从事的工作，是否具备该岗位所需要的能力，这些都是衡量人才培养质量的一项重要标准。在高质量发展的大背景下，不仅要重视表象因素，也要重视对内在因素的培养，只有对人才的能力做出全面、客观的评估，才可以反馈到高校，对其进行动态调整，从而促进教育教学的改革发展，满足国家、行业、企业对人才的需要。

胜任力理论对于新商科人才培养提供了重要的理论支撑，胜任力理论强调对个体在特定职位或角色中所需具备的关键能力、知识和技能进行明确和具体的描述。这为新商科人才培养提供了清晰的目标和方向，使得教育者可以更加准确地确定学生需要掌握的核心胜任力，从而有针对性地设计课程和培养方案。胜任力理论注重将理论知识与实际应用相结合，强调个体在实际工作环境中的表现。新商科人才培养也强调实践教学和案例分析，通过模拟真实商业环境、解决实际问题等方式，帮助学生将理论知识转化为实际操作能力，培养具备实践经验的商科人才。胜任力理论强调每个个体在胜任力方面的差异，认为不同的个体在相同职位上可能具有不同的胜任力组合。这为新商科人才培养提供了关注个体差异化的理论基础。教育者可以根据学生的不同特点和需求，采用个性化的教学方法和手段，以满足学生的不同学习风格和发展需求。胜任力理论是一个动态的过程，强调个体胜任力的持续发展和评估。新商科人才培养也应建立持续评估机制，对学生的胜任力进行定期评估和反馈，以便及时调整培养方案，促进学生的持续发展。同时，教育者还应关注行业动态和技术进步，不断更新胜任力标准，确保人才培养的时效性和前瞻性。胜任力理论为新商科人才培养提供了明确的目标、实践与应用导向、关注个体差异化和持续发展与评估的理论支撑。通过运用胜任力理论，新商科教育可以更加精准地培养学生的核心胜任力，培养出适应市场需求的高素质商科人才。

3 数智时代商科人才培养的现状分析

3.1 数智时代的发展历程

数智时代的发展历程可以追溯到 20 世纪 60 年代，当时计算机技术的兴起为数据处理提供了基础设施。然而，由于计算能力和数据存储的限制，数智技术的应用受到了很大的限制。直到 20 世纪 90 年代，随着大数据技术的兴起，数智技术开始迈入一个新的阶段。在数智时代的发展历程中，有几个关键的里程碑。

20 世纪 60 年代：计算机开始出现在商业和政府领域，用于数据处理和存储。

20 世纪 70 年代：微处理器的出现使得计算机变得更加小型化和便携，逐渐普及到家庭和个人使用。

20 世纪 80 年代：互联网的出现使得计算机之间可以进行联网通信，这标志着数字化时代的真正开始。

20 世纪 90 年代：随着万维网的发展，互联网开始成为信息共享和交流的主要平台，同时数字媒体技术也得到了进一步发展，包括数字音频和视频技术。

21 世纪初：移动设备和智能手机的出现使得人们可以随时随地接入互联网，数字化技术的普及程度进一步提高。

21 世纪中期以后：人工智能、物联网、区块链等新兴技术的出现，进一步推动了数字化时代的发展，数字化技术逐渐深入到各个行业和领域。

总的来说，数智时代的发展是一个长期的过程，涉及计算机、互联网、大数据、人工智能等多个领域的技术创新和应用。从发展层次上，可以分为三个层次。第一层是连接，万物互联是数智时代的基础。通过各种先进的技

◎ 数智时代新商科人才培养的理论研究与实践探索

术手段，人们能够将各种物理设备、系统和数据连接在一起，形成一个庞大的网络。这种连接不仅限于人与人之间，还包括人与物、物与物之间的交互。第二层是数据价值提炼，在实现连接的基础上，通过对海量数据的收集、处理和分析，人们可以挖掘出其中的价值。这些数据价值可以为各种决策提供有力支持，帮助人们更好地理解世界、预测未来。第三层是效率应用赋能。在这个阶段，数据价值的落地成为关键。通过将数据应用于各种实际场景中，人们可以实现更高效的工作和生活方式。例如，智能交通系统可以通过实时数据分析道路交通情况，为出行者提供最佳路线建议，从而有效缓解交通拥堵问题。同时，数智化不仅仅是一种技术进步的象征，它更代表着一种全新的思维方式和价值观念。随着数智技术的不断发展，人们需要不断更新自己的思维方式和价值观念，以适应这个快速变化的时代。

按照时间发展划分阶段，可以将数智时代的发展历程划分为三个阶段：2000年之前，以"连接"互联网为特征的互联网转型阶段；2000—2016年，以"分享、共享、融合"为特征的数字化转型阶段；2016年以后，以"平台化、智能化"为特征的数智化转型阶段。随着技术的不断进步和应用范围的不断扩大，数智时代将继续发展并影响未来的社会和经济格局。总之，数智时代是一个充满机遇和挑战的时代。通过深入理解和应用数智技术，人们可以更好地应对各种挑战，抓住机遇，创造一个更加美好的未来。

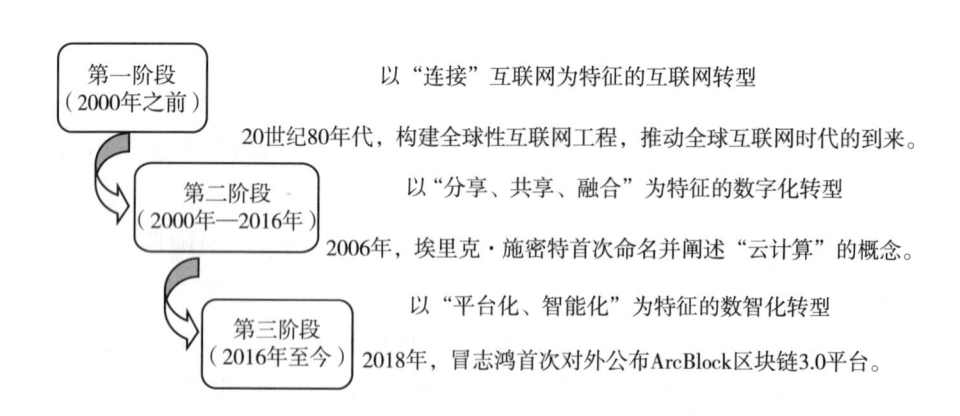

第一阶段（2000年之前）	以"连接"互联网为特征的互联网转型
	20世纪80年代，构建全球性互联网工程，推动全球互联网时代的到来。
第二阶段（2000年—2016年）	以"分享、共享、融合"为特征的数字化转型
	2006年，埃里克·施密特首次命名并阐述"云计算"的概念。
第三阶段（2016年至今）	以"平台化、智能化"为特征的数智化转型
	2018年，冒志鸿首次对外公布ArcBlock区块链3.0平台。

图 3-1 数智时代的发展历程

3.1.1 第一阶段：以"连接"互联网为特征的互联网转型（2000年之前）

在这个阶段，互联网开始兴起，人们开始意识到互联网的价值，并开始尝试将传统产业与互联网进行连接。这个阶段的主要特征是信息门户的出现，人们可以通过互联网获取各种信息，从而更好地了解世界。这个阶段也标志着互联网从学术研究领域走向了商业应用领域，开始对传统产业产生影响。从20世纪80年代末到90年代，美国计算机科技经历了飞速的扩张阶段，截至1983年，超出60%的小学配备了计算机设施，而逾85%的高中引进了互联网技术，每所学校平均有10台或11台计算机供学习使用。电脑及其相关电子产品的强劲需求极大地促进了美国信息产业的发展，在80年代，计算机硬件、半导体以及软件等产品的输出成了美国对外贸易增长的重要支撑。得益于计算机硬件和通信技术的迅猛发展，通过网络连接起来的众多计算机构建起全球性的互联网工程，互联网带来的革命主要体现在连接性的增强上，它改良了传统的通信方式，有效地推动了全球互联网时代的到来。与此同时，中国在1994年正式接入全球互联网，标志着中国开始步入数字化转型的全球潮流。

随着互联网技术的普及，以"连接"为特征的互联网转型逐渐成为各行各业的必然趋势。互联网不仅改变了人们的工作方式，也深刻影响了社会生活的方方面面。在那个时代，互联网引发的革命性变化主要体现在连接能力的增强以及对传统通信方式的改进上，而这种改变大部分是由网络相关企业所主导的。网络架构的完善与用户友好型软件应用的推广，让一批专注于网络搜索技术的企业站到了数字化改革的前列。公众开始认识到，互联网及其信息化带来的不仅是交流渠道的拓展，同样也在降低获取信息的代价和缩减信息差异方面起到了显著作用。

3.1.2 第二阶段：以"分享、共享、融合"为特征的数字化转型（2000—2016年）

自21世纪伊始，服务业的数字化改革逐步深入，带有"分享"和"共享"特质的内容与服务开始走向数字化转型之路。通过社交媒体平台，"分享"个人经历、观点和感受成为一种新常态，数字化内容的提供者们将音乐、书籍、电影等实体媒介数字化，促进了社交网络、在线预约服务、民宿租赁及二手交易等行业的诞生，并推动服务从"分享"演变为"共享"的模式。

随着数字化交易、金融服务和产品发行的普及，某些制造商构建"社区"以增加用户参与度，这不仅加速了数字经济与服务行业的融合，也快速推进了商业的整体数字化。

与此同时，制造业与服务业的融合在数字转型中也大规模铺开。众多计算机和电子产品制造企业成为这一领域的核心力量。他们将数字内容融入新开发的电子产品，并以工业化商品的形态供应给消费市场。在跨国公司的推动下，电子产品制造业得以在全球范围扩展。信息技术公司探索着数字化转型的路径，在硬件和软件的结合上走在了其他企业前列，使用数字技术助力第二产业与第三产业的整合。越来越多的制造企业采购数字化外包服务以提升生产效率，减少了其单独投资建设基础设施的财务负担，并节约了资源。有了硬件与软件的交互作用，企业在数据分析和应用方面的能力显著增强，数据的价值越发凸显。在第二阶段，企业数字化转型进入了一个新的阶段，以"分享、共享、融合"为特征。这个阶段的主要目的是通过数字化技术的应用，实现企业内部和外部的信息共享和资源整合，以提高效率、降低成本、增强创新能力。在这个阶段，企业开始意识到数字化转型的重要性，并加大投入力度。企业内部开始建立各种信息系统和数字化设施，以实现生产、管理、营销等各个环节的数字化。同时，企业也开始将目光投向外部，通过互联网和数字化手段实现与合作伙伴、客户等之间的信息共享和资源整合。在这个阶段，数字化技术不断发展和创新，各种新兴技术如云计算、大数据、物联网等开始崭露头角，为企业数字化转型提供了更加强有力的支撑。企业数字化转型的范围和深度也在不断扩大，不仅局限于生产和管理环节，还涉及商业模式、组织结构、企业文化等各个方面。

3.1.3 第三阶段：以"平台化、智能化"为特征的数智化转型（2016年至今）

随着互联网与数字化技术的不断发展和普及，企业数字化转型进入了一个新的阶段，以"连接、协同、智能化"为特征。这个阶段的主要目的是通过数智化技术的应用，实现企业内外部的全面连接和协同，提高企业的智能化水平和竞争力。大数据、云计算、物联网和人工智能的发展提高了企业处理和利用数据的能力，数据的数量和质量同步增长。数字化与智能化算法的融合正在兴起；不断增长的用户基础，促使互联网平台作为新兴产品与服务的重要介质，并以此为基础，构建了数字产业生态圈。数智化转型以平台化为核心，以智能化为目标。实体经济和数字经济的结合主要依托两条途径：一是以互联网企业为代表，提供云服务、数据处理、平台建设及数字基础设施，以支撑其他产业数字化转型的，如阿里巴巴和腾讯提供的云服务；二是以传统制造业为推力，利用自己的生产行业背景和经验，在基础设施上进行投资，借助互联网平台将企业的工作流程、产品和服务以数字化的方式呈现出来。

数字化平台转型是对共享文化的延伸，既把产品和服务共享拓展到数据和生产经验，也把数智化战场由 C2C、B2C 延伸到 B2B。人工智能的迅速发展改变了生产组织结构和企业体系，同时也改变了市貌、公共服务以及基础设施的交付。生产和消费也在科技的加成下进行了深入的融合，更多的服务要素被融合到了产品中，而消费者也成了内容和创作的参与者。随着智能车间、工厂、自动化供应链不断崛起，在某些工作范围内，机器人已经取代了人工。基于交通大数据、无人驾驶等技术的智能交通体系正在逐步向城市推进，融合远程医学与大数据的智慧医疗体系正在构建，政务服务也将纳入数字化治理平台中。数字化技术不但促进了传统经济的平台化、智能化，而且促成了现实经济的虚拟对等存在。

在这个阶段，企业更加注重数字化和智能化技术的应用，以提升企业的运营效率和客户体验。企业内部实现全面数字化和智能化，从研发、生产、管理到营销等各个环节都能够实现高效协同和智能化决策。同时，企业也开始注重与外部合作伙伴和客户的连接和协同，通过数据分析和智能化服务来提升企业的整体竞争力。在这个阶段，人工智能、物联网、区块链等新兴技术得到了广泛应用和发展，为企业数智化转型提供了更加广阔的空间和机会。同时，企业数智化转型的范围和深度也在不断扩大和深化，涉及商业模式的创新、组织结构的调整、企业文化的重塑等多个方面。

3.2 数智时代的经济社会变革

数智化的崛起代表着社会与经济体系向新模式的基础性转换，促使产业模式、现代基础设施系统、科技人才培养体系、社会管理模式等方面进行了改革和重构。数字要素加快推动着经济和社会进步及管理模式向新格局的演变，成为一种实践手法和路径，亦构筑了发展的方向和目标。这种发展不仅映射出社会和经济迈向新常态的根本改变，也引领产业布局、先进基础架构、人才教育体系以及社会管理模式的更新和重组。

数智时代带来了许多经济社会变革。首先，数智化发展是社会与经济发展的一种新模式，它对企业组织方式、基础设施系统、科技人才培养体系、社会发展治理模式等方面都产生了重大变革和重塑。其次，数智化创新的发展重点从技术和产品层面向生态和系统层面转化，技术、产品、供应链等竞争演进为平台化的生态体系竞争。数智化基于"云管端+AIoT"等新技术群落，通过一套结合云计算、数据中台和移动端的开放解决方案，构建无边界协同和全局优化的开放技术体系。此外，数智化还带来生产经营决策的一体化，即从业务数据化到数据业务化。数字化时代下实现的是业务数据化，而数智化时代实现数据业务化，以消费者运营为核心的数字商业模式、组织模式和产业生态重构是关键。同时，数智化转型影响深远，各个领域都在探索建立基于数智技术的发展范式。这需要科技人才不仅具备专业领域的知识、技能和基本的数字技能，更要具备数智化思维和运用数字知识、技能创造性解决复杂问题的能力。需要精准掌握数智化转型对宏观层面总体劳动力结构、中观层面行业人才需求、微观层面工作流程和岗位能力要求的影响，建立以数字能力为导向的人才培育理念。另外，数智技术教育和科技伦理教育也同等重要。数智化转型是经济社会的整体转型，既需要技术的创新发展，也需要建立大范围的集体共识和共同行为规范。数智化技术发展在推动生产方式变革的同时，给人类社会带来了复杂的伦理挑战。因此，应强调技术能力培养和科技伦理教育的共同推进，普及科技伦理知识，提升应对科技伦理问题的能力。

3.2.1 数智化对传统产业模式的再造

智能化成为新一代工业变革的核心特性和焦点。从德国2011年提出的"工业4.0"计划到欧洲联盟2021年公布的"工业5.0"战略，数智化越来越注重工业与经济、科技与社会系统的全面整合。

1. 由规模效应向价值驱动转换，以应对复杂多变的需求

数智时代的数字创新以价值创造和边界拓展为核心，对比之前大众化、规模化需求的确定性，数智技术平台打破了供给与需求间信息障碍及传统集中式信息壁垒，升级传统的线性成本下降和效率增长为生态式网络环境下的价值链增长，并通过技术与科学、产业融合以及区域经济和社会的高度整合带来更广泛的价值创造与分配新途径。

2. 从封闭型技术系统转向开放互联创新生态

数智化的创新重心从单一的技术或产品层面扩展至整个生态和系统层次，形成面向平台化生态系统的竞争新局面。基于云管端能力结合 AIoT 的新型技术体系，依托云计算、数据平台和移动解决方案，构筑出无界协作和全局优化的开放型技术架构。核心问题从效率提高转为满足多样化场景下的实时全周期需求，全面促进模式创新、产品创新、组织创新和管理创新。

3. 从业务数字化转为数据的商业化，实现生产与经营决策的整合

数字化时代实现业务流程的数据化，而在数智化时代则是将数据商业化，关键在于以消费者运作为中心的新型商业、组织及产业生态的构建。企业需要针对客户全周期服务的综合运营策略。数智化改革涵盖了生产过程的数字化、经营管理的智能化以及决策的整合化，需要对内外部、线上线下、消费侧与产业侧的数据进行全方位联动，实现物质空间与数字空间的双向映射和综合优化。

3.2.2 数智化重构现代基础设施体系

数字化协作及网络智慧的发展实现了信息、知识、货品、物资及财务流动的互通，并依托融合新型与传统基础设施的现代化体系，整合人力、货物、设备、装置、空间和场景等全方位元素，建立起数据与价值双重闭环，促成虚拟与实体相结合的新型社会空间诞生。

实现资源的全面整合和共振效应，将知识及信息纳入生产要素以提升生产效率。数字化转型重构了生产要素之间的关系，使得以数据形式呈现的知识和信息转变为支撑未来数智社会进步的核心要素。信息产出力的典型特点在于其穿透性、传播性和虚拟性。技术、制造业、产品、服务、物流、金融及组织构架等数字智能化所重建的价值流动关键要素需通过现代化的基础设施体系加以灵活配置并具备扩展能力，同时以数据为核心语言的价值链协作体系，其标准化、规范化及安全性是激发各类利益主体活力、促进全要素生产力提升的必要条件。

通过全流程的集成串联，为产业链、供应链与创新链的融合奠定数智化基石。5G、人工智能、工业互联网等通信网络基础设施有效衔接科技重大设

施和数字化升级的传统基础设施，优化平台化管理模式，畅通产业链、供应链和创新链的连接通道。其中，科技重大设施等创新基础设施构成知识创新与技术突破的前线阵地，而智能交通、智慧能源等融合型基础设施则为经济与社会的数字化转型提供解决策略。

推动社会化的广泛协同，实现群体智慧的集成融合以及应用价值的最大化。在数字化时代，数据、信息和知识表现出更强的流动性、情境性和社会性特征。社会生产是一个网络系统中集体智慧全周期协同与全面融合的过程，网络内的参与者既是消费者，也是生产者。此外，互联网与即时通信技术的进步，将实体空间基础设施的连通性数字化，并转换为自主智能的互动模式，打破了组织、层次、领域和区域界限，为形成新的虚拟与实体相结合的社会空间以及更精细的社会劳动分工提供了动力。

3.2.3 数智化重构科技人才培育体系

人力资源是数智化转型创新发展的根本。数智化转型导致了技术同人才间关系的深度演变，两者相互融合，且人才透过技术的辅助得以提升自身能力与智力，推动科技人才培育体系的转型升级，为数智时代的发展提供有力的人才保障。

1. 数字化和智能化能力已成为持续学习的关键

数智化转型产生广泛影响，各领域纷纷探寻基于数字技术的新发展模式，这要求科技专业人员不仅需掌握领域内的知识和技能以及基础的数字能力，还需具备数字思维及利用数字工具解决问题的能力。必须精确理解数智化转型对宏观劳动力结构、行业人才需求以及微观工作流程和职位技能要求的影响，确立以数字技能为主导的人才培养观念。

2. 重视数智技术教育与科技伦理教育并行

数智化转型涉及经济社会全面转型，既依赖技术革新，也需要构建广泛认同和共享行为准则。数智技术的发展在推动生产模式革新的同时，也引出了复杂的伦理问题。科技人才培育在数字创新时代不仅传承技术与观点，更关乎推动技术与社会规范的持续互动进步，因而要强调技术和伦理教育的"双轨"并行，普及科技伦理，并增强应对伦理挑战的能力。

3. 融合数智化的人才培育与培育的数字化方法

数智技术特色在于跨学科的融合及实际应用场景的牵引，强调通过多元手段培养复合型人才。一方面需以数据密集型科研模式引导人才培育，培养能够将数据科学技术与领域知识紧密结合的研究型人才；另一方面需积极推动产学结合、校企合作，造就具备稳固理论基础与实践经验的技术型人才。同时，人工智能等数字技术支撑构建了更加智能的培育体系，为人才提供更有针对性的教育内容与灵活多样的教学方法。

3.2.4 数智化重构社会发展治理模式

信息革命通过数据和虚拟空间改变了物理世界的构造，数据与信息不仅是公共治理的基础，也成了治理本身，带来了治理维度的转换，极大地影响了公共治理的体系。随着信息技术的快速发展，政府和公共部门能够通过对海量数据的分析和处理来更加精确地预测社会趋势，促进了决策过程的科学化、精准化。此外，互联网和其他数字平台的广泛应用，也为政府与民众之间建立起了更为直接的沟通渠道，使得公共参与变得更加简便和透明。

1. 提出了以人为中心的新要求

大数据、人工智能、互联网及物联网等新兴技术的伦理建设面临新挑战，如个人数据利用的道德审核、人工智能替代就业等多重现实情况下员工权益保护、数据差异、算法"黑箱"操作与偏见等问题，都对以人为本提出了新课题。欧洲的"新工业战略"和"工业 5.0"策略均强调在工业改造过程中保护工人权益，尤其"工业 5.0"的标志性特质之一是以人为核心，确保新技术应用不侵犯工人隐私权、自主权等基本权利。

2. 政府服务更加智能化和精准化

数字政府成为新型的政府管理和服务模式。这是数字时代公民对政府服务更新期待的反映，也是政府对社会形态变革的适应。特点为数据整合和智慧服务，政府更主张"共商共筑共享"的协同治理模式。例如，在线教育平台为广大用户提供灵活的学习途径，远程医疗服务则让专业医疗资源覆盖到偏远地区。通过这些平台，信息壁垒被打破，知识和服务的普及率得到显著提升。政府部门的数据整合、开放性和可计算性不断增强，政府服务正在从宏观管理向针对个人、具体问题的细致化、一体化治理转变。同时，应强化数字协商的治理能力，建立全民参与、数字协商的治理框架。

3. 数智化治理面临一系列挑战

数字技术是数智化治理的基础保障。数智化治理需要借助先进的技术手段来实现,如人工智能、大数据、云计算等。然而,这些技术的快速发展和更新换代带来了技术选择的困难和技术整合的复杂性。数据安全和隐私保护是数智化治理最为突出的问题。随着个人和机构数据量的激增,数据质量问题、数据共享与隐私保护的平衡问题、数据安全问题等都需要得到有效解决;如何确保数据存储、传输和处理的安全,防止数据泄露和滥用成了一个迫切需要解决的问题。同时,数智化治理涉及大量的个人数据和社会信息,如何保护个人隐私和数据权益,避免数据歧视和不公平现象的发生,是数智化治理需要解决的伦理问题。"数字鸿沟"也是不容忽视的问题。虽然数智化为公共服务带来便利,但对于那些无法获得或不具备使用数字技术的群体来说,他们可能会因此而处于不利的位置。另外,数智化治理需要政府、企业、社会组织等多方参与和协同合作。然而,不同领域之间的利益诉求、工作方式和文化背景等存在差异,如何实现跨领域的有效协同是数智化治理面临的另一个挑战。

随着数智化不断深入,公共治理也需要适应新的变化,采纳创新的管理理念和方法。数智化不仅重构了社会发展治理的技术基础,也提供了改善治理效果和提升治理能力的可能性。必须充分认识到数智化在社会发展治理中的巨大潜力,同时也要谨慎对待它所带来的各种挑战,以便更好地利用数智化推动社会的可持续发展。

3.3 数智时代人才需求结构分析

数智经济与实体经济的高度融合,不仅推动产业层次的提升,同时促使对人才类型需求发生了变化。当前,我国数智经济行业急需相关专业人才,行业内相关职位人数持续上升。据人社部发布的《中华人民共和国职业分类大典(2022年版)》显示,首次标的97种数字职业已达到总数的6%。

各类新兴数字智能类职位的涌现,映射出行业对于数字智能技术人才的最新追求。市场不仅急需从事数智化产品开发和技术研究的专业人员,同时也急需能够支撑行业数智化转型的跨学科人才和数字化方面的管理人才。根据数字经济的内涵和行业领域的界定能够发现,发展数字智能化经济的关键人才如下。

3.3.1　通用数字技能与素养人才

通用数字技能与素养人才是具备数字获取、使用、评价、交互、分享、创新、安全保障等一系列在日常生活中应用的素质与能力的集合。OECD 着重指出，由于全球化数字经济的迅速发展，相关职业者都需要掌握必要的数字技能。随着数字技术和实体经济的紧密融合，数据已经作为一种极其重要的生产要素，在各个行业和各个工作岗位上都得到了广泛的使用。数字经济的迅猛发展要求相关从业者具备更高的数字化技术和知识水平。此外，世界各地的许多国家政府都意识到提高国民对数字化思维、认知和技能的教育的迫切性。《产业数字人才研究与发展报告（2023）》指出，有将近一半的数字企业迫切地想要自己的员工能够参加数字和交叉学科的技术进修，同时有接近一半的受访企业要求职工拥有自主操作数字办公系统的能力。目前我国数字化综合人才的总体缺口有将近 3000 万，为此 2022 年，中央网信办、教育部、工业和信息化部、人力资源社会保障部联合印发了《2022 年提升全民数字素养与技能工作要点》，部署了 8 个方面 29 项重点任务，旨在提高相关数字从业者的技能水平和职业素养。大部分的非数字化工作也对从业人员的基本数字能力提出了更高的要求，包括处理数据、分析数据、使用人工智能、进行信息检索等，在数字经济时期，这些能力在劳动力的技能组合中占有极为重要的地位。

通用数字技能与素养人才是指具备一定数字技能和素养的人才，这些技能和素养包括但不限于能够使用各种数字技术工具，如计算机、智能手机、网络等，进行信息处理、交流和创作的数字技术的使用能力；能够运用数字技术进行创新和创造，如设计、编程、人工智能的数字创新能力；能够有效地获取、评估、组织和利用信息数据和数字内容的信息素养；能够了解数字安全和隐私保护的基本知识，保护个人信息和数据安全的数字安全素养；能够了解数字行为的道德规范，在数字环境中负责任地行动的数字道德素养等。通用数字技能与素养人才在许多领域都有应用，如教育、医疗、商业、科技等。随着数字化时代的到来，具备通用数字技能与素养的人才将更加受到社会的重视和需求。

3.3.2　数字技术与业务整合型人才

数字技术与业务整合型人才是指那些既具备数字技术专业知识，又能够将这些技术与业务需求相结合，实现技术与业务有效整合的人才。这类人才不仅了解数字技术的最新发展和应用，还具备将技术与实际业务场景相结合的能力，能够为企业或组织提供创新的解决方案，推动业务的数字化转型和升级。在当前的数字化时代，数字技术已经渗透到各行各业，成为推动社会进步和发展的重要力量。因此，数字技术与业务整合型人才的需求也日益旺盛。这类人才不仅能够在技术团队中发挥重要作用，还能够在业务部门中扮演关键角色，为企业的数字化转型提供有力支持。

这类人才致力于数字技术产品的行业应用领域，它涵盖了农业、制造业、金融、商贸、政府等多个领域。数字技术与实体经济的融合，催生出了许多新的商业形态、产品、服务以及模式。这类人才致力于数字经济行业中的产业数字化，反映了数字技术与国家各经济板块的深入整合。其不仅要对数字技术的核心应用、数字经济的基本理论有一定的掌握，同时还要对业务过程和技术应用场景有一定的把握，具备良好的管理能力和行业基础知识，可以在各行各业和商业环境中灵活运用数字技术，以促进传统产业的质量和效率的提高，并为各个产业的数字化转型提供动力。这些数字人才包括管理、营销、数据分析、运营、用户体验、解决方案设计等。与数字产业化相比，产业数字化是就业的主阵地，也是数字技术和业务整合人才的主要需求。《中国数字经济就业发展研究报告：新形态、新模式、新趋势（2021年）》显示，在数字经济产值中，产业数字化的比重达到了80%左右，而从招聘的数量和职位数量来看，这一比例已经达到了70%左右。

中国数字经济的增长正逐渐由需求端向供给侧转移，并渗入到产业链的上游，如物流、生产、研发、设计等。在企业层次上，数字智能化转型不断深化，对该类型的转型人才的需求也越来越大，企业急需大量的兼具管理和商业知识，同时也掌握数字技术运用和数字经济运营的交叉型人才，他们将成为推进企业数字化转型不断深入的关键力量。在行业层次上，我国数字经济的迅速发展加快了劳动力由第一、第二产业向第三产业的流动速度。中国信通院的报告指出，第三产业是数字经济相关职位招聘的主要吸纳对象，其中以消费为导向的行业中，有60.2%以上的数字化岗位，比一、二产业的需求要大得多。为适应这种人才的需求，面向全行业的数字化转型，高校要积极探索数字经济的新状态和新模式，推进数字经济交叉学科的融合，发展新文科和新商科，加强与数据思维、行业知识和数字技术相结合的人才培养。

3.3.3 数字技术和产品研发人才

数字技术及其产品开发人员是数字基础架构层面的关键角色，这些科技构筑了数字经济增长的坚实底层，为行业数码转型进程提供了必要的工具、解决方案、服务和基本建设。在数字化的经济体系中，核心技术涵盖了物联网、第五代移动通信技术（5G）、数据分析、云服务、智能算法、以及区块链技术等。此类专才致力于数字化产业内的产业化进程，对于研发数码产品和设计数码服务来说，亟须数量众多的技术开发者，如通信信息技术、智能算法、数据库管理等相关领域的技术研究者、电子工程师、算法设计师、应用软件工程师等。他们不仅需要具备专业的技术知识，更需有创新能力，以推进数字基础设施与核心技术的更新升级，助力数字化经济的发展壮大。然而，在数字智能产业化的范畴内，尤其是智能算法、算法开发、机器自学等关键技术人才的供给在数量与素质上都显得不足。高校针对这种需求，应加速深化对于新兴技术的探索研究，促进数字技术前沿学科的发展，并重视新型理工科的构建，强化对学生进行技术创新和研发能力的培养，加快解决我国数字化经济发展中遇到的瓶颈问题。

数字技术和产品研发人才是随着数字经济的快速发展而出现的新型人才群体，他们具备高度专业化的数字技术知识和研发能力，主要在产业数字化领域工作。这些人才通常掌握着复杂的数字技术专业知识，如大数据分析、云计算、人工智能等，并且了解本行业的技术前沿动态。他们从事数字技术与产品的开发设计，能够提升生产效率，甚至产生颠覆性的行业影响。例如，大数据工程技术人员、云计算工程师等职业均属于这一领域。此外，随着制造业产品研发的数字化进程加速，与产品研发有关的 CAE、CAM、CAPP 等也获得到了越来越多的应用。因此，具备这些技能的人才也是数字技术和产品研发人才的重要组成部分。

3.3.4 数智化治理人才

数智化治理专业人才是数字经济中支持治理层面的关键力量，指具备数智化治理能力的人才，他们能够运用大数据、人工智能等技术手段，对组织或社会的治理进行数字化、智能化、精细化的管理和服务。在数字经济快速崛起的背景下，隐私保护、数据监管、网络安全、"数字鸿沟"、人工智能道德、平台经济规划等一系列社会问题日益突出。根据中国信通研究所的说法，数字经济不仅涵盖产业化、数字化的产业转型，也涵盖了数智治理和数据价值化的过程，而数智治理重点是"科技+政策"相结合的运作和数字公共服务的供给。数智治理是一个重要的生产要素，它是数字经济高速发展背景下不能忽略的问题。处于目前的数字时代下，如何建设"数字政府"和"高效"的治理，是我国治理系统现代化的一项重要内容。目前，我国在数字经济治理的改革已从利用科技手段进行治理转向对科技本身的治理，并在建立完善的数字经济治理结构上有所突破。据研究显示，数字治理领域对专业人才的需求正日益紧迫，它会在不久的将来赶上或者超越传统的 IT 行业。从需求面来看，随着"数字化政府""智慧城市"的建设，政府部门及各种事业单位及机构对政府管理人才的需求迅速增加；同时，企业在数字化转型过程中也对数据驾驭人才有迫切需求，以提高数据资源的商业价值。为了应对这类新型人才的需求，高校等亟须培育兼具"公共服务"与"企业"双重需求的数字化治理专业人才，以避免因数字经济快速发展而引发的安全与道德风险，促进数字经济的持续健康发展。

数智化治理人才需要具备多方面的能力素质，包括但不限于：能够运用数据分析工具和算法对数据进行处理和分析，挖掘数据价值，为决策提供支持的数据分析和处理能力；能够规划和设计数字化治理系统，实现信息资源的整合和共享，保障信息安全的信息系统建设和管理能力；能够了解社会需求和政策法规，能够运用数字化手段提供高效、便捷的公共服务，制定科学合理的政策的公共服务和政策制定能力；能够协调不同部门和利益相关方，实现共同协作和利益共享，推动数字化治理顺利实施的跨部门协作和沟通能力；能够不断学习和创新，应对数字化治理的新挑战和机遇，推动数字化治理持续发展的创新和学习能力。数智化治理人才在政府机构、社会组织、企业等领域都有应用，他们是推动数字化治理的重要力量。随着数字化时代的不断发展，数智化治理人才的需求也将不断增加。

3.4 新商科人才培养的背景和要求

3.4.1 新商科人才培养的背景

随着我国进入社会和经济发展的新时期后，对新商业教育人才的总体要求也随之变化。"新商科"这一理念，折射出传统商业院校为满足时代需求所做出的诸多变革。

1. 商科教育的演进历程

商科教育的发展历程是一个不断演进和变革的过程，其历史可以追溯到古代的商业交易。随着商业的不断发展，商科教育逐渐形成和完善，以培养具备专业知识和技能的商业人才。

在欧洲，商科教育的起源可以追溯到14世纪。当时，商业和手工业经济的发展促成了城市化进程，商家和手工业者组织起来建立了行会和公会，以促进城市和经济的发展。这些组织开始成为商科教育的基础，为商人提供必要的培训和技能。到了19世纪，商科教育迅速发展，商业学院应运而生。这些商学院为商人提供了全面的培训，从财务管理到市场营销、人力资源管理等，涉及商业的各个方面。20世纪初，商业的全球化推动了商科教育的发展。商业学院开始注重国际化，为学生提供跨国商业和跨文化交流的机会。同时，商业学院也为企业提供必要的管理和领导力培训，以应对不断变化的商业环境。在美国，商学教育的发展历程可以分为几个阶段。在职业教育阶段（1635—1880年），专业培训和学徒制是主要的教育形式。在专业教育阶段（1881—1945年），宾夕法尼亚大学沃顿商学院、加州大学伯克利分校开始商科教育，1912年哈佛大学成立了独立的商学院。在制度教育阶段（1946—2000年），市场导向的专业化、制度化建设不断得到完备与改进。在特色化教育阶段（2000年至今），各个学院的商科教育各有特色，如哈佛大学的领导能力和高级管理知识、沃顿商学院的企业家精神、麻省理工学院斯隆商学院的高科技管理等。中国古代民商业的兴起最早可追溯至战国时期，随着盐业、铁矿、纺织、水利工程、渔业、造币和木材加工等行业的蓬勃，商业活动也日益增多。到了汉朝，司马迁在其《史记·货殖列传》中首次正式记载了商人群体，并通过"农而食之，虞而出之，工而成之，商而通之"的描述，强调了各职业之间平等互助的观念。受"农本商末"思想长期影响，商人的培育大多依赖于徒弟学习制度。在清末新政期间，中国开始兴办高等商业学堂，江南高中等商业学堂、直隶高等商业学堂与湖南民立明德学堂增设高等商业专科，这是中国国立大学开设商科的开始。民国成立后，中国高等商科教育最初仍是模仿日本，商业专科学校率先发展起来。自1840年鸦片战争后，中国不得不开放商埠与外界通商，商业教育开始向着满足西方企业需求的方向转变，具体表现为夜校和私塾主导的、侧重外语及现代商贸知识的教学模式，尤以上海最为显著。1902年颁布的《钦定学堂章程》中的"壬寅学制"，首次将商科纳入官方学校教育系统，成为"七大学科类别"之一。1917年之后，中国高等教育经历了从仿效日本到借鉴美国的转变，为此加快了大学商科教育的进步。新中国成立以后，在学习苏联模式的基础上，融合我国国情，确立了以中国人民大学《中国社会主义商业经济》构建的教育体系。改革开放以来，中国开始实施市场经济体制，商科教育迎来快速发展，商科教育的地位得到了很大提升。许多高校引入以美国为代表的西方教材和课程模式。经过1990—2011年四次学科专业调整后，商科被逐渐归入经济学和管理学门类。全球化经济的快速发展促使各院校商学部门遵循AACSB、AMBA、EQUIS等国际认证标准，培养适应全球经济贸易环境的专业人才。

2. 新商科教育理念的初步构建

随着21世纪的到来，中国经济表现出持续增长的态势，特别是面对全球经济危机及疫情的冲击，表现出强劲的韧性和庞大的发展潜能，为社会经济发展注入了新的动力。截至2020年，中国的GDP第一次超过了100万亿元，人均GDP也超过了1万美元，为世界经济增长做出了超过30%的贡献率。数字经济的蓬勃发展，与传统行业深度融合的诸如大数据、云技术、智能算法、物联网和区块链技术等新兴技术不断推陈出新，同年，中国数字经济的规模也在急速扩张。在不断优化的商业环境和市场化、法制化以及国际化原则的指导下，我国加快了现代经济体系的构建步伐。随着《优化营商环境条例》和《外商投资法》等政策的落地实施，中国迅速成为吸引外资最多的国家之一，在取得一系列经济领域的显著成就的同时，新型商科教育人才供需之间的矛盾开始日益明显。

当年，我国的数字经济总量已达39.2万亿元，占GDP的38.6%。随着我国商业环境的持续优化，以及在市场化、法制化和国际化的原则下，加快了我国现代化经济体制的建设。随着《优化营商环境条例》《外商投资法》的颁布与执行，使我国全球拥有最大的外国投资市场的国家。在经济方面取得令人瞩目的成绩的同时，市场对新一代工商管理人才的供求矛盾也越来越突出。

2020年11月，《新文科建设宣言》的颁布，为我国新文科的建设与发展注入了新的活力。其中涉及的八个学科类别面临特色多样、分类繁复的挑战，"分门别类推进"成为一个基本原则。"文史哲修身铸魂、经管法治国理政、教育学育人才、艺术学美化心灵"简单定义了不同学科的发展方向。然而在应对社会历史进程和民众生活问题面前，人文社科领域复杂议题的解决常需联合多学科协同作用。

新商科教育作为体现我国特色社会主义新时代商科教育的新思想，其内涵与范围的探索、发展与完善，对于经济、管理学科在新时代的整合、创新尤为重要。所谓"新商科"，并非传统意义上文科范畴的附庸，而是服务于特色社会主义经济发展需要的一种崭新视角。这个概念尚处在形成期中，对于其精确内涵尚无共识，教育界专家正通过不断的研究与实践探索来充实其定义、特点以及改革方向。该学科注重技术创新、产业整合、社会变迁的现实需求，着眼于将前沿技术融入教学内容，旨在提供一种立足于跨学科的综合教育。在新技术、新经济形态、新产业背景下，不管是通过新兴商科领域的打造还是通过传统商科的更新升级，都旨在培养具有跨界融合能力、创新驱动精神和实操经验的商学教育新模式。客观来看，新商科的特点主要集中在"新思维、新理论、新方法、新技能"四个核心维度上，但其根本应该基于中国特色社会主义新时代的框架，解答科技革命、国家进步、世界大局的转变，以及社会科学本土化等新挑战，牢守创新的核心价值观，深入进行理论研究与实践探讨，从而推进商科教育走向高质量发展的道路，这也成为新商科所肩负的历史责任。

3.4.2 新商科人才培养的特点

新商科兴起于信息技术、互联网技术、可持续发展等现代背景之下，这一趋势在商务教育和研究领域中显得尤为明显。该趋势重视跨界整合、文化交叉及多领域联合的教育模式，并致力于塑造学生的创造思维、引领能力与社会责任感。因此，新时期商科人才应具备下列五个关键特征。

1. 多学科整合

相比传统商科教育，新商科更强调包括计算机高级应用、数据分析处理以及数据驱动决策制定的技能。新商科人才不仅具备商科的思维，还融入了技术、工程、艺术等多方面的思维，能够从多个角度思考问题，并提出创新的解决方案。新时代的商科教育不仅仅局限于单一的学科知识，而是将经济学、管理科学、信息技术、数据分析、心理学等多个学科知识汇集融合。这样的多学科教育方式有助于培养学生全方面的素质与创新思维。

2. 适应时代变迁

智能化时代的快速演进，使得商业活动日趋向数字化、网络化、智能化方向发展。随着知识更新换代加速，新商科人才必须迎接这一挑战。企业越发需要能与时俱进的员工，而高校在人才培养上也应担负起培育数智创新型人才的任务。作为新商科的代表者，理应深谙时代潮流，掌握尖端科技，并且实现专业与技术的融合发展。

3. 拓展国际视野

在经济全球化的推动下，商务活动的边界已经超越国界的限制。未来的新商科人才需拥有国际化的视野，了解并适应不同国家和地区的商业文化、市场状况、商业习惯、商业模式和法律法规，并具备越过文化障碍沟通协商的能力，以便有效地与全球各地的商业伙伴进行互动。在这样的全球化背景之下，企业必须具备国际战略眼光和跨文化管理的能力，因此新商科人才也应该表现出适应全球化的思维方式。

4. 增强创新能力

新商科教育强调培养学生的创新素质，鼓励他们树立创新思维并将其运用于实践之中。商业环境本质上是创新的竞技场，那些停滞不前的企业最终将被市场所淘汰。新商科教育旨在整合跨学科知识，培养学生更为开阔的思考格局，使他们具备突破常规束缚的创新能力。在竞争激烈的商业环境下，能够发现新机遇，设计并提供符合市场需求的产品和服务。同时，他们还需具备敏锐的市场感知力和卓越的创意思考能力，能够主动思考和探索新的商业机会和商业模式，为企业创造更大的价值，使其在市场竞争中稳固立足。

5. 提升数字化能力

在数智时代，新商科人才需要具备数字化能力，以适应商业环境的快速变化和技术的不断创新。数字化能力是新商科人才的核心竞争力之一，它涉及数据采集和整理、数据处理和分类、数据筛查和分析、数据应用、数据安全保护等方面的技能。新商科人才必须不断提升自身的数字化能力，才能更好地应对数智时代的挑战和机遇，为企业创造更大的价值。

3.4.3 新商科人才培养的现状

随着数字化时代的来临，商业环境正在发生深刻变革，新商科人才的培养也面临着前所未有的挑战与机遇。当前，新商科人才的培养现状呈现出一种多元化、交叉融合的趋势，旨在培养具备创新思维、跨界整合能力与实践经验的复合型人才。然而，在实际培养过程中，也存在着一些亟待解决的问题和挑战，需要我们深入探讨并寻求有效的解决策略。新商科人才的培养现状呈现出一些积极的趋势，新商科教育注重跨学科融合，将商业知识与其他学科如数据科学、人工智能等相结合，培养学生的综合素质和创新能力。许多高校和教育机构开始重视实践教学，通过校企合作、项目实践等方式，为学生提供更多的实践机会，培养其实际操作能力。在新商科教育中，越来越注重培养学生的创新思维和创业能力，通过创业课程、创新实验室等平台，激发学生的创新潜力。

新商科人才的培养也面临着前所未有的挑战与问题，这些挑战源于快速变化的商业环境、技术革新的压力，以及市场对复合型、创新型人才的高需求。尽管新商科教育强调跨学科融合，但在实际教学中仍存在一定的知识结构单一化问题，导致学生缺乏对其他学科的理解和掌握。部分高校和教学机构在教学方法上仍沿用传统的方式，缺乏创新和灵活性，不能满足学生的个性化学习需求。有时新商科人才的培养与市场需求之间存在一定的脱节，导致毕业生难以找到合适的工作岗位或难以适应市场需求的变化。尽管实践教学受到重视，但仍有一些学生缺乏实践机会或实践经历不足，影响其实际操作能力和职业发展。具体而言存在以下问题和挑战。

1. 培养目标不够明确

虽然新商科的构想在 2019 年已经为高等教育界带来了一系列更新的培养要求，但通过归纳分析目前众多院校实施的商学人才培养计划，能够发现尚存一些缺陷，尤其是在培养目标具体性方面未能充分体现。区别于传统商科的单向培训模式，新商科的人才素质发展趋势更倾向于全方位、多元化。然而，在实际执行中仍旧显示出过分保守和专业整合的欠缺，并未真正跨越学科与专业的界限。此问题的根源并非教育机构体制或支持力度不足，而更多是由于固守传统的教学法所致，导致无法达成预设的培养目标。传统商学强调在特定领域内积累知识、磨炼技能，却忽略了各学科间知识的互补性。在新商科领域,跨学科理论的支持至关重要,倘若教师们缺乏这样的理论基础,便难以落实新商科的培育愿景。

2. 培养内容较为陈旧

数字化时代新商科教育者应注重知识更新,及时将新元素引入课堂,从而激发学生的学习热情,更新学生视野,激励学生放飞思维,激发创意,并鼓励他们大胆提出独立见解。就目前的情况来说,尽管当前新商科教育者所掌握的理论基础可能维持稳定,但结合新时代背景和科技进步,传统理论也应从新视角予以思考。陈旧教学不仅体现在理论传授上,在技能学习方面也应不断革新,以适应时代变迁,实现跨学科知识的有效学习。书本知识提供了理论的框架,但目前的应用还有待变通,理论必须与实际操作相融合,并通过实践考量来检验其准确性,以确保学生在学术和职业领域均能取得显著成果。因而,在新商科人才的培育过程中,必须贯彻创新和多样化的教育理念,无论是理论洞察还是技术技能的培养,在商科教育的每一个环节上都应体现出创新特色,引导学生开启跨学科的学术探索之旅。

3. 培养方法不够创新

传统的商科教育重视专业技能的训练,有时却忽略了学生参与度及学科间的综合性。尽管多媒体的引入可以在一定程度上抓住学生的注意力,但单纯使用板书或 PPT 的授课模式并不能真正激发学生在课堂上的积极性。如果教师仅采用"填鸭式"的教学方式,虽能完成知识的转移,但往往容易使学生感到厌倦,不能达到理想的教学成效。此外,单一的教学策略并非适用于所有学科,缺乏展现跨学科整合特色的可能。故此,教师应紧跟当代教育要求,开拓与新商科学生需求相匹配的创新教学方法。

4. 实践教学不充分

新商科人才的培养需要大量的实践经验,以提高学生的实际操作能力和应对复杂商业环境的能力。然而,新商科人才培养过程中往往存在实践环节缺乏深度、实践教学资源不足、实践内容与市场需求脱节、实践教学与理论教学脱节、实践教学管理不规范、实践环节评价标准不明确等诸多问题,导致学生缺乏实际操作的机会,实践教学往往停留在表面的操作层面,缺乏对商业环境深入分析和解决问题的机会。学生所学的知识在实际工作中无法得到有效应用,降低了人才培养的实用性,导致学生无法深入理解商业运作的内在逻辑和规律,也无法培养出解决复杂问题的能力,影响了人才培养的质量。

新商科人才的培养应顺应时代发展的脉络,观照学生的认知水平,结合当下科技的最新进展,如云计算、物联网、数字化和人工智能等领域的深入融合,为新商科教育开辟全新的视野,推动人才培养的多元化和综合化发展。

3.4.4 新商科人才培养的必要性

科学上的突破和创新越来越依赖于高新技术的应用。智能化成为应对新一轮科技革命和产业变革、实现重要科学问题和关键核心技术革命性突破的必然要求。在此背景下,传统的商科教育体系、理论与模式已无法满足新时代经济活动和社会发展的需求,亦无法指导新时代商业活动的实践与探索。数字经济带来了商业模式的改变和知识的更新迭代,也对高等学校的商科专业人才培养提出了新挑战。"新商科"人才培养的必要性,主要包括以下三个方面。

1. 适应经济发展的需要

随着科学技术的快速发展和商业模式的不断变革,以大数据、人工智能、物联网、云计算和量子计算为代表的新兴技术推动产业结构和工作岗位的结构性重组,出现了"新商业"、"新模式"和"新业态"。科技和产业的颠覆性变革也推动产业链、价值链和供应链的变化,这些变革对传统经济、人文和社会产生深刻影响,由此导致传统的商科人才培养模式已经无法满足当前经济社会发展的新需求。数智时代下新商科人才培养,更加注重创新、创业和创造能力的立体式培养,以及跨界整合、团队协作等综合能力的整体性塑造,能够更好地适应经济发展对复合型人才的需求。

2. 促进"新商科"人才高质量发展

随着数字化技术的不断发展,对数字化人才的需求也日益旺盛。新商科人才培养强调人的全面发展,注重培养学生的综合素质和专业能力,使学生具有多领域跨学科交叉的知识体系和综合分析问题、解决问题的能力,将商业管理知识与数字化、智能化技术相结合,帮助学生形成智能、系统的知识结构和高效、准确的决策能力。如批判性思维、解决问题的能力、领导力、团队合作精神等,培养学生适应复杂多变的商业环境,提高商科人才的岗位适应力和竞争力。

3. 推动社会活动创新和变革

新兴技术的迅速发展为企业提供了前所未有的数据和信息资源，也改变了商业决策和运营方式。传统商科人才虽然拥有丰富的商业知识和经验，但面对数字化转型的需求，往往缺乏一定的技术运用能力。数智时代下"新商科"人才，将数字化应用工具与跨学科知识融合，推动人才培养从传统教育模式向数字化和智能化转型升级。同时，"新商科"人才还可以通过大数据分析技术，在市场中挖掘有价值的商业信息，帮助企业准确预测市场风向，推动企业建立客户数据分析系统和智能化管理系统，为企业数字化转型提供持久动力。此外，新技术新商科人才培养注重创新和变革，鼓励学生探索新的商业模式和创新创业的机会，有助于推动社会活动的创新和变革，实现我国经济的持续发展。

3.4.5 数智化时代对新商科人才培养的要求

随着数字化经济的飞速增长，传统的商业运营模式已深刻改变，特别是在企业运作、市场营销和管理策略方面发生了剧烈变革。这一趋势催生了以大数据分析、人工智能技术、区块链技术等为核心的新型商业模式，并对商科教育的人才培养模式提出了更新迭代和更高要求。传统的培养模式已不再能满足当代企业对商科人才的多样化需求，故而迫切需要精准把握数字时代的发展法则与核心特点，积极探索符合数字经济特色的商科人才培育新路径。

1. 强调转换商业思维理念

培养新时代的商科学生，关键在于改变他们的商业思维方式，使之与新商业环境及其演进规律相匹配。培养目标并非仅仅着眼于概念的记忆，而是要激发学生主动投身并适应商业发展的新潮流。一是应侧重于新型商业思维的塑造，其中包括计算思维、交互思维、数据思维、哲学思维以及伦理思维。尤其值得关注的是，数据思维对商科学生的意义至关重要，它构成了商科教育与数字经济时代紧密联系的纽带。具体而言，数据思维包括但不限于计算能力和批判性思维的培养。强调基于历史数据洞察未来市场趋势，提升决策质量。二是设计思维，能够通过大数据洞悉事物本质和市场需求，快速响应市场反馈。三是系统思维，培养全局视角，关注市场和业务发展中各领域的互动和融合。

2. 注重知识结构优化

注重知识结构优化是培养新商科人才的重要途径之一。知识结构是人才培养的基础，只有具备完整、系统的知识结构，才能更好地进行创新和创造。与以往单一学科知识的商科教育不同，数字经济推动了学科间的交叉与融合。因此，新商科人才的培养不应局限于掌握传统商业知识，他们还应涉猎工程学、自然科学、农业科学等其他学科领域，并提高运用新技术的能力，以便有效处理跨行业事务。例如，在市场趋势和产品结构分析中应用大数据和人工智能技术，在面对竞争挑战时运用社会法律知识。同时，产教融合和知识持续更新的趋势，要求商科学生不仅需要具备多元化的知识底蕴，还应具备能够跨界联结不同领域的基础知识，打造与时俱进、多元复合的知识体系。通过建立合理的知识体系、更新知识内容、强化实践能力、培养跨学科思维和激发创新精神等方面的工作，可以有效地优化学生的知识结构，提高其综合素质和创新能力，为未来的创新和发展打下坚实的基础。

3. 加强技术工具应用

在当今数据驱动的数字经济时代，企业日益依赖于对海量数据的分析来洞悉市场趋势和自身发展上的缺陷，以此提高决策制定的效率和精确性。这种对数据的深度挖掘不仅反映了市场的即时状态，还能预测未来可能的变化，为企业的长远发展和竞争优势的构建提供支撑。在这个过程中，数据的采集、处理和分析均需要倚重高端的技术工具及方法。例如，先进的数据采集技术能够实时捕捉到用户行为，而强大的数据处理系统则能从庞杂的数据海洋中提取价值信息。此外，复杂的数据分析技术如机器学习和人工智能可以对数据进行深入解读，揭示潜在的商业模式或消费者偏好。因此，在新商科教育中，培养学生掌握这些技术并成为其精通者变得至关重要。然而，对于新商科人才而言，熟练运用专业技术工具是基本要求。他们还应该具备将数据分析与业务战略相结合的能力。这意味着，除了技术知识之外，新商科人才也应对市场营销、产品管理、客户行为等商业环节有深刻的理解，通过融合跨学科的知识体系，可以更准确地解读数据背后的商业含义，从而为企业提出更加具有针对性的策略建议。

4. 注重结合本土商业环境

注重结合本土商业环境是培养新商科人才的重要方向之一。本土商业环境是人才培养的重要土壤，只有在深入了解和适应本土商业环境的基础上，才能更好地进行创新和创造。绝大部分经典管理学理论都源自西方发达国家，普遍适用于西方国家的商业环境和文化，与我国的国情并不相配。这导致商科人才的认知与实际情况有偏差，影响了人才培养质量。新商科培养需要根植于中国的商业实践，充分考虑本土的经济实践、管理习惯以及文化传统，结合本土案例和特色，构建具有中国特色的商科理论和学科体系，创新教学方法，增加与实际商业操作的互动环节，培育深谙中国国情的数智化商科人才，以科学方法分析数字经济的现象，解决相关问题，通过深入了解市场需求、结合文化特点、加强企业合作、关注政策法规和培养本土化创新思维等方面的工作，可以有效地提高学生的实践能力和创新精神，既能让学生了解全球商业趋势，又能深入学习中国市场的特点，为未来的职业发展打下坚实的基础。同时，也有助于推动本土商业环境的优化和发展，为中国企业的国际化发展提供关键支持。

5. 强调工具理性与价值理性的双融入

工具理性强调运用科学方法和技术工具解决实际问题，价值理性强调在商业决策中考虑社会责任和伦理价值。在"新经济"环境中，工具理性和价值理性并不是相互独立的，而是相辅相成的。为了实现商业目标，商科人才需要同时运用工具理性和价值理性。

工具理性在商业决策中发挥着至关重要的作用。随着科技的发展，商科人才需要运用先进的技术工具来提高生产效率、降低成本、优化供应链等。通过运用数据分析、人工智能等技术手段，更好地了解市场需求、预测未来趋势，从而做出更明智的商业决策。然而，仅仅依靠工具理性是不够的。在追求商业成功的同时，商科人才需要关注社会责任和伦理价值，这正是价值理性的体现。例如，商科人才应该关注环境保护、员工福利、消费者权益等问题，通过制定可持续发展战略、推行公平贸易、加强内部控制等措施，树立良好的企业形象，提升品牌价值。这就要求跨学科"新商科"人才，他们既具备数据分析、人工智能等技术能力，又关注社会责任和伦理价值。

6. 扎实的理论知识与新商科的融合

扎实的理论基础是"新商科"人才培养的重要支撑，交叉学科培养是"新商科"复合型人才培养的关键。具备扎实的专业理论基础，能够洞察商业环境的多变，深入分析商业机会，做出明智的商业决策。"新经济"和"新业态"的商业环境下，"新商科"人才需要将商科知识和其他学科知识融会贯通，具备"专业+"的知识体系和运用"技能+"的综合能力。比如，运用数据挖掘和统计学，"新商科"人才可以对市场进行数据分析，挖掘市场发展方向和消费者行为，从而帮助企业精准分析市场前景。再如，融合计算机知识，商科人才可以在技术创新、项目管理和成本控制等方面发挥作用。扎实的理论和交叉学科的融合，数智时代的跨学科是"新商科"人才更适应多变的"新经济"环境的重要途径。

3.5 数智时代新商科人才培养面临的问题及成因

3.5.1 数智时代新商科人才培养面临的问题梳理

近年来，尽管新商科领域在各类专业人才的培养上取得了若干成就，但我们也应该认识到其存在着一些不容忽视的问题。这些问题通常表现为专业定位的模糊性、教学过程中互动交流的不足以及专业培养中的协作性缺失等多个方面。这些不足之处会直接影响新商科人才实操技能的培养和提升，同时也可能对他们未来的职业发展和个人综合素质的进一步加强产生负面效应。

1. 专业定位的模糊性

当前新商科教育在明确专业定位方面存在普遍挑战。调研发现，众多就职中的工商管理领域学生经历过定位模糊的迷惘，不确定毕业之后应投身哪类明确岗位。此问题或许与他们所学专业未能及时适配不断变动的商界环境有关联。实用性要求极高的工商管理等课程需要学生具备创新思维与适应力，然而学校的传统教学并非总能为其提供充分指导。即便如此，各类商科专业仍长期占据高考志愿填报榜首位置。尽管近几年略显"降温"，该类专业报考热度仍旧处于前十，但多数商科类专业的毕业生在择业时发现就业前景并不乐观，且竞争强烈，出现了一定程度的"内卷化"倾向。观察商科人才供需状况，虽然商科毕业生占比达到29%，市场对商科职位的需求则高达40%，这表明对商科专才的市场还有较宽广的选择余地。即使国内商科人才供需并未到达饱和状态，但仍出现了就业拥挤问题，这更多是由于盲目设置专业引起的结构性人才所引发的问题。

2. 专业之间存在壁垒

传统商科在专业上划分过细，细分专业可以为学生提供专属领域专业知识和技能，面对"新经济"、"新业态"的商业环境，单一专业知识和技能很难解决复杂的综合性问题。因为在传统商科培养模式下，学生接受单一学科教育，其他学科知识领域存在空白，学生在面对问题时，只能从自己熟悉的领域出发，对问题的了解存在片面性，无法全面了解和分析问题。此外，传统商科教育模式下，学生知识体系不完整，知识结构呈现碎片式特点，不同领域、不同学科知识很难融合起来；"新商科"教育除了教授纯粹的商业原理外，还涉及法律、伦理、可持续发展、科技等多个领域的知识。然而，传统商科课程在这些方面的整合相对有限，面对"新经济"带来的挑战和数智时代带来的交叉复合型问题，无法整合多领域资源，很大程度上限制传统商科人才的发展。

3. 专业与教育融合浅薄

在新商科人才培养过程中，课程教学与专业深度融合不够也是一个突出问题。各类商科专业作为注重学科交叉整合的实践学科，关联经济、营销、财务等多个领域知识。但不少院校在教授时未能有效结合这些领域，造成学生缺失跨学科的全面素质。跨学科间的互动不足，使得将所学知识应用于真实的商业环境变得困难，进而限制了学生综合能力的发展。商科教育中课程体系的构建中常采取模块化策略，分为通识、公共基础、专业核心和特色方向等部分，但这些模块之间往往缺乏必要的联动，导致知识的整合性不强。例如，工商管理的数学课程常被教务部门统筹安排，教师为方便教学，不会为商科学生单独定制教材和内容，影响了专业知识的应用效能。同时，不同模块之间连贯性不足，同一概念在不同课程重复出现，例如，"概率论与数理统计"基础课与"统计学"核心课之间内容的重叠度就很高。若各科课程无法有效沟通和融合，将导致学生重复学习同一问题，降低其学习效率。在此背景下，商科教学内容过分偏重于理论，而在教学方法上的多样性不足，缺乏对实际案例的模拟分析及实操环节的融入，成为一大短板。

4. 专业发展协同性不足

新商科专业在增强政企学研各界的协同培养方面还显得力不从心。例如，教育管理机构在制定政策时主要靠内部人员推动，鲜少咨询企业与学校意见。

企业在人才培养方面的参与也不够积极,难以即时反馈给学校,教研团队通常自行设定人才标准和培养计划,缺失与产业界的对接。此外,高校研究多依赖文献回顾,缺少实地调研和实证研究。高校与企业的合作多数以教师个人代表形式进行,而不涉及产教结合。上述协同性欠缺导致学生的实习教育多停留在"纸面计划"阶段,企业忧虑实习指导可能干扰正常运营,高校则担忧学生安全保障,结果是高校以模拟教室取代实训,校外实习就成了简单的企业参观,协同培养大都名存实亡。

5. 专业教学方法滞后

在传统商科教学团队中,教师倾向于专业细分领域内的理论教学,忽略学科间的交叉和联系,这就造成传统模式下商科人才知识的单一性和片面性,缺少全面分析问题的能力,也难以提出创新性解决方案。另外传统商科教学方法主要采用讲授方式,以教师为中心,注重理论知识和概念的传授。教师通常会通过课堂讲解、案例分析、小组讨论等方式进行教学,旨在培养学生的理论思维和分析能力。在这种模式下,学生多数时间处于被动接受的状态,这种教学模式不能有效地激发学生的主动性和创造性。同时,传统商科教学方法过于理论化,缺乏实践操作和真实商业场景的模拟,导致学生难以将所学知识应用于实际工作中。此外,传统商科教学方法还存在一些问题,如忽视学生的个性化需求、缺乏对学生创新思维的培养、与现实商业环境脱节等。

3.5.2 数智时代新商科人才培养面临问题的成因

大数据、云计算、人工智能和区块链等领域的快速变革正在深刻影响商业思维和商业模式,推动着行业向数字化转型升级。这些技术的演进正迫使生产因素与运作方式重新组织,商品呈现出虚拟性、共享性、可复制性和非同质性等特点,并且边际成本逐步下降,趋近于零。网络效应和长尾效应变得日益显著,新兴工作模式如在线办公、自由职业、集群合作和去中心化结构兴起。现代商业领域经历了剧烈变革,新兴产业与商业模式层出不穷,而传统的商业法则逐渐失效。因此,新商科专业在培养人才时呈现与市场需求不匹配的现象,主要表现为培养计划更新不及时、学科资源整合不充分,以及多样化教育实体的规划步调不统一等问题。

1. 培养方案更新不及时导致专业定位导向不清

我国多数高等院校新商科专业的发展缺乏清晰战略,以致专业人才培养计划未能准确把握商业趋势与市场需求的脉动，造成专业方向的相对模糊性。

一是，工商管理类人才遭遇结构性供给过剩的挑战。自改革开放以来，随着经济的快速发展和商业地位的显著提升，商科成为大学生们热衷追求的学科之一。然而，当前许多高校更看重综合排名背后支撑的学科广度，忽视了专业特色和自身办学条件的重要性。部分高校未经彻底调研和论证便急于设立商科专业，结果是这一领域内同质化问题愈加明显。同时，一些学生及家长对工商管理的认知存在误区，单纯看好其经济前景，学生在选择专业时往往缺乏对专业内容和个人实际情况的深度分析，这导致他们在考虑个人兴趣和未来职业规划时视野受限，继而影响毕业后的社会适应性，其岗位能力也难以符合雇主的期望。

二是，当前大多数商科教育仍扎根于传统的工业化时代经济规律之中，其理论体系、实验内容和人才培养方式反映出标准化、专业化、规模化以及资源垄断性等特征。商科学科通常依照"职能"与"行业"两大范畴进行分类，随着专业分支的细化，学科之间的隔阂加深，并存在界限模糊、角色重叠之问题。《中国教育现代化2035》指出，尽管技术创新活跃度前所未有，教育系统仍尚未摆脱"工业化"的影响，这种状况限制了教育功能的全面发挥，并可能导致经济和社会转型期间出现危机。

三是，面对新时代的大学生——"数字原住民"，他们有着明显不同的学习方式、思维模式和习惯。他们喜爱全天候在线，持有多元化的价值观，习惯通过网络平台表达自我。这群学生擅长利用网络资源学习，倾向于同时处理多项任务、使用超链接和非线性的学习方法，愿意分享信息并在网上积极互动。他们对游戏化学习和圈层化、碎片化的学习方式有着更高的接受度，这也更加契合他们个性化学习的需求。与此同时，有部分学生对自己所学专业的认识不够深刻，渴望增强跨专业和跨校的交流机会，以开阔眼界。因此，以教师为中心的传统教育模式和单调的评估手段已无法满足现代学生的需求，也不能准确评价学生的学习成果和效率。

2. 教育整合不足影响专业交叉学习深度

目前，系统性整合学科资源缺失，商科专业覆盖了经济、营销、人力、财务等诸多学科。然而，这些领域在教学实践中常常彼此孤立，未能促进学生形成系统化思维。专业知识交叉教学不够深入的原因包括学科分割和教师资质层面的制约、教育内容与职场需求偏离，以及评估方式的单一性等。

一是，当前商科教育中存在的学科分隔以及教师资质限制问题正导致教育改革和管理体系的混乱状态。各学院之间未能有效协作，形成了相互孤立的局面。在大数据分析技术迅猛发展的背景下，包括经济学、会计、金融以及管理等多个商科相关学院纷纷修订人才培养方案，更新课程内容，并新增了大数据与人工智能等前沿科技课程。然而，由于缺少高层次的统筹规划和系统性的综合管理，结果不仅造成了建设上的重复，还引起了资源配置的无效浪费和教育体系的内部混乱。在现行教育结构中，商学课程往往依据学科如营销、财务、人力等独立划分。学生于各个独立学科中汲取知识，却需将这些看似孤立但互相关联的领域知识综合运用于商业实务中。此外，从商学院毕业直接进入高校任教的研究生成为主要教师群体，他们虽然理论功底深厚，但实践经验欠缺，难以满足企业数字化转型所需综合素质的培养。尽管一些高校开设了如"数字化管理""大数据与应用"等新课程，但讲授教师往往仍是来自其他商科背景，缺少实际行业经历，对企业操作和发展需求并不精通，产教结合的深度不足，进而影响人才培养质量。商科院系中缺少跨领域多能的师资。商科教育源于社会经济实践，应用也在实践中。对于商科人才而言，强调商务实操、数据洞察和创新能力等综合素质的培养显得尤为重要。教师需要在专业深度、国际视野和实务经验方面提出更高要求。现代大学的教师群体不只需要传授当下已有的知识，更应携手学生共同开拓面向"未来"的学术领域，搭建一个集学习、研究与创新于一体的动态共同体，在彼此促进中实现共同成长。然而，现实情况是，众多青年大学教师直接从读书的校园步入教学岗位，他们大多数没有积累过企业管理或创业方面的实战经验，因而在推动产学研一体化方面显得力不从心。这些教师肩负着沉重的科研任务，且往往与工商业实务保持距离，使得专业教育与社会需求之间存在脱节。同时，目前的人才培养机制和教育体制也暴露出某些不足，影响了商科教育质量和效率。

二是，人才培养与市场需求的脱节。部分院校在培养人才时仍以传统的"教师导向"模式为主，教学内容偏重理论基础。随着互联网技术及人工智能的飞速发展，传统型人才变得过剩，就业形势越发严峻。市场对能够不断创新、综合运用实用技能、持有全球视野，并且有终身学习愿景的复合型人才的需求日益增长。在数字经济时代，此类人才能有效利用新兴技术服务于多个行业，促进企业的数字化转型，以及开辟创新价值空间。在当前的教学组织中，以讲授为主导的单一教学方法仍然占据着主流地位，导致学生接触真实商业场景的机会极为有限。院校与企业之间的合作互动并不畅通，对于学生实习、毕业设计、实践课题等方面提供的帮助不足，这使得在培养学生动手实操能力和解决具体问题的能力方面受到限制，进而造成高校人才培养与市场需求之间的脱节，学生"就业难"与企业"招聘难"的困境同时存在。针对以上问题，商科教育应该调整教育策略，寻求改善教学的方法，如引入项目式学习、案例研究、模拟商业决策等互动性和实践性更强的教学手段，以便加强学生的现场感知能力和实际操作技巧。同时，需要加大与企业的合作力度，建立起更为紧密的产教融合框架。通过校企合作项目、实习基地建设等方式，可以为学生提供更多接轨实际工作的平台，帮助他们在学习过程中培养出与市场相匹配的技能和素质。

三是，单一的学业考核评价方式。商科类专业主要依靠试卷考核，倾向于测试学生对理论知识的记忆。这种以考试为中心的评价方法过分注重分数，而忽视了学生在创意、沟通、领导力等关键素质上的培养。当前商科教育中，在对学生的实践能力和创新思维进行形成性评价方面显得不够充分，这也导致了对学生解决具体问题能力的全面反映存在欠缺。一些高校虽然已经开始尝试引入ERP沙盘模拟、多学科融合的综合实训等仿真实训课程，旨在提升学生的实际操作技能，但实施效果并不理想。在这些实训课程的评价过程中，学生往往只需遵循既定的"游戏规则"完成任务，并提交相应报告。但是，仅凭此种方式，教师难以客观判断学生是否真正深刻理解所学知识，并将其成功运用于实际情境中。而且，模拟实训的设计本身往往忽略了个性化和差异化的要求，每位学生的学习风格、兴趣点和能力水平均有所不同，如果实训课程不能针对个别学生量身定制或至少提供差异化的选择，那么它们对于促进所有学生能力的提升就会受到限制。商科教育领域需要开发更具挑战性、更贴近现实、更新颖的实训课程，并对学生的应用能力和创新思维进行精准而深入的评估，以期全面提升学生解决问题的实战能力，满足动态变化的市场需求。

3. 教学协调步伐不统一影响专业培养的协同效应

新商科学科这一实践导向的领域，其人才培养依赖于政府、产业、学术以及研究机构的紧密合作。目前，由于教育政策更新缓慢、企业与高校协作动力不足、大学评价制度对教职工的束缚，以及科研成果转化效率低下等因素，造成了商科专业在培养人才时步伐不一致，难以形成有效的多方协作教育模式。

一是，教育管理政策更新滞后。教育主管部门对商科专业相关政策更新的迟缓是导致协同培养难以实现的关键因素之一。面对日新月异的商业环境，结合新兴的商科教育理念，强化校企合作的政策指导成为教育主管部门的核心任务。在教育与行业进步的步调协同方面，政策的滞后性成了一个突出问题。教学内容更新不够及时，以致无法与市场需求保持同步。而教育体系中采取的分权管理模式赋予了大学较为宽泛的自主权，这种做法虽然有其积极意义，但可能会导致在人才培养过程中缺乏统一和明确的指导方针。由于缺失具有指导作用的中介机构和领航者，在大学、企业及社会间建立有效的教育协同机制上存在困难。这种情况下，高等院校可能会对教育改革持谨慎态度，缺少尝试新方法和对外开放合作的积极性。没有外部支持和引导，大学可能感到在教育实践上步履维艰，并且对变革缺乏足够的信心和动力。

二是，企业与高校合作动力不足。在现行商科教育体系内，高等学府与企业界之间的互动对于培养具备实际经验和技能的管理专才至关重要。然而此类合作往往因企业追求即时经济效益而受阻，许多公司倾向于在人力资源市场上直接聘请技术成熟的工作人员，而不愿意投入资源到长期的人才共育计划中。从高校的角度看，这种合作缺乏动力的局面限制了学生了解真实工作环境的机会，影响了他们综合职业技能的培养。企业方面则可能失去了对潜在领军人才的早期培养和塑造的机会，也削弱了高校毕业生对其的吸引力。以产融项目为驱动的技术型企业主导的教学改革，面临教学案例同质化、专业深度不足等问题，对于不同学校、不同层次的学生研究不够充分。这种教育改革展现出的问题包括：教学案例数据缺陷，使用大数据技术处理小数据案例，导致资源浪费；各专业实验教学软件整合不够，学生需学习多种软件，数据共享和技术通用性不足；缺乏跨学科综合仿真教学场景，学生未能体验接近实际社会运营的商业模拟，难以激发利用新技术解决问题的动力，使得学习形式化，成果不显著。

三是，大学教师评价体系的限制。当前，高等教育机构普遍将更多的关注点放在科研成果上，相比之下，对教学质量以及产学研结合的关注程度明显偏低。这种现象在大学招聘教师的过程中尤为明显，学术研究的成就往往成为评价候选人的首要标准。在此类评价体系影响下，教师被迫投入大量精力参与科研竞争，而教学工作只需满足基本的要求即可。教师队伍普遍存在着重视科研、轻视教学的态度，这不仅阻碍了教师深入实际、积累经验，还影响了他们综合素质的提升，同时，这也是使得教学内容不能及时跟进行业发展需求的一个主要原因。

四是，科研成果转换困难。研究成果很难与企业的真正需求相适应，缺乏具体且操作性强的解决方案和指导意见。再加上缺少能够促进沟通的合作平台，许多研究成果未能及时转化为企业的创新动力或者转换为教学案例，使得学生无法有效地整合实践经验与理论知识，进而影响了人才培养模式的效率。单一导向的评价体制使老师们在职业发展上可能会无形中忽略或降低对教学的投入和教学方法的创新。虽然研究工作对于推进学术界的知识边界至关重要，但教师作为传授知识与启迪思考的角色，其教学质量的优劣直接关系到学生成长和专业能力的塑造。在提升科研产出的同时，大学应当重新审视教学和产教融合的重要性，通过调整评价机制，激励教师投身于教学改革和产学研结合的实践中，并在此过程中促进科研成果的转化与应用。这样的变革将对提升教育质量、加速知识传承和增强学生应对行业挑战的能力产生积极影响。

3.6 数智时代新商科人才培养的机遇与挑战

面对数字化和智能化带来的深刻变革，高等教育必须不断自我革新，强化对学生创新能力、批判性思维和解决问题能力的培育。教育各界必须积极适应快速变化的经济社会形势，深刻认识到当前全球多国通过软实力进行竞争的局面。同时，高校及其他学术机构应与时俱进，紧随科学技术的飞速发展，以满足现代新商科教育对人才培养的新要求，抓住新机遇，迎接新挑战，培养出与时俱进的优秀人才，为社会的可持续发展贡献力量。

3.6.1 新商科人才培养的机遇

第一，当今时代，随着新科技革命和产业转型的巨浪涌动，人工智能等前沿技术正在根本性地改变我们的生活方式。这一进程为商科教育带来了前所未有的改造机遇。对于商科领域而言，锻炼具备创新能力的新型人才，打造先进的学习环境，并不断地推动创新人才流入社会，是我们面对纷繁挑战与实现持续发展的关键策略。在新时代背景下，创新已然转化为发展的基调，因此，专注于商务和交易的高等院校需要依据实体经济的需求变化，在政府政策支持、行业指导下，搭建企业、学校、政府协作的人才培养框架，能够培育出与新时代相适应，具有高素质和创新精神的人才显得尤为关键，同时这也推动了商科教育向市场需求导向、国际视野以及智能化进程的发展。此外，智能化教育手段的引入，比如，通过在线课程和虚拟现实技术，能够提供更加灵活和个性化的学习体验，进而增强学生的自主学习能力和问题解决能力。在此基础上，高校还应积极探索与产业界的合作模式，强化学术研究与市场需求之间的联系，将最新的科研成果迅速转化为产业实践，以提高教育的实效性和创新性。

第二，外部环境的迅速演变与商科教育的高度融合已成为不可抗拒的趋势。商科专业人才的培养需基于现实并展望未来发展，作为理论与实践紧密结合的应用学科，商科领域的高层次教育必须先从实际操作开始，通过依赖实际案例训练学生的思考品质、行为习惯、关键技巧及适宜环境适应性。在全球化的大趋势下，商科教育的国际化已成为提升竞争力的重要手段。院校应致力于构建国际交流与合作平台，鼓励学生参与国际项目和交流活动，理解不同文化背景下的商业实践。这不但可以增进学生的跨文化沟通能力，还可以让他们了解全球商业趋势与规则，为将来在全球市场中的竞争打下坚实基础。同时，随着信息技术的飞速发展，数据分析、人工智能等技术在商业决策中的作用越发显著。因此，商科教育课程设计也应当包含这些技术的基本知识和应用能力的培养，使学生具备处理复杂商业问题的能力。高校也应加强与行业的联系，定期更新课程内容，确保教学与行业需求保持同步，将创业教育纳入商科教育的重要内容，要为有志于创新创业的学生提供必要的资源和支持，如创业孵化器、项目辅导和资金支持等，激发学生的创业热情，培育具备独立思考和问题解决能力的企业家精神。

第三，新商科教育正在利用先进技术突破传统学科的界限，减小了不同专业之间的隔阂。原有商科教学模式常常需要面对专业分割的限制，实现跨学科融合、引入多样化的教学元素成为注入商科新活力的关键所在。经历了以知识吸收、应用、创造为标志的三次教育演变后，学生们逐渐由被动接受知识转向主动探索学习。显然，高新技术的普及与应用正促使这种学习方式的转变，它支持新商科教育打破专业边界，培养具有广阔视野和包容心态的新型人才。随着互联网和人工智能等前沿技术的广泛运用，商科教育正在经历一场深刻的变革，新技术不仅改变了教育方式，更拓展了教育内容，如通过大数据分析，学生能够洞察市场趋势，而通过虚拟现实技术，他们可以模拟真实商业情境进行决策训练。除此之外，新商科强调跨领域思维和协作技巧的重要性，它倡导整合管理学、信息科技、设计思维等多方面学科知识，从而营造出一个全面的学习平台，让学生能在多个领域内灵活运用其商科知识与技能。通过引入新技术和创新方法，新商科教育能为学生提供一个多元化、综合性和实践导向的学习体验。在数智时代，高等商科教育将面临重新定义和升级的历史机遇，从而为社会培育出既具备深厚专业知识，又能适应快速变化的国际商业环境的新时代商科人才。

3.6.2 新商科人才培养的挑战

商科教育的发展与国家经济进步紧密相连，受多种因素共同作用。近年来，中国经济实现了稳健增长，这为商科教学改革和提质创造了极为有利的环境。尽管如此，相对于其他领域而言，传统商科教育在质量提升方面的步伐却显得较为缓慢，提高传统商科教育的质量面临着重重挑战。随着我国经济的快速发展和社会需求的不断变化，商科教育也面临着更新自身、适应新形势的压力，在这种背景下，迫切需要对现有的商科教育体系进行全面审视与调整。只有紧跟经济发展的步伐，不断创新教育理念和教学方法，才能够培育出与国际接轨、满足经济社会发展需要的高素质商科人才。

第一，师资力量配备不足。在大数据时代的背景下，商科教育对师资队伍提出了更高的要求。这种趋势不仅要求聘请更多擅长科技的优秀师资力量加入教学队伍，还强调教师应该具备实际操作经验和深度研究的能力。目前，我国商科教育在师资力量配备方面存在一些挑战。中老年教师在教学实践中积累了丰富的经验，他们通常能够用生动且有趣味的课堂演讲吸引学生，取得良好的教学效果。然而，这部分教师在主动学习新兴技术和教育方法上显得不够积极，在更新交叉学科知识以及适应新的学科融合趋势上也稍显不足。年轻教师对最新科技和当前学术领域的热点问题更为敏感，他们愿意主动学习、接受新事物，拥有较为新鲜的知识储备，但这一群体往往在课堂教学技巧上尚需提高，且缺乏足够的实践教学经验。对此，可以通过组织定期的技术更新培训，来提高教师对新技术的掌握程度和对新型教学方法的适应性，建立导师制度，传授丰富的教学经验和课堂管理技能。还应设立激励机制，促进教师专业能力的提升和教学方法的创新。商科教育师资队伍的优化是一个系统性工程，需要从教师培训、知识更新、实践经验和激励机制等多方面共同努力。通过整合不同年龄段教师的优势，不断完善教学内容和方法，才能真正提升商科教育的整体质量，培养出更多适应未来市场需求的高素质人才。

第二，学科资源融通不足。在新商科专业的人才培养过程当中，将知识与技能相结合的必要性越发明显，既强调理论与实践的交融，也表明教育资源应实现有效整合。当前我国社科类专业在两者的整合上显示出不足，其中一些专业还停留在传统的、过于理论化的教学模式上，未能对学生进行充分的实践能力培训。此外，这些专业对于本领域发展趋势和新兴业态缺乏必要的关注，这种状况无疑不利于学生对未来商科环境的适应。当前主流的社会科学教学方法常常缺少灵活适应性，这可能使学生掌握的技能和知识范围过窄。而针对某一学科，学生可能拥有较深层次的知识和技巧，但这种深度往往伴随着广度的牺牲。当他们面临需要结合多个学科知识的新情境时，就可能表现出不适应，难以将所学知识灵活地运用到交叉学科的问题解决中去。尤其是在快速变化的商科领域，及时更新知识库和技能集成对师生都提出了更高要求。学生不仅需要紧跟专业知识的最新动态，而且还应该对各种技能进行有效的梳理和积累，包括那些能够促使他们在新兴职业领域内更具竞争力的技能。新商科教育应更多地关注如何平衡理论与实践的关系，确保学生在掌握扎实的专业知识的同时，也能够灵活运用这些知识去适应不断更新的商业世界。

第三，在当前高教体系中，对创新与创业型人才的培养仍未受到应有的重视。一些高校在理解创新创业教育的本质上存在偏差，简单地将其视作提高大学生就业率的途径,并未深入挖掘其更深层次的价值。此外,尽管创新和创业是当下教育领域广泛讨论的主题,但在很多高等学府中,对这一教育理念的推广和实施力度显得不足,导致师生对创新创业教育的内涵和意义认识不够。这种教育模式在一定程度上忽略了创新与创业精神的核心要素,即主动探索、实际操作和风险管理,学生们可能因此丧失了在学术环境之外进行创新尝试和企业实践的宝贵机会,这对于他们未来成为真正具备创新能力和创业精神的人才极为不利。同时,这种情况也反映出一些高校在整体战略布局上的不足,未能将创新创业教育与学校发展目标相结合,缺少系统化、长远的规划。创新与创业的推广不仅需要形式上的课程安排,还需要从文化建设、资源配置以及教学方法创新等多方面着手,构建一个有利于创新创业精神孕育和成长的校园环境。简言之,在高等教育阶段对创新创业型人才的培养确实存在着种种不足,高校如何在未来的教育改革中纠正这一现状,更好地激发和培育学生的创新潜力与创业能力,是值得进一步深思和探讨的问题。

4 国内外商科人才培养的创新与经验借鉴

4.1 数智时代下国内外新商科人才培养建设现状

4.1.1 数智时代下美国新商科人才培养情况介绍

美国经济发达,科技实力雄厚,为教育领域的智能化发展提供了有力支持,使得教育在智能化赋能方面取得了显著成效,其教育制度和教育体系相对而言更为完善,其商科教育在全球范围内处于领先地位,这为世界各国培养数智商科人才提供了完善的参考依据,值得我们借鉴和学习。

1. 美国商科教育体系发展情况

美国管理学院联合会主席贾迪克曾建议教育不能脱离市场,特别是商科的课程教育应该结合市场的需求,培养市场所需要的管理人员,所以目前美国商科教育更注重培养复合型管理人才,采用新型教育的方式培养商科人才。新型教育的突出特点在于要求人才的思维具有交叉性、知识与技术相结合、学习持续时间长、具有一定的创新思维等。20世纪40—80年代,美国就已经开启了新型教育的模式,更加注重学术性与科学性,但这种培养方式有很大的弊端,因为它将实践与理论分开,导致培养出的人才更侧重于理论研究,不利于实践操作能力的培养。

20世纪90年代以后,前任麻省理工学院院长莫尔提出的"大工程观"理念,指出"面对迅速变化的世界,工程教育必须改革,要更加重视工程的系统性和实践性"。21世纪后,2016年美国麻省理工学院提出"新工程教育转型",高校必须进行教育转型,以满足时代发展的需要。此后,高校对于商科人才的培养更加侧重于实践操作与创造方面,并且对提高学生跨学科的学习能力也有所重视。

美国商科教育的突出特点是他们更为注重通识教育,以哈佛大学、哥伦比亚大学、纽约城市大学为例，这些一流大学在本科阶段对商科人才进行培养时，不仅设置了商科专业，还设置了许多通识课程，并且学生在选修通识课程外，还被要求至少选修一门外语。在商科教育的过程中，美国教育采用学分制，其中通识课程的占比接近50%，占比之大体现出美国商科教育对通识教育的重视。通识课程看似与商科的专业相关性不大，但却可以建立学生与社会之间的联系，使学生更好地满足社会需求。高校开设通识课程的目的在于使学生学习到更为全面的社会常识，避免学生仅仅接受到本专业的知识，学习到一套完整的知识体系，形成正确的世界观和价值观，培养学生独立思考的能力，以更好地适应社会的发展。在重视通识教育的同时，美国还重视商科教育课程的专业性。不同高校根据自身院校的侧重点设计出有专业特色的商科课程，将商科必修的课程进行具体划分，学生可以通过把握每一部分的学习来提升自身的专业性。与此同时，美国更加注重应用型课程的时效性，及时淘汰不满足培养条件的旧课程，淘汰比率达到5%，同时也会不断增加新课程，满足当下人才发展的需要。

此外，美国重视培养综合素质型人才，注重商科教学的复合性。美国高校开设的课程种类繁多，涵盖了各个专业领域，如美国沃顿商学院在设立经济学类和商学管理学类课程的基础上，又设置了英文文学、物流、哲学、数学等课程全面培养学生的综合能力。目前，沃顿商学院要求学生在本科期间必须修满37门课程，其中包括20门商科课程、10门文科和理科课程、5门任意选修课程和2门领导力课程，满足了"商科+X"的课程设置模式。同时，沃顿商学院提倡学生跨专业学习，鼓励学生学好本专业外再辅修一个副专业，学生可以选择辅修一个专业、取得两个以上学位或选择两个以上专业进行学习。同时，沃顿商学院不仅开设了必修课程，还针对学生的培养方向设立了实践教学课程，在开设基本的必修课外又开设了12门创新创业课程和7门以上的研究型课程，这些课程向学生传授了创新创业理念，提高学生在毕业后的创业能力，并提高了课程的创新性。

最后，美国高校在强调课堂授课特色的同时，还注重丰富学生的课外活动，并培养学生的自我管理能力。课外活动的多样性为大学生进行专业实践提供了便利，如斯隆管理学院建立了本科生研讨计划、独立研究项目、集中研究课题等课外活动。在参加课外活动的过程中，资深教授、顾问会对学生进行指导，学生也可以根据自己的兴趣爱好与教师讨论，锻炼并提高实践能力，获得相应的学分。与此同时，学生也会在在校期间得到实习机会，便于与社会接触，发现自己的不足，从而满足社会需求。在学生自我能力的培养方面，高校会根据实际情况开设相关课程、举行讲座，但更注重让学生根据未来的发展方向自行规划学习和生活。

美国更注重对学生的差异化培养，并且认为学生有自主决定发展方向的权利，将每个学生都看成独立的个体，避免对学生的学习和生活进行过度安排，以打造良好学习氛围的方式助力学生未来的发展。不仅如此，学生还可以自主选择专业、课程和宿舍，并且可以自行进行成绩管理。

2. 数智时代下美国新商科人才培养建设情况

数智时代下，美国的新商科人才培养建设展现出独特的理念与实践。面对全球化和科技革新的双重挑战，美国教育体系积极应对，努力培养出具备创新思维、技术能力与全球视野的新商科人才。

（1）在数字智能基础设施建设方面。美国优化数字智能基础设施建设，在统筹软件和硬件设施的基础上，提高对数字技术的应用程度，将建设数字智能基础设施作为推动美国商科数字教育的保障条件。美国联邦通信委员会发起的教育宽带项目，目的在于提高互联网宽带服务质量、增加电子通信设备的规模，为商科教育提供便利条件。随后，美国政府相继推出国家宽带计划，开放教育资源倡议等行动计划。为保障数字基础设施可获得、可使用，持续提升网络速度，提供数字化设备，加强数字智能基础设施建设。为保证学生能够获取网络学习资源，除鼓励学生自带设备外，还通过州政府和地方政府采购、地方教育协会提供教育资金的形式提供数字化设备，全方位保证数字智能基础设施建设和使用。

（2）在商科教师数字教学能力培养方面。美国在商科数字教育推进过程中，着重培养学生的适应能力和发展潜力，这一培养目标重新定义了美国教师的角色和作用，认为强化数智时代教师胜任能力是选择教师的重中之重。教师是实施和推动商科人才培养的关键人物，应当以培养商科人才为己任，提高自身教育教学能力，因此胜任能力是培养数字人才的关键。2018年，美国国际教育技术协会认为教师具有多重身份，包括学习者、合作者、领导者、推动者和设计者，应当调整教师角色定位，明晰角色能力要求，夯实数字化时代教师的使命。为提升教师在数智时代商科人才培养能力，对教师的数字能力要求从数字技能转变为数字胜任能力，要求教师不仅掌握数字设备的使用技能，还要从被动使用技能转向主动创造能力。美国在数智时代对商科教师的要求是整合数字知识、生成数字智慧，培养有持续竞争力的数字人才。

（3）在培养数智思维，运用数智教学方法方面。美国数智时代商科教育融合了现代信息技术手段，丰富了商科教学场景。教师角色由主导者转变为引领者，在教学过程中引入经典商业案例，借助虚拟仿真平台，模拟商业业务情景，通过协作与对抗培养学生的竞争意识和协调能力。同时，模拟大数据和人工智能情景，提高数字设备操作能力，给学生以直观感受，促使学生利用大数据和人工智能技术解决商业问题，进一步强化商科学生的数智思维。为学生提供结合自身兴趣和特长的数字教育，夯实其数字素养和竞争力，培养学生数字技能，提高学生数字素养。此外，美国还开设了编程教育、创客空间等数字活动，为开展学生数字素养教育提供保障。

（4）在数字课程建设方面。高校商科人才培养的核心在于科学设置课程体系，优化课程设计结构。数智时代的商科人才，传统商业知识储备是基础，大数据思维与技能是关键。美国高校根据数智时代商科教育需求，立足于自身定位与特色，在开设商科传统基础课程之外，同时开设大数据与人工智能课程，以满足数智时代商科人才需求。在商科人才培养中建立了通识教育、专业教育和数智化教育的多元化课程体系。通识教育培养学生人文、数学、科技和语言等方面能力；专业教育开设经济、金融、财务和价值链等专业课程，使学生感知金融环境，理解经济管理场景，提升解决问题的能力；数智化教育开设大数据原理、人工智能技术、财务共享和商务智能分析等课程，帮助学生建立数据思维，培养大数据的挖掘、整理和分析能力。优化商科课程体系，注重学科交叉融合，从而培养学生数智素养，塑造商科人才核心竞争力。

（5）在商科人才职业素养培养方面。美国高校重视商科人才的职业素养培养，注重培养具有领导能力、组织能力、沟通能力、协作能力和商业敏锐度的商科人才。拥有职业素养的商科人才能够保证企业在商业领域的持续竞争力。在商科人才职业素养中，道德和伦理是人文基础，职业诚信保证商科人才职业道路的延续，团队合作保障企业运营效率，维护人际关系可以营造积极的职场文化，提高策划能力以应对商业竞争和业务挑战。拥有职业素养的商科人才能够适应瞬息万变的商业环境，因此，美国高校商科人才培养重视思想品德素质、人际沟通能力、团队合作精神、项目策划能力、关系网能力等职业素质培养。

4.1.2 数智时代下欧洲新商科人才培养情况介绍

1. 欧洲商科教育体系发展情况

欧洲的商科教育体系同样值得研究，与美国重视实践相同，欧洲高校在进行课程整体策划时也同样注重实践教学。欧洲很多高校与私人企业合作，打造产教融合、校企合作的全新局面。产教融合是职业教育过程与产业生产过程相互融合，提高商科人才的培养质量。在产教融合中，高校可以促进企业提高经营效率，更重要的是，企业可以为在校生提供实习机会，学生会与社会直接接触、参与社会实践。

但欧洲国家在设置商科课程时也有自己独特的特点。以德国为例，德国将学生培养阶段分为基础阶段、专业学习阶段和提高阶段，并按照各个阶段的培养目标设立不同的课程、采取差异化的培养方案。德国高校根据不同专业的具体要求设置不同的学习年限，一般为4—6年，又将每个学年分为冬季学期和夏季学期。但每个学生的实际学年也会根据实际情况进行调整，德国课程较多，对毕业论文的要求也很严格，由于学生的完成情况不同会将学年延长1—2个年度。德国高校将商科教育的学习分为两个阶段：将课程学习的起始点至中期考试划分为第一阶段。高校设置中间阶段考试旨在检验学生是否掌握了初步知识以及是否有能力继续学习。学生需要通过两年的基础课程学习才能参加中期考试，并且学生在此之前取得的学分必须满足标准。学生在通过中期考试后即可开启第二阶段的学习，即专业学习阶段。第二阶段通常包括两年时间，在取得第二阶段的学分后，学生才可以参加毕业考试。德国商科教育包含讲座课、练习课和讨论课三种形式。在讲座课程中，学生只是被动接受，由教师做相关课程报告；练习课一般适用于低年级的学生，由教师和学生一起工作。相比之下，讨论课更能锻炼学生独立思考的能力，开发学生自主解决问题的能力，通过学生之间相互交流、探讨达到提高沟通能力的目的，同时学生还要进行论文写作、汇报研究结果、参加书面考试等课程内容。德国不仅在商科教育体系上有独特性，在教师职称方面也与众不同。

德国商科教师的职称分为三类，分别是教授、大学助教和科学工作人员，并且其含义也具有很大的自身特点，如德国教授位置有限，虽然有些教师已经具备教授资格但仍只能以讲师的身份授课。

德国高校强调应用型人才培养模式，德国科学大学就是其中的典型代表。德国科学大学在制定课程内容时注意理论联系实际，不仅设置理论知识课程，还设置较大比例的实践教学，包括校内实习、实验课和校外企业实习。此外，该校对于授课教师的要求也很高，要求教师既要理论知识丰富，又要有足够的实践经验，形成理论与实践相结合的授课方式。最后，该校与企业间保持合作关系，企业为学校提供项目和实习机会，高校则将优秀商科人才输送至企业。

同时，英国的商科教育体系也是我们研究的主要对象之一。与德国不同，英国学生在本科阶段的学习年度为3—4年，年限较短。并且在商科核心课程的设置上与美国也有较大差别，英国的商科培养体系并不重视通识教育，其设置的通识课程数量很少，且在低年级就会开设商科核心课程，具体开设哪些课程也由专业自己决定。研究生的教育年度一般为一年，课程包括选修课程和必修课程两大类，并且多数课程为核心课程，占比达到2/3，剩余课程也会与商科人才的培养体系相关。英国高校同样提倡应用型本科教育，广泛采用校企合作的教育模式，其中"三明治"课程模式最为典型。该模式源于英国1972年成立的"三明治教育大学委员会"（UCSC），也被称为工读交替制，该模式认为学生在学习基础理论知识之余可以进入企业从事工作，并会获取相应的报酬。"三明治"课程模式的主要构成是，学生在四年制的本科教育中，将培养方案分为三个阶段：第一阶段为理论知识学习阶段，着重提高学生对理论知识的掌握能力，完成时间为前两年；第二阶段即为第三年的实习阶段，学生可以选择企业进行实习，提高实际操作能力和对环境的适应能力；第三阶段则为完成毕业论文，学生在校完成毕业论文撰写，达到毕业条件。这种"学习—工作—学习"教育模式在商科人才的培养中起到至关重要的作用，一是可以帮助学生通过实习经历更好地掌握和运用理论知识，二是一年的实践经验有助于学生完成毕业论文，为论文的案例分析部分提供素材，三是实习过程中获得的报酬可以缓解学生的经济压力，有助于顺利完成学业，四是提前进入企业实习有助于学生了解真实的职场情况，尽快适应社会现状，并有机会直接进入实习企业工作。同时英国大学一般不设"围墙",学校与企业的联系更为紧密,这为校企合作的成功提供了动力。

2. 数智时代下欧洲新商科人才培养建设情况

数字技术被欧盟确定为促进经济增长和保障就业的重要因素。据统计,欧盟有90%的工作岗位涉及数字技能,且未来预计所有岗位都需要具备一定的数字技术。欧盟认为,宏观经济环境和就业结构的变化对人才能力提出新的挑战,数字技术人才的培养必须给予高度重视,以满足未来人才市场需求及人才个人发展需求。

(1) 制定商科数字人才培养制度。欧盟以经济和行业的需求为出发点,制订培养数字技术人才的培养方案。2007年,欧盟制定《21世纪数字技能:提升竞争力、增长和就业》,培养数字技术人才的长期战略。2016年,欧盟发布《欧洲新技能议程》,提升欧盟高校和商科从业人员数字技术,利用这些政策提高就业率、推动经济增长、激励企业投资。2016年年底,欧盟继续发布《数字技能框架2.0》,提出数字时代需要具备的数字技术能力应包括解读信息和数据能力、利用互联网沟通与合作能力、应用数字技术能力、保障网络安全能力、解决网络问题能力,为欧盟培养数字技术人才提供依据。

(2) 利用多方资源助力教育机构培养数字化人才。在进行商科数字人才培养时,欧盟采取各方资源相互补充的方式,利用多种途径实现培养方案。2016年,欧盟打造了"数字技能与工作联盟",该联盟包括了欧洲学校网络、数字化企业联盟、投资基金、政府工业与信息化部门等,旨在培养高校学生和人工智能从业人员的专业技能和理论基础。欧盟利用"欧盟地平线2020"框架,为各高校培养数字化商科人才、开发数字技术提供经济支持;依托"伊拉斯谟"计划,为高校学生的学习和实习提供资金保障。欧盟还利用欧洲大学协会、欧洲学校网络等组织的宣传力度,大力推广数字技术人才的培养思想和理论实践,并举办欧洲数字技能大赛,以此激励各高校设立相关培训课程。同时,欧盟还举办了"数字技能周"和"数字技能就业活动"等与数字相关的活动,并鼓励公民参加,以提高公众对数字技术的重视度和参与度,为培养数字型商科人才提供公众基础。

(3) 注重理论与实践的双向课程结合。为加强商科数字人才培养,欧盟高校课程设置既强调商科数字人才的跨学科性质,又重视商科数字人才的专业实践能力。在商科数字人才的培养上，以数字技术的原理与方法为基础，为学生提供数字技术知识，使学生掌握大数据和人工智能技术。鼓励商科人才参与经济理论、管理科学、计算机科学和信息科学等多学科领域，培养学生数据思维。在商科人才培养中，将理论与实践的双向课程结合，促使学生深刻理解商业竞争环境的复杂性，提高应对复杂商业竞争的能力。模拟商科实践教学情景，分析真实商业案例，组织模拟商业竞赛，激发学生在案例和模拟竞赛中的商业竞争意识，提升学生实践能力。欧盟倡导培养商科实践型数字人才，主张企业实践和学校教育同等重要，依托"双元制"人才培养体系，实施商科人才培养计划，提高学生的决策能力、领导能力和协作能力。

（4）构建商科人才培养的评价机制和激励机制。欧盟商科人才培养强调科学有效的管理与评价体系，为保证教师的创新能力和胜任能力，欧盟高校制定学科专业评估、教学学术评价、教师学生评价等综合评价体系，保障商科建设的可持续发展。商科教师在理论教学、实践教学和案例教学上都需要投入大量精力，为维持商科教师工作积极性，既需要制度约束，又需要激励措施维护教师职业发展。针对教学型或科研型岗位采用不同的考核评价方法，对商科人才培养有重大贡献的教师予以奖励。商科教师的业绩评估包括科研、教学和创新活动，具体评价方法根据高校发展阶段制定相应的政策。

（5）提高商科人才创新能力。拥有创新能力的人才更容易提高特定领域的知识和专业技能，具备在未知领域探索和寻求非常规解决方案的情况下识别、分析和应对挑战的能力，为组织企业塑造持续改进和创新的文化。创新能力使商科人才更好地识别市场潮流，预测发展趋势，抓住新的机会，调整企业战略。欧盟高校为提高商科人才的创新能力，设置讲座或仿真课堂锻炼学生的数字商业思维、互联网视野、批判性思维能力、可持续发展思维等创新思维，同时进行人才创新思维测试，测试人才的自主创新和自主研究能力，因材施教，挖掘人才的创新潜力，锻炼学生质疑、探索和钻研未知领域的倾向的能力。

4.1.3 数智时代下澳大利亚新商科人才培养情况介绍

1. 澳大利亚商科教育体系发展情况

澳大利亚最引人注目、最值得其他国家学习的教育体系是 TAFE，即 Technical And Further Education。该体系建设的主要内容是将技术引入教育过程中，助力澳大利亚经济的发展。TAFE能够在澳大利亚取得如此显著的成绩，可以归功于以下四个方面。第一，TAFE院校得到政府的鼎力支持。澳大利亚政府在TAFE院校的建设中提供了诸多便利和优待，如政府为院校建设、实践设备、校企联盟和教学费用等方面都提供了便利和支持，为商科人才的培养提供经济保障。同时，政府还调整了高校专业数量，减少了需求量小的专业数量，增加了需求量大的专业数量，进而使人才供给与人才需求的数量相匹配，达到了供需平衡的效果。第二，TAFE院校在设立教学模式时采取了校企联盟的方式。在教学过程中也将教师分为两类，分别为理论派和实践派，其中理论派教师主要讲授理论课程，实践派教师则是从企业中聘用的临时工作人员，讲授实际工作中会遇到的问题，提高学生的实践能力。在TAFE院校中，实践派教师占比很大，如西南悉尼TAFE学院的实践派教师占比达到16%。这种教学模式的好处在于学生可以在学习本专业理论知识的同时将理论应用于实践，做到边学边用，避免理论与实践相脱节。如会计学的一些课程要一边学习理论知识，一边在记账软件上进行操作，实现理论与实践相结合。第三，TAFE院校的课程设置更加灵活。TAFE院校的课程内容与市场需求息息相关，会根据市场需求的变动调整教材内容，更换频率一般为两年一次，使教材及时反映当下市场发展的现状以及学生需要具备的知识。在进行课程设置时，各个专业都会邀请一些实践经验丰富的专业技术人员，一同商议课程的具体内容，加入满足各行业人才培养标准的课程，同时摒弃与专业相关程度不高以及不被认可的课程，将市场需求作为商科人才培养的出发点，优化学生就业情况。第四，TAFE采用多元化的方式考核学生的完成情况。在考核的过程中不限制考核内容和考核形式，学生可以自主选择个人作业或小组作业，也可以选择个人陈述、上机操作或小组讨论，总之考核的标准不会单一化，旨在鼓励学生个性化发展。同时，考核人员也不是只由教师担任，学生、家长都可以对学生进行评分，从而对学生实施多角度、多方位的客观评价。

2. 数智时代下澳大利亚商科人才培养建设情况

在数智时代的浪潮下，澳大利亚商科人才培养建设正经历着前所未有的变革与发展。随着技术的飞速进步和数字化趋势的深入，澳大利亚高等教育机构积极应对挑战，不断创新商科教育模式，致力于培养具备数字化技能和商业洞察力的复合型人才。这种变革不仅体现在课程设置的更新上，更在于教学方法的革新、实践机会的拓展以及国际视野的拓宽。澳大利亚商科教育正努力适应数智时代的需求，为未来的商业领袖和创新者奠定坚实的基础。

澳大利亚的商科教育在数智时代受到了广泛的关注和重视。随着技术的发展和数字化进程的加速，企业和组织对人才的需求也在不断变化。例如，澳大利亚知名零售企业 woolworths，为了应对日益激烈的市场竞争和消费者行为的数字化转变，开始寻求具备数据分析能力和创新思维的商业人才。企业希望专业人才能够利用数据分析技术来洞察消费者需求，优化产品组合和库存管理，以及制定更具针对性的营销策略。为了满足这种需求，澳大利亚的商科教育机构纷纷调整课程设置，增加与数智时代相关的课程，帮助学生掌握数据驱动的决策方法和工具。同时，商科教育机构还与多家零售企业合作，为学生提供实习和实践机会，让他们在实际工作中应用所学知识，培养数字化能力和创新思维。

澳大利亚的商科教育在实践和应用方面走在了前列。这种注重实践的教育理念，使得学生们在掌握理论知识的同时，也能够将所学应用于实际工作之中。通过与企业和组织建立紧密的合作关系，澳大利亚的商科教育机构为学生们提供了丰富的实习和实践机会。在实践环境中，学生们不仅能够将所学的市场分析、消费者行为等理论知识付诸实践，还能在实际操作中发现问题、解决问题，从而提升自己的实践能力。

澳大利亚的商科教育还非常注重培养学生的团队合作能力和创新能力。通过参加商业竞赛和创业活动，学生们能够在实践中锻炼自己的团队协作能力，学会如何与不同背景的人合作，共同解决问题。同时，这些活动也为学生们提供了一个展示自己创新能力的平台。在竞赛和创业活动中，学生们需要独立思考、勇于创新，提出新颖的商业创意和解决方案。这种经历不仅能够让学生们更加深入地理解商业运作的本质，还能够为他们未来的职业生涯奠定坚实的基础。

4.1.4　数智时代下亚洲商科人才培养情况介绍

1. 数智时代下日本新商科人才培养情况介绍

日本对于应用型商科人才的培养可以追溯到 20 世纪 40 年代末期，在几次改革之后，日本的应用型本科人才教育成为培养商科人才的主要方式。首先，日本高校的学科建设与当地产业高度相关。其并不以培养公务员为目的，而是要培养出能够推动当地经济发展的商人和企业家。如长野大学在设置院系时充分考虑了长野县的主要产业，主要为观光业和卫生保健业，因此长野大学始终只有四个院系，分别为环境观光旅游、社会福祉、企业情报和产业社会，与当地特色产业充分融合，既可以培养促进产业发展的人才，又可以解决学生就业问题。

其次，日本商科院校强调课程类别的多样性。日本商科课程分为基础课和专业课，在类别上又可分为劳动管理类、财务管理类、市场管理类、流通类等，这样多元化的课程类别可以促进学生全面发展，更能发掘学生擅长的领域，进行针对化培养。虽然日本大学以学分制作为学生的毕业条件，但并非所有的课程都可以选修，如社会科学方法论、专门外国书研究、统计学基础理论等基础课程作为必修课，学生必须学习。学生可以在主修范围外选择学科作为选修课程，如人文、社会、自然科学等。

此外，日本商科院校在设置各专业的核心课程时弱化了课程之间的界限，使各专业课程相互联系，这样可以在增加学生就业选择的同时拓宽学生的知识面。日本商科院校也以产学联合为培养方式，学生在学习理论知识的同时又可以接受实践教学，提高学生的应用能力，以培养出应用型商科管理人才。如名古屋大学会为高年级学生提供在生产一线实习的机会，使学生熟悉社会生产的流程，并可以提高他们的责任感和使命感，在毕业后能够快速适应职场，减少适应期，为日后职位晋升提供基础。学生在实习期间以技术课题为基础，以企业的实习作为研究内容，根据企业工作人员和老师的项目指导，对企业生产过程中出现的问题进行针对性研究，分析其产生的原因并提出解决方案，锻炼学生在实际工作过程中解决问题的能力。学生们可以在 4 月份毕业后到公司实习，三个月后由公司来决定是否录用这些学生。由于在学校里有大量的实际工作经验，所以实习工作可以在毕业后即可进行。

最后，日本商科院校在培养学生应用能力的过程中，会积极对培养学生的素质进行评价。一方面，日本高校成立了自我评价运营委员会，会定期对教师的教学情况和学生的学习成果进行评价，找出问题并加以改进。另一方面，官方评估机构会通过教育、科研、社会服务等活动对不同的学校进行多方面评价。同时各个高校校长成立了大学基准协会，每年会针对各个高校的教学内容和教学情况进行评价，虽然评定结果不具有法律效力，但高校可以通过评定结果实施自我约束并执行改正措施，提高学校的公信力。

2. 数智时代下新加坡新商科人才培养情况介绍

新加坡的高等教育培养模式具有较强的独特性，在全世界高校范围内颇受称赞与借鉴。以新加坡管理大学（以下简称"新大"）为例，该高校在教学模式、校园商业氛围、商业应用课程、互动教学模式等方面都有所创新。

首先，此高校在教学模式上进行创新，注重培养学生获取知识的能力。新大在进行新商科人才培养时大多选取小班授课的形式，教室内部设置环形桌椅，以带领学生针对问题进行研讨为主要方式。学生在实践性课程中需要融合自己的理解进行小组讨论，得出结论后由老师进行点评与指导。在诸如经济学、金融学、战略管理等理论性较强的课程中，学生不仅需要掌握基本知识点，更要从课程中锻炼其解决问题的能力和自主创新能力。与此同时，新大对于学生的自主学习能力和自我管理能力尤为重视，也着重为学生提供交流与沟通、展示等方面的机会，在布置团队任务时确保每一位学生都能得到锻炼与成长，增加小组合作的机会。

其次，新大重点打造全方位的职业氛围，这在很多方面都有所体现。一是在校园外观中体现职业氛围。新大将教学楼建造成类似跨国公司总部的办公室，从环境中体现商业文化。二是在课堂教学中模拟商业职场行为。新大将美国沃顿商学院的教学模式引入到课堂教学中，学生与老师身穿职业装进行专业化小组讨论，并且模拟真实公司的形式和程序。学校为学生制作名字标牌，方便教师要求学生讨论与汇报，注重营造课堂讨论气氛，全方位模拟公司环境。三是以实际项目分析作为课程考核的标准。新大会选取真实的商业公司作为案例项目，如金融学课程结业项目中，教师会选取具有代表性的企业作为案例企业供学生们选择，如宝洁等，学生以课程目的为基础并增添自己的理解，从案例企业中选取感兴趣的公司进行研究，自主查找相关资料和有关数据，对企业的情况进行金融分析。在分析企业的过程中，学生可以提高其收集信息和分析信息的能力，并充分了解商业企业的经营模式，方便在日后更快适应企业的工作，同时学生可以将获得的知识和经验应用于解决实际问题中，加深对知识的理解与利用。四是为学生安排大量的企业实习。新大成立了专门的管理部门，负责联系实习企业，为学生提供三个月左右的实习期，协调学生与实习企业之间的关系，同时提前对实习的学生进行筛选，提高学生的竞争意识。

同时，新大强调商业应用的课程体系，在设置课程体系时全方位考虑课程的实用性，既借鉴了成功案例院校的教学经验，又结合各个独特地缘经济的特点，创立出具有独特性的教学课程体系。新大把每个专业的教学课程体系划分为四个阶段：首先是基础课程阶段，其包含核心课程和选修课程两大类，这一阶段各个学院设置的课程要求相同；其次是学院核心课程阶段，分为商科核心课程、专业核心课程和专业选修课程；再次为课外教学阶段，主要课程内容包括通识教育、科技与创业等；最后则是实践教学阶段，涵盖职业办公技巧和实习、社区服务。除学院核心课程阶段外，各学院在其他三个阶段的课程设置中会设立相同的课程，只有在学院核心课程阶段体现出不同专业的差异性。各学院会根据当下发展趋势并结合自身特点设立出具有独特性的课程，以此体现该学院的办学特色。例如，金融类专业学院会为学生提供培养专业技能的课程，主要包含四个方向的专修课程，这些课程可以培养金融类专业学生独特的职业发展方向，提高学生的专业能力，使其在竞争激烈的环境中成为优秀的人才。学生可以根据自身未来的职业生涯发展规划选择其中一个方向，学习相应的专业核心课程，包含7—8门专业课。这种培养学生的方式使学生更接近当前的职业环境，体现出较强的实用性特征。

此外，新大主要采取互动式的教学模式，增强师生互动，培养学生的沟通能力和表达能力。新大在设置教学模式时参考了沃顿商学院的经验，在本科生课堂采用MBA式的互动教学、案例教学和研讨式教学，并且举办大量的讲座，在讲座中渗入课程教学，以此加强师生交流的频率，培养学生独立思考的习惯。这种研讨式的教学模式不仅能够培养学生的沟通能力、表达能力，更能提高学生的团队协作意识。在互动式教学模式下，学生在拥有学习自主权的同时也承担了相应的压力，这样的自主性和压迫感可以促使学生自主学习、主动探索，了解商业企业的前沿领域，拓宽知识的深度和广度。在互动交流式教学中，新大一般采取小班授课模式，每班的学生人数在12—40人，小班教学更能增强老师与学生交流的频率。新大的互动教学模式不以传授知识为主旨，而是通过师生间的互动交流培养学生的素质和能力。

最后，新大以商业气息为主要特点布置校园环境，展示多元的文化氛围和丰富的学生活动，全方位展现校园文化。学校为学生安排丰富多样的校园文化活动，并制作宣传海报，吸引学生报名参加。这些活动可以让学生学习之余放松身心，达到劳逸结合的目的，更使学生将课堂中学习的知识应用在校园生活中，提高学生掌握知识的程度和应用的熟练度。从大量分析中可以看出，新大的教学理念不仅仅是传授理论知识，更是为学生营造了总体的商业环境，令学生身临其境感受商业文化，这主要体现在该校的地理环境、MBA风格的研讨互动教学模式、商业模式的学生社团、丰富多样的学生活动，以此在创新、多样、变化迅速的生活环境中提高学生的综合素质和适应能力，以便学生在毕业时即能适应职业生活，缩短适应期。

新加坡高等商科教育在办学理念、人才培养目标、人才培养模式等方面都取得了巨大成功，为全球高校设立商科教育提供了宝贵的教学经验和教学启示。新大以其自由、开放的教学模式确定了自身的独特定位，并与新加坡国立大学、南洋理工大学形成差异化战略，其自身的特色发展路程为商科教育的发展奠定基础。

4.1.5　数智时代下国内高校商科人才培养情况介绍

1. 国内商科教育体系发展情况

我国在晚清期间从西方教育中引进商科教育，鸦片战争后，洋务派尝试创办新学堂，目的在于满足富国的要求，如湖北自强学堂和南阳高等航务学堂。南京高等师范学校于1917年创办商科，由爱国民主人士、社会活动家杨杏佛担任商科主任，并在1921年迁至上海，成立了中国最早的商科大学——上海商科大学。在此之后中国高校经历了相当长时间的改革与发展，终于在1984年批准成立了四所教育管理学院。随着商科院校的不断发展，我国商科专业逐渐增多，形成了我国独有的体系。不同于国外将商科划分为金融、会计、管理、经济学四个专业，我国从学科分类的角度将商科分为经济类和管理类。我国商科专业名称与代码如表4-1所示。

4 国内外商科人才培养的创新与经验借鉴

表 4-1 我国商科专业名称与代码一览表

经济学类			
专业名词	专业代码	专业名词	专业代码
经济学	020101	国际经济与贸易	020102
财政学	020103	金融学	020104
国民经济管理	020105	贸易经济	020106
保险	020107	环境经济	020108
金融工程	020109	税务	020110
信用管理	020111	网络经济学	020112
体育经济	020113	投资学	020114
环境资源与发展经济学	020115	海洋经济学	020116
国际文化贸易	020117	商务经济学	020118
金融数学	020119		
管理学类			
专业名词	专业代码	专业名词	专业代码
管理科学	110101	信息管理与信息系统	110102
会展经济与管理	110311	房地产经营管理	110106
农村区域发展	110402	项目管理	110108
管理科学与工程	110109	工商管理	110201
市场营销	110202	会计学	110203
财务管理	110204	人力资源管理	110205
旅游管理	110206	商品学	110207
审计学	110208	电子商务	110209
物流管理	110210	国际商务	110211
物业管理	110212	特许经营管理	110213
连锁经营管理	110214	资产评估	110215
电子商务及法律	110216	商务策划管理	110217
信息资源管理	110503	公共事业管理	110252
文化产业管理	110310	土地资源管理	110254
公共管理	110309	体育产业管理	110316

随着第四次工业革命的到来，传统的教育模式已无法满足发展的需要，

教育界总结出现有教育体系弊端并开始改进，新的教育体系逐渐形成。我国目前商科的建设是在新工科建设之后才开始逐步推行的，美国商学院认证委员会中国区主任彭彦在2018年高等院校与国际化联盟会上介绍了国际认证对中国商科建设的经验借鉴，他指出国际认证可以为中国新商科的建设提供理念和方法上的经验，但同时我国还应根据实际情况创办出有自己特色的商科院校。此外，北京工商大学副校长谢志华指出，当前商科教育应花费更多的精力解决专业局限性的问题，在商科教育中引入其他学科的元素，逐渐模糊各专业之间的边界感，促进学生综合发展。

如今各高校积极吸取国外的经验，拓宽商科教育的思路，逐渐将通识教育和模块化学习引入到我国的商科课程建设中。通识教育起源于欧美，他们认为若只向大学生提供本专业的知识太过于片面，不利于学生全面发展，因此在商科课程中加入了通识课程，旨在让学生接触到全方位的知识，提高学生独立思考的能力，对不同的学科都有自己的见解，达到综合性、全面性的培养目标。新商科人才培养方案认为应该根据课程设置目的和市场对人才的需求将商科人才培养课程划分成四个模块，包括通用基础模块、专业技术模块、方向选修模块和学科基础模块。通用基础模块将德、智、体、美四个方面纳入到商科教育体系建设中，是学生学习其他模块的基础；专业技术模块旨在培养学生的专业性，掌握本专业的知识和方法；方向选修模块的教育目的在于培养学生有良好的素质并具有个性化发展；学科基础模块系统地培养学生专业知识的宽广性和理论性，这四个模块相互配合、互相补充，助力商科教育的发展。

无锡商业技术学院杨建新教授指出，新商科内涵可以分为以下两个方面。一方面，在已有的商科专业的基础上，再添加商科人才培养所需的新内容。也就是说，当下商科培养课程已经不足以满足社会发展的需要，当前商科培养院校应添加新的教学内容，对教学形式、教学环节、教学侧重点加以改革与创新，使学生技术、素质、知识等方面适应社会经济发展。另一方面，打破各专业专家的界限，将其他学科的内容适当融入商科培养体系中。如今单一人才的局限性已逐渐显现，为了解决这种困境，高校应在教授商科专业课程的同时安排理科、工科等专业课程，打破仅以商科课程为重点的局面。

我国高校目前的商科教育体系逐步完善，商科专业建设逐渐丰富，以南京审计大学金审学院为例，南京审计大学金审学院一共有21个专业，其中包含了17个商科专业，如表4-2所示。

表 4-2 南京审计大学金审学院商科专业设置一览表

序号	学院	专业代码	专业名称	学科门类
1	会计与审计学院	120207	审计学	管理学
2		120203K	会计学	管理学
3		120204	财务管理	管理学
4	金融与经济学院	020301K	金融学	经济学
5		020401	国际经济与贸易	经济学
6		020303	保险学	经济学
7		020202	税收学	经济学
8	管理学院	120201K	工商管理	管理学
9		120601	物流管理	管理学
10		120208	资产评估	管理学
11		120402	行政管理	管理学
12		120902	酒店管理	管理学
13		120103	工程管理	管理学
14	信息科学与工程学院	120102	信息管理与信息系统	管理学
15	国际商学院	120203K	CIMA管理会计	管理学
16		120207	中美审计本硕	管理学
17		120203K	中澳会计学	管理学

南京审计大学金审学院是一个独立学院，以商科教育为主要教育方向，旨在培养公民素质合格、人格健全、能够满足当下社会发展和经济建设需要的商科人才，同时这些人才应具备关于商科基本的理论、知识和技能。在道德素质方面，学生也应该拥有本职业领域基本的职业操守，并具备相关的实践经验，以便在机构中更好地从事商科管理活动。

通过对南京审计大学金审学院的教育体系进行研究，可以总结出该校从以下五个方面进行人才培养：第一，金审学院时刻关注市场对人才需求的变化情况，以培养当下所需人才为出发点，按照社会发展情况和经济变动趋势及时调整课程体系和教学内容,提高商科人才对当下社会的适配性;第二,强调商科实践教学在教学过程中的重要性,突出实践教学在整个教学过程中的地位,从实践教学内容、实践教学方法、实践教学环节三个方面进行深化改革,在教学过程中加入实验、实习等环节,加强实践教学对商科人才的影响;第三,鼓励学生参加创新实践活动,如科研项目、创新训练计划、知识竞赛等,进一步帮助学生建立所学知识与实践之间的联系,提高学生的应用技能;第四,严格遵守教育部对商科培养的规定,在完成基本理论和基础知识的同时加入实践教学内容,提高学生自主解决问题的意识和能力;第五,提高学生的就业能力,学校举办就业指导讲座、开设就业指导课程,讲解当前就业大趋势和就业政策,为学生的顺利就业提供方便。

2. 数智时代下国内商科人才培养建设情况

数字经济已成为中国经济高质量发展的新动能,据中国信息通信研究院预测,到 2025 年中国数字经济规模将达到 60 万亿。数字经济发展和企业数字化转型的关键是人才,尤其对于商科专业高素质复合型人才需求强烈。为推动数字经济发展,解决数字人才需求,我国高校着力于完善商科数字教育体系,推出一系列人才培养措施。

(1)建设跨学科的教学团队。我国高校商科数字人才培养打破了学科壁垒,吸纳了不同学科领域教师,打造了商科数字人才培养的跨学科教学团队。商科教师采用以研究思维为导向的教学方式,使学生积极参与数字技术课程,将数字技术知识和实践实验相结合,鼓励学生参与商科专业实践项目,既拓宽学生的学术思维,又激发学生的科研兴趣,提高科研创造力。高校邀请数字技术领域优秀的科研工作者授课或进行学术交流。我国高校在开展数字技术人才培养工作时,将协同合作理念与共享共建相结合,打造跨学科的商科数字人才培养教师团队。

(2)拓展商科专业产教融合模式。大数据、AI 技术、机器学习等科技发展带动了数字技术的发展,数字经济时代的商科人才培养应紧跟数字化、智能化趋势,通过拓展和创新产教融合模式,培育具有数字思维能力的复合型商科人才。基于数智时代商科专业的特点,结合当前数字人才需求,培养学生数字思维,促使学生运用数字技术解决问题。驱动商科高校、行业协会和相关企业进行协作,建设由商科高校主导、多元主体共同参与的数字经济基地，打造开放共享的数字育人平台，提高商科专业人才的数字实践能力。组建由商科高校教师和商科从业人员为主体的数字师资队伍，共同参与数字课程开发和实践基地建设，实现高校商科人才培养与企业发展共赢。通过校企合作，将企业的先进理念、真实案例、业务流程和创新模式纳入商科人才培养体系。深化商科专业人才培养的数字化理念，整合优质数字资源，服务数字经济发展，推动产教融通创新，建立人才联合培养机制，提高商科数字人才培养质量。

3. 挖掘商科人才培养的跨学科学习路径

在大数据和人工智能时代，商科人才面对的商业问题越来越复杂，需要跨学科的知识和技能予以解决。在商科数字人才培养的课程体系中，鼓励学生跨学科学习，在学习传统商科专业知识外，还鼓励学生深入学习数据科学、人工智能与经济学、管理学等专业交叉课程，培养学生解决复杂商业问题的能力。在数智时代，大数据技术、人工智能、共享服务等前沿科技是商科人才的必备知识和技能。在进行以上跨学科学习的基础上，结合真实商业案例和模拟竞赛等实践，使学生将理论知识融入实践应用中。利用学科融合有效解决轻实践重理论的问题，锻炼商科数字人才构建模型、分析数据、处理信息和数据评价等方面的能力，进而培养商科人才跨学科的综合能力。

4. 搭建线上线下融合的商科人才培养平台

商科人才培养需要依托数字化平台，将商科人才培养与数字化、智能化技术相结合，建设具有多元化功能的共享智慧课堂，利用智能化手段强化学生创新思维，融合理论教学、实践教学与虚拟教学，保证学生具有扎实的理论基础和实践素养。通过大数据、云计算技术等实现管理过程的科学化，建立校内外实验资源的共享平台。将现有的商科人才培养资源进行整合，促使行业、企业和高校协同合作，依托在线平台锻炼学生的协同能力、实践能力和业务能力。

5. 培养商科人才的专业技术能力

坚实的专业知识基础使商科人才更具有竞争优势，更能够做出明智的决策和创新的优势。商科人才可以利用专业知识和技术更清晰地分析问题并制订有效的解决方案。我国高校为商科人才培养在开设英语课程、数学和统计学课程、人文和社会科学课程的基础上，还开设会计学、管理学、金融学、经济学等商科课程以提高商科人才的专业知识素养。同时,加强商科人才的专业技术能力培养,使其能够熟练使用商科工作所需的分析工具、统计软件和信息设备。在专业技术领域有坚实基础的专业人员能够在更短的时间内产出更高质量的工作。商科人才只有积累相关行业或领域的专业知识和技术,才能充分理解行业趋势和市场动态,个人职业能力才能得到认可和发展。

4.2 数智时代下国内外商科人才培养经验借鉴

4.2.1 数智时代下国内外商科人才培养目标总结

随着数智技术的迅猛发展,商科数智人才的培养成了国内外高等教育领域的热门话题。数智技术为商业领域带来了前所未有的变革,对商科人才的需求也发生了深刻变化。为了适应这一变革,国内外高校在商科数智人才培养方面设定了明确的目标。这些目标旨在培养具有数智思维、创新能力、跨学科知识、全球视野、国际化能力、社会责任和商业伦理等全面发展的人才,以应对日益复杂和多变的商业环境。本文将对国内外商科数智人才培养目标进行总结和比较,探讨其异同,为进一步优化商科数智人才培养提供参考。数智时代下新商科人才培养目标确定有以下的特点。

1. 顺应时代发展的浪潮

各国高校培养商科人才时往往会考虑社会和经济的总体发展状况,更会根据本国发展情况调整商科课程内容和模式,以时代发展为基础,使人才培养方向与时代发展方向一致。如我国在培养商科人才时,会考虑到经济发展情况,我国的经济增长已经不是主要依靠第二产业,而是转变为依靠第一、第二、第三产业协同带动,并且社会逐渐需要多元化人才,因此我国高校采用应用型人才培养模式,着重培养出理论基础扎实、实践经验丰富、有强大适应能力的商科人才。

2. 培养复合型人才

社会变革和技术创新是目前商科人才面临的重要挑战,人工智能、大数据技术的出现让商科人才的学习内容、学习模式都发生了巨大变化。为了顺应新经济时代、满足社会需求,对于商科人才的培养目标已不再仅仅是掌握基础知识,而是要以社会需求为导向,以跨专业学习为基础,以设置通识课程为主要方式,实现多专业相融合,使人才的培养与社会发展需求相一致,体现出人才的复合性和综合性。

3. 培养技术型人才

高校将培养目标定位为培养精通社会生产的理论知识和专业技能的人才，要求学生掌握职业技能、了解相关业务，提高执行能力和责任感，成为社会急需的职业技术型人才。商科数字人才的培养课程包含引入现代高新技术的综合性学科，以培养跨学科复合型人才为培养目标，包括财富管理、金融科技、云营销等新技术，旨在加强商科人才的综合能力和适应能力。

4. 培养领导型性格

在现代商科教育体系中，不能仅以培养专业技巧为目标，更应注重对于品德性格的培养。高校教师从自身行为、人际关系、组织结构三个方面助力培养学生的领导型性格，不仅在课堂中渗透领导型教育，更在实践、研发活动等方面体现领导型教育的重要性。

5. 树立良好的职业精神

数字时代的商科教育，不仅要在专业能力和实践能力上对学生做出严格要求，还需要帮助学生树立起与本专业相关的职业精神。商科人才除了具备专业知识和相关先进技术外，还应具有敬业精神、谦逊好学的品质、强大的责任感以及勇于创新的意识，可见这是商科院校对于商科人才职业精神培养的一个关键课题，进而提升人才培养质量。在教育教学的过程中，深化学生对职业晋升的了解程度，提高学生对职业精神重要性的认知度，使每个学生都参与到职业精神的培养中，促进职业精神培养目标的实现。

6. 培养应用型人才

应用型人才是在具备理论知识的同时进行非学术性研究工作，将抽象的理论转换成实际操作中应用的技术方法，加强理论与实践之间的联系，尽快利用所学知识创造利益和财富。与传统教育体系相比，当前的培养方式已不再是以掌握理论知识为目的，更多的是要求理论结合实际，善于将理论知识应用于实际工作当中。应用型人才是众多短缺人才类型之一，商科应用型人才更是各个企业机构急需的重要人才，并且其需求量日益增长。应用型人才的突出优势在于他们不仅理论基础扎实，更是拥有将理论应用于实际的能力，他们经验丰富，能够妥善解决工作中遇到的问题，是企业迫切需要的人才。各高校着重培养学生的实践能力，开设实训课程、提供实习机会，目的是培养社会所需的商科应用型人才。

4.2.2 数智时代下国内外商科人才培养能力框架总结

通过对国内外商科院校培养体系研究发现，对于商科数字人才培养的能力可以分为以下五个方面。

1. 差异化创新能力

随着数字经济的发展，移动互联网、大数据、共享经济等逐渐改变了人们思维、学习的方式。在这样高速发展的时代，为了符合当下的工作强度、不被时代所抛弃，商科人才必须具有差异化创新能力，将新技术和新业态渗透进专业学习的过程中，时刻以对人才的热门需求为自身学习的导向，学习如智能会计、财务管理数据可视化等先进技术，而不再是仅以学好本专业基础理论知识为目标，突出自身差异化的优点，适应不断变化的社会需求。

2. 终身学习能力

在经济迅猛发展的同时，人才更新换代的速度也在加快，因此商科人才必须掌握最新的理论知识和实践经验，这就不得不要求商科人才具有终身学习能力。如会计学专业，会计人才不仅需要学好本科期间和研究生期间的课程，更要在毕业后时刻关注会计相关知识的更新情况，及时添加、摒弃、更换知识储备，满足新时代的要求。商科人才要不断提升自身专业素质，更新理论知识和实践经验，顺应时代发展。

3. 知识复合能力

如今对商科人才要求的最重要的能力就是知识复合能力，各高校也着重培养复合型人才，以满足数字经济时代多元和多变的发展要求。现如今各国商科人才面临的已不再是单一化、简单化的问题，并且对商科人才分析问题和解决问题的效率和效果的要求也逐渐提高，各个组织机构往往需要从业人员尽快解决问题，这就考验了商科人才的知识储备量和综合应用能力。因此各高校均着重强调商科学生的复合性，从多方面、多角度培养学生发现问题、分析问题、解决问题的能力，采用学科多元化的教育方式，将更多学科的理论要点编制进商科课程中，旨在培养学生的知识复合能力。

4. 实践运用能力

课程应注重理论性还是实践性曾经是国外商科课程目标的争议热点，但随着高等商科教育的到来，高校逐渐发现实践运用能力是培养商科人才的重点。Lyman W. Porter 和 Lawrence E. Mckibbin 提出商科人才的实践能力是商科教育的目标，过分强调理论性会致使人才偏离社会的实际需求，应注重树立学生正确的价值观念，培养出社会真正需要的实践型人才。理论与实践相脱节无疑会降低学生的应用能力，降低学生与他人的竞争力，将实践贯穿于课程教授的始终，培养学生的实践运用能力，紧跟全球商业实践的变化，是培养商科人才的重要内容。

5. 团队协作能力

商科学生的毕业去向往往是企业、事业部等员工人数较多的机构，从事自由职业者占比很少，因此商科学生在从事工作时需要具备一定的团队协作能力。同时，个人解决问题的思路和想法往往具有片面性，不能完全考虑到问题的各个层面，这就显示出了团队协作的重要性。高校在设置商科课程时会侧重培养学生的合作能力，如进行小组讨论、小组科研项目、团队游戏等活动，在培养学生专业知识、丰富课外活动的同时更激发出学生团结协作的意识，使学生在从事工作时能够与其他员工协作，尽快解决问题。

4.2.3 数智时代下国内外商科人才培养主要措施总结

通过对国内外商科院校培养方式的比对研究，可以将培养措施总结为以下六个方面。

第一，重视素质教育。首先，在教育模式、教育内容改革的过程中全面考虑素质教育的要求，在整个高等教育阶段全面贯彻素质教育。其次，按照每个学生基础素质、发展目标的不同采取不同的教育方式，采用个性化培养途径，具体方式包括鼓励学生考取第二学位、将导师制运用到大学生管理中、激发学生参加科研项目的热情、为学生举办社团活动等。最后，在关注理论知识的同时重视实践培养，使理论与实际不脱节。总的来说，商科课程建设在注重商科所需要的基础知识的同时，还额外强调学生个性化的培养，提高学生的道德感和责任感，培养学生的职业精神，做到爱岗敬业、谦虚好学。

第二，强调实践教学。如今各国商科教育已不再是仅以讲授课程为主要教育方式，而是采用多种方式并行的教育措施，侧重鼓励学生以自学、参加小组讨论的方式学习专业内容，其目的是提高学生自主解决问题的能力；在进行常规教学的同时创办科学研究项目，培养学生自主发现新思想的能力，提高学生创新意识和研究能力；将繁杂冗长的知识加以简化，采用现代化的方式教学；进行作业、考试方面的改革，加入实践考核内容。各国在教育教学过程中逐渐重视实践教学环节，将理论与实践联合起来，加强学生将理论应用于实际的能力，并设置实习、实验、小组讨论等环节，提高学生的沟通能力和合作意识，注重培养团队精神，培养出素质健全、懂得合作的高质量人才。

第三，加剧高校间的竞争，提高市场意识。我国各高校市场意识显著，如大学收费机制和各高校官、产、学、研等相结合等都是我国强化市场意识的证明。正如日本首相囊团会议提出的观点，该会议指出改革中央集权式统一管理机制是 21 世纪商科教育改革的基本原则之一，要在教育中实施竞争机制。综观国内外各高校的做法，都在提高市场意识、实施竞争机制，如市场意识最弱的法国，如今同样以强化竞争意识为改革目标，具体方式包括准许各商科院校与国家合作、拓宽商科院校的经济渠道等。

第四，通识教育和个性化发展相结合。随着社会的发展，商科人才在解决问题时往往会应用到自然科学、社会科学等方面的知识，如生态平衡、环境污染、人口膨胀等，因此各高校在设置课程时体现出各学科的渗透性和综合性，改变以往仅以本专业理论知识为重心的教育模式，采用多学科交叉并行、各学科综合运用的教育方法，突出培养学生分析问题、解决问题的能力。各高校增加专业数量，交叉融合，改进商科课程的组成结构以及各学科所占比例，做好基础教学并强调通识教育，逐渐将教育重心转移到学生的全面发展上，加强多方面综合型人才建设，拓宽知识广度，培养个性化人才。

第五，加强校企合作和产教融合。各国都已开启高校与企业联合教学的教学模式，国外校企合作的现象已非常常见，如澳大利亚商科院校在教学过程中多次与企业合作，邀请企业经验丰富的员工给学生授课、邀请企业人员参与课程编制工作等；欧洲一些国家也鼓励校企联合，企业可以为高校学生提供实习机会，提高实践能力，高校也可以将研究结果应用于企业，加强理论与实践之间的联系。在我国，校企合作的现象同样多见，除了企业可以为学生提供实习机会外，高校还会邀请企业内成功人士进校为学生开讲座、教授实训课程等，传递实际工作中遇到的问题以及解决方式，讲解本专业学生毕业后的去向，帮助学生选择适合自己的学习、工作方向，更好地进行职业规划。

第六，创办高校特色教育。各国商科院校均根据社会、经济发展状况以及本国及当地对人才的需求情况调整自身课程设置，打造特色教学模式，面向社会自主办学，走自我发展的道路；各国高校还会根据当下的实际情况及时调整招生规模，优化课程结构，促进商科人才发展。

4.2.4 数智时代下国内外商科人才培养体系构建经验总结

大数据和人工智能背景下，商科人才培养应打破传统培养模式的局限，促使数字技术和商科人才培养深度融合，提高商科数字人才培养的质量和效率。商科数字人才的培养要求学生利用数据描述经济业务，预测企业发展趋势，对企业业务进行决策和创新。因此，需要对商科数字人才的培养目标进行重新定位，构建完整的一体化教学和综合素质能力的商科数字人才培养体系。商科数字人才培养理念的突破、重构和创新是推动数智时代商科人才培养的动力。通过对美国、欧盟和中国商科数字人才培养体系深入分析，为我国新商科数字人才培养体系构建提供借鉴。

1. 培养商科人才核心职业素养

商科高校担负着为国家和社会培养商科数字人才的使命。在数智时代，大数据和人工智能的飞速发展，向高校商科数字人才培养体系提出了严峻的挑战。如果高校商科人才培养体系停留在加强专业知识和专业技能的传统层面，其目标明显与数智时代的发展理念和技术要求相去甚远。商科数字人才既要具备沟通能力、学习能力、社交能力和跨文化交流能力，又要具备分析问题、处理数据和协同决策能力，以适应商科人才在数字化和智能化情景下的要求。对于数智时代商科人才培养目标，其核心应由知识本位向素质本位转变，培养商科数字人才的核心职业素养。

2. 深化数字技术赋能人才培养

数字技术赋能是将大数据和人工智能技术融入人才培养体系，变革教育教学方式，提高教学效果和教育质量。数字技术赋能强调信息技术和数据技术的运用，通过信息共享平台或智能教学平台授课，使用智能阅卷分析和大数据分析工具，分析与挖掘学生积累的错误数据，掌握学生学习动态，为学生推送个性化学习资源，实现精准教学和辅导。数字技术赋能创造真实的实践情境，提高教学情景的真实性，提供多元的角色和视角，促使隐性知识外显化，以多重感官信息刺激学生学习主动性，以智能化的手段促进知识和技能的学习和应用。在数智时代,大数据分析与处理技术、物联网、共享服务、智能流程自动化、云计算、数据挖掘和人工智能等数据技术飞速发展,商科人才培养过程中一定要深化数字技术赋能,促使商科数字人才培养从传统的流程化和信息化过渡到数字化,提高商科人才的数据获取、收集、处理、分析和评价能力,通过技术融合提高商科数字人才培养的效率和质量。

3. 突出商科人才培养中的学生主体地位

高校商科学生具有一定的学习经验与专业基础,教师在教学过程中应以提升学生体验为核心,设计专业化的学习路径,与学生进行深度互动,实现学生专业技能成长。另外,高校学生虽然具有一定的知识和技能基础,但在大数据和人工智能等科技方面认知薄弱或空白,在专业课程体系设计中应设计商科数字学习情景,关注商科学生的专业学习体验,避免教学过程中将知识与技能符号化。以学生为中心进行课程设计,围绕真实情境开展探究性学习。加强学生的理解力,促使学生认识到自身知识现状与商科人才培养目标之间的差距,引导学生明确培养目标的标准和路径,开发学生的个性化表达方式,改进学生的学习认知和能力。数字技术使教师与学生可以充分利用信息传播功能交流,使学生及时将对知识的理解与疑问反馈给教师,数字技术提高了反馈效率,教师可以根据系统反馈的学习状态调整人才培养策略。

4. 拓展商科数字课程体系框架

课程体系建设的关键是课程内容的选择,重视课程覆盖范围和课程挖掘深度,纵横结合支撑课程体系框架。在数智时代,课程设置覆盖范围广泛,由商科基础课程扩展到大数据与人工智能课程,以满足数智时代商科人才能力需求。在课程建设体系中,从通识教育的人文、数学和科技等领域,拓展到经济、金融和管理等商科专科领域,再覆盖到大数据原理、人工智能服务和商务智能分析等数字技术领域,实现商科人才培养课程建设的重大突破。强调在加强商业知识储备的基础上,培养学生的数据挖掘、整理和分析能力,锻炼大数据思维与技能,塑造商科人才核心竞争力。重视实践课程建设,关注数字经济发展动态,协调政府、行业、企业和高校共同成立数字智能实践基地,依托企业业务动态更新实践课程内容,构建大数据和人工智能课程案例库。通过构建富有前瞻性的课程体系,营造数智时代的职业环境,为商科人才提供更实际、更有针对性的学习体验,培养全面发展的商科人才。

5. 提高商科人才信息技术和数据技术能力

信息技术和数据技术是商科人才基本的数字素养，精通数据使专业人员能够驾驭数据的力量。它包括收集、分析和从数据中获得见解的能力，从而增强决策的正确性。在这些领域具有专业知识的专业人员可以优化工作流程，提高效率并探索解决方案。掌握互联网技术、大数据技术、人工智能技术、编程技术、区块链技术等信息和数据技术的商科人才能够适应数字经济的发展趋势。拥有这种技能的专业人员可以熟练使用数据库、云计算、数据可视化工具和编程语言。数据分析能力使商科人士根据数据提出客观的建议。利用数据分析技术可以提高运营效率和优化流程，开发预测模型，使企业能够预测趋势、客户行为和市场动态，降低成本并提高生产效率，提高企业竞争优势。

大数据和人工智能技术对商科人才培养产生了深远的影响，在很多国家已经成为解决众多经济和管理问题的重要方法和工具，同时对商科人才培养提出了新的要求和挑战。作为商科人才培养最重要的途径，加强高校商科人才培养体系建设是数字经济时代背景下的必然选择。高校教育不仅应培养商科人才的专业素质、人文素质、社会技能和认知能力，还要培养商科人才的信息技术能力和数据技术能力，以应对数字智能时代的挑战。

5 数智时代新商科人才培养模式构建的实证分析

5.1 基于知识图谱法的新商科人才培养发展趋势分析

本章运用科学知识图谱方法，使用 Citespace 软件对 CNKI 数据库收录的以"数字化""智能化""新商科""新文科""人才培养"为主题的 436 篇研究文献进行可视化分析。研究发现：从时空分布上来分析，研究的发表数量呈现上升趋势，并且大多集中在教育类相关的学术期刊，这一研究领域的主要研究主力是以下三所高校：南京审计大学、浙江财经大学和中南大学。从研究热点上来分析，主要集中在三个方面：政策引导、教育理论观点和教育创新实践。从研究演进过程上来分析，2010—2017 年标志着这一领域的逐步积累和发展阶段，2018—2022 年这一领域开始进入急剧增长的阶段，2023 年至今该研究领域已进入了一个成熟的高峰期。关于未来的发展趋势方面，随着数字经济的深入发展，教育领域已开始整合人工智能技术和"互联网+"战略，培养模式已向产教融合、应用型本科、复合型人才等方向转变。

5.1.1 研究方法和数据来源

5.1.1.1 研究方法

科学知识图谱利用图形表达方式展示科学知识的发展路径和内在结构关系，它与传统的计量学引文分析和共现分析技术相结合，通过直观的可视化图谱，使得研究人员能够识别并追踪学科领域内的研究热点和发展趋势，帮助学者洞察研究主题的演变、理解领域内的核心问题，并预测未来的研究方向，目前这种方法已经被广泛应用在多个学术领域中。CiteSpace 是由美国德雷塞尔大学信息科学与技术学院的陈超美博士，以及大连理工大学的 WISE 实验室共同研发的绘制科学知识图谱的常用工具，它主要优势在于其强大的可视化功能，通过生成一系列的可视化图谱，用户不仅可以直观地看到学科内各研究主题之间的关系和相互作用，还可以识别出影响学科发展的关键因素，帮助用户进行学科演变的动力机制分析以及探测学科发展的前沿趋势。CiteSpace 的应用使得研究学者能够直观地观察到学科知识的演进过程，识别关键节点和转折点，从而深入理解各学科领域的演化路径和未来发展方向。所以本研究使用 CiteSpace 可视化软件来进行定量分析和信息挖掘，针对数智时代下新商科新文科人才培养的研究成果以及应用型高校的相关研究进行深入探讨。通过 CiteSpace 软件绘制出的科学知识图谱，能够准确地识别出研究热点，清晰地理解研究的发展脉络和演进机制，有助于加深对数智时代下新商科新文科人才培养领域的理解，也使得学术界的研究学者能够准确把握该领域的研究动态和未来趋势，为进一步的研究和决策提供科学依据。

5.1.1.2 数据来源

本文使用中国知网（CNKI）对学术期刊全文数据库进行高级检索，数据的获取时间是 2023 年 9 月 25 日。文献检索时通过关键词"数字化"AND"人才培养"、"智能化"AND"人才培养"、"新商科"AND"人才培养"、"新文科"AND"人才培养"来进行检索，中国知网数据库检索得到相关文献期刊共 670 篇。为确保文献的质量，本研究筛选剔除了与研究主题差异较大的文献，并且为进一步提高研究的学术水平和引用价值，选择了北大核心期刊和 CSSCI 期刊作为主要的文献来源，经筛选最终确定的有效样本文献共计 436 篇。

5.1.2 研究文献的时空分布

5.1.2.1 文献的时间分布

如图 5-1 所示的文献年度发文数表明，从 2019 年开始，在数智时代背景下，人才培养研究的年度发表文章数量持续快速上升，并在 2022 年达到最高点 152 篇，仅 2022 年一年发表的文章就占据了样本文献总数的 34%。通过对发文趋势的进一步分析可以观察到，2010—2018 年期间，该研究领域的发文数量相对较少，但 2019—2022 年期间发文量的增速显著加快，进入 2022—2023 年，虽然发文量仍然较高，但增速有所放缓。发文数量时间分布的变化反映了数智时代背景下人才培养研究领域的发展动态和学术关注的转变情况。

发文数

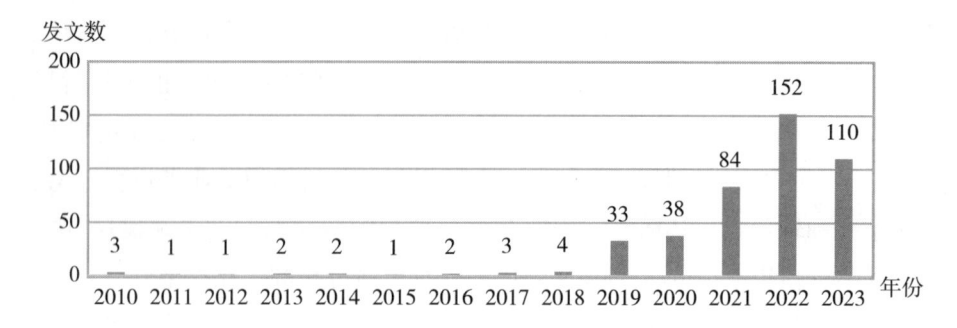

图中数据：
- 2010: 3
- 2011: 1
- 2012: 1
- 2013: 2
- 2014: 2
- 2015: 1
- 2016: 2
- 2017: 3
- 2018: 4
- 2019: 33
- 2020: 38
- 2021: 84
- 2022: 152
- 2023: 110

图 5-1　文献的年度发文数

5.1.2.2　文献的机构分布

根据表 5-1 的研究机构发文数排名，中南大学、东北石油大学、安徽理工大学以及南京审计大学是发文数排名前三的高校，其中像南京审计大学虽然相对较晚开始在这一领域发表研究，但是其后续的研究成果数量逐渐攀升至前列位置，表现出强劲的研究潜力。在高职院校方面，徐州工业职业技术学院等也显示出积极的研究投入。这些学校的地理分布涵盖了全国范围内的各个省份，包括江苏省、浙江省这样的经济发展较为先进的地方，也包含湖南省、江西省这样位于中部地区的省区，这表明各地高校和科研机构都在积极响应国家对于大数据和数智时代人才培养的战略需求，也凸显了数智时代背景下人才培养研究的普及性和重要性，这充分展示出我国实施的大数据发展策略具有广泛的国家意义。

表 5-1　样本文献的研究机构发文数排名

排名	发文数	高校	首次出现年份	所在省市
1	3	中南大学	2020	湖南省
2	2	东北石油大学	2023	黑龙江省
3	2	安徽理工大学	2022	安徽省
4	2	南京审计大学	2022	江苏省
5	2	浙江财经大学	2022	浙江省
6	2	华东交通大学	2020	江西省
7	2	青岛农业大学	2013	山东省
8	2	徐州工业职业技术学院	2019	江苏省

5.1.3 研究文献热点和演进的可视化分析

研究热点指的是在特定时期内，一个学术领域内研究学者普遍关注的主题。关键词是对文章主题的高度概括和凝练，频次高的一些关键词常被用来确定一个研究领域的热点问题。在科学知识图谱分析过程中，关键词共现网络能够展现一段时间内相关文献集中反映出的研究热点词汇，体现出该研究领域中的主要热点内容。为了识别这些研究热点，研究者常常利用文献中的关键词作为分析的基础数据，通常采用以下三种分析技术：第一是词频分析，通过统计关键词的出现频率及其随时间的变化趋势；第二是词共现分析，这涉及创建关键词共现的知识图谱，分析图谱中的网络结构特征，并对网络进行聚类处理；第三是文本挖掘分析，采用潜在语义分析（LSA）和主题模型（LDA）等高级文本挖掘技术来揭示文本的主题结构。本研究将采用词频分析与词共现分析这两种分析方法相结合的方式，通过构建关键词共现知识图谱来探讨在数智时代背景下新文科和新商科人才培养的研究趋势和发展历程。

5.1.3.1 关键词共现的知识图谱分析

关键词是文章核心的重要体现，使用 CiteSpace 对 436 篇样本文献进行关键词共现分析，参数设置如下，节点类型（Node Types）选择"Keyword"，节点的筛选条件设置为 Top50，利用寻径网络算法对网络进行裁剪，最终生成了一个包含 331 个节点和 503 条边的关键词共现知识图谱如图 5-2 所示，图中的节点大小和标签大小反映了各节点的度中心性，即节点的重要性和影响力。节点之间连线的粗细则代表了两个关键词共现的频率，频率越高，连线就越粗。这种图像呈现方式有助于直观地识别和分析网络中的主要节点和关键关系，进而揭示研究领域的核心主题和趋势。在样本文献中，"数字化""智能化""新文科""新商科""人才培养"等词语被用作检索词，因此它们在知识图谱中的重要性最高，这些词汇的中心性表明它们是当前学术讨论的核心焦点。其他如"产教融合""创新""教学改革""数字经济"和"应用型本科"也显示出较高的重要性，它们在图谱中的位置表明它们是研究领域中的关键节点。另外，"学科建设"和"复合型人才"这两个词的重要程度也较高，但它们在知识图谱中相对独立，与其他关键词之间并不紧密相连，这可能意味着它们是新兴的或未被充分整合进主流研究议题的领域，可能需要进一步探索这些主题之间的潜在联系或在未来研究中加强对这些领域的

◎ 数智时代新商科人才培养的理论研究与实践探索

关注。

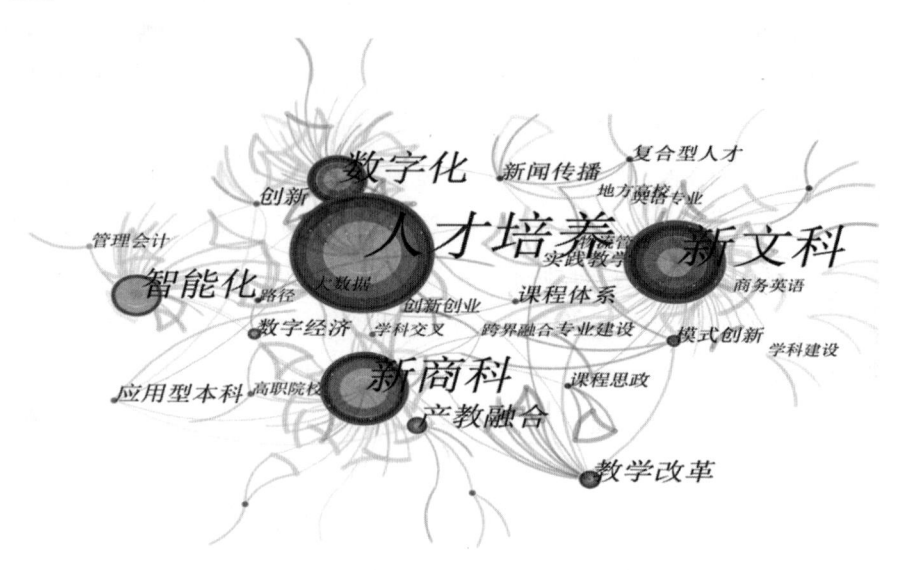

图 5-2 样本文献的关键词共现知识图谱

为了精准分析数智时代新商科新文科人才培养的研究热点，以关键词被引频次大于 6 作为筛选条件，圆圈越大，说明被引频次就越高。在分析关键词的重要性和影响力时，被引频次通常是一个关键指标，因为一个关键词的被引频次越高，表明其受到学术界关注的程度就越高。此外，中介中心性是另一个重要的度量标准，它衡量一个节点在网络中起到的桥梁和中介作用。在 CiteSpace 软件中，中介中心性超过 0.1 的节点被视为关键节点，表示该关键词是研究领域的热点。通过综合考虑被引频次、中介中心性以及关键词首次出现的年份，可以综合评估出各关键词的重要性和影响力，从而得到该研究领域的热点排行如表 5-2 所示。这个排行不仅反映了各关键词的学术重要性，还可以揭示研究领域的发展趋势和研究重心的转移，有助于研究学者更好地了解该领域的研究热点和未来的研究方向。

表 5-2 样本文献研究热点排名

序号	关键词	被引频次	中介中心性	首次出现年份
1	人才培养	428	0.71	2010
2	新文科	242	1.22	2019
3	新商科	100	0.66	2017
4	数字化	59	0.48	2011
5	智能化	41	0.33	2010
6	产教融合	18	0.10	2019
7	教学改革	15	0.15	2021
8	创新	9	0.08	2019
9	应用型本科	9	0.06	2021
10	新闻传播	8	0.08	2019
11	课程体系	8	0.09	2020
12	数字经济	7	0.02	2019
13	复合型人才	6	0.02	2022

排名前五名的研究热点分别为"人才培养""新文科""新商科""数字化""智能化"。习近平总书记2020年3月在浙江考察时再次强调，"要抓住产业数字化、数字产业化赋能的机遇"。新时代、新形势呼唤高等院校商科教育的创新发展，新产业、新业态要求数字化以及智能化人才培养不断探索实践。数智时代新商科新文科人才培养正是在这样的机遇中统筹进行。这些研究和教育的动向不仅响应了政策导向，同时也指引了教育改革和学科发展的未来方向。

通过中介中心性这个指标来分析，"教学改革"、"产教融合"和"课程体系"成为教育领域中的关键研究热点。"教学改革"的中介中心性为0.15，这一较高的中心性显示其在关键词共现网络中扮演着重要的桥接角色。随着大数据、人工智能、云计算等新一代数字技术的发展，数字化教学改革成为备受关注的议题。教育部发布的《教育信息化2.0行动计划》明确指出要积极推进"互联网+教育"发展，促进信息技术和智能技术深度融入教育全过程，推动改进教学管理。"产教融合"的中介中心性为0.10，中心性也较高，它关注的是如何将教育与产业需求更紧密地结合，尤其是在数字化和科技不断进步的今天，这种融合不仅提升了学院的办学水平和人才培养质量，还使得大学的组织结构发生变革，适应新的分布式、交互式、无国界的学术和教育环境。因此在进行新商科、新文科人才培养时，应以数字经济和智能化时代为背景，顺应数字化、网络化和智能化的发展，培育具有创新思维的复合型人才，这就需要结合产教融合的模式实现。"课程体系"的中介中心性为0.09，中心性也相对较高，表明其在人才培养目标实现中的核心地位。在数智时代背景下，课程体系的改革尤为重要，需要构建更加符合新商科、新文科人才培养需求的课程体系，这些改革直接影响到教育质量和学生的未来就业。通过以上这些分析，我们看到教育领域正在向着更加数字化、智能化的方向发展，同时也强调了创新思维和复合型人才的培养。这些研究热点不仅是当前教育改革的焦点，也是未来教育发展的关键。

通过首次出现年份这个指标来分析，"复合型人才"、"应用型本科"和"数字经济"这三个词汇是在2019年之后新出现的研究关键词。这些新兴词汇的中心性指标较低，表明这些领域的研究还相对孤立，没有充分融入主流的学术讨论网络中。"复合型人才"指的是那些具备多方面知识、能力和思维方式的综合性人才。特别是在新商科和新文科领域中，复合型人才往往需要将科技与商业知识、专业技能与学科理论相结合，具备跨学科的知识体系和互联网时代的思维方式，同时熟悉现代信息技术如互联网、大数据、云计算和人工智能等。"应用型本科"则强调实践性教育和应用型人才培养，这一概念在国际高等教育中自20世纪80年代以来逐渐得到重视。在中国随着经济转型和高等教育的改革，越来越多的地方高校如江汉大学、杭州应用工程科技大学、南京能源工程学院等在国家政策的支持下，开始探索和实施应用型教育模式。在国务院发布的《国家职业教育改革实施方案》中明确提出了到2022年将有一批普通本科院校向应用型高校转型的目标，这体现了国家对高等教育改革和应用型人才培养的重视。此举旨在更好地适应产业需求，强化学生的实践技能和应用能力，从而更有效地服务于国家的社会经济发展。"数字经济"这一概念自2016年G20峰会以来已经被广泛讨论和重视，数字经济不仅是一种新兴的经济形态，还是推动经济增长和结构优化的关键因素，在教育领域中数字经济的理念和技术正在重新定义新商科与新文科的教学和研究方向，使新商科新文科的人才培养更加注重数字技术的应用和创新能力的结合。这些新兴概念"复合型人才"、"应用型本科"和"数字经济"不仅标志着教育和经济政策的新方向，也揭示了数智时代下教育改革的前沿路径。随着这些概念的进一步发展和应用，将会促进更多相关领域的研究，推动教育和经济的深度融合，特别是在人才培养和技术应用方面。这不仅会增强学生的就业竞争力，也将为社会经济的持续创新和发展注入新的活力。

5.1.3.2 关键词共现知识图谱聚类分析

对关键词共现知识图谱进行聚类分析可以更深入地总结与梳理研究热点，揭示学术领域内的主要研究主题和趋势。通过使用 CiteSpace 软件对 237 篇样本文献中的关键词进行聚类分析，得到的聚类结果如图 5-3 所示。聚类模块度（Q 值）为 0.7248，这个值远高于 0.3 的一般标准，说明了聚类结果的网络社团结构是显著的，意味着不同聚类间的独立性很高，而同一聚类内部的关键词紧密相关。这种高模块度表明聚类效果非常好，聚类之间界限清晰，内部关联紧密。轮廓系数（S 值）平均为 0.972，同样高于 0.7 的一般标准，这表示聚类结果的同质性非常高，每个聚类内部的关键词相似度非常接近，而与其他聚类的关键词区分明显。高轮廓系数指出每个聚类都非常统一且定义明确，提供了高信度的聚类结果。结合这两个指标，我们可以判断所进行的聚类分析非常成功，具有显著的研究价值。

分析图 5-3 可知，11 个聚类标签中的 8 个对应于已经广泛讨论的研究热点，即包括"新商科""智能化""新文科""数字化"等，这些主题集中体现了当前学术界和教育领域对于适应数智时代的关注和努力。另外，新增的三个聚类标签分别是"机制创新""实践教学""学习评价"，这三个标签提供了新的视角和讨论方向。"机制创新"强调了为了应对快速变化的经济环境，教育系统本身需要进行深刻的变革，这种变革不仅仅是简单的课程调整或技术引入，而是需要从根本上重构教育机制，以培养能适应新经济模式的人才。在数智时代，随着技术的飞速发展和全球经济结构的转型，教育体系必须创新其人才培养机制，确保教育内容、教学方式及评价方法与时代需求相匹配，新商科和新文科教育不仅要注重知识的广度和深度，还要强化学生的数据理解能力、跨领域思维和创新能力。通过机制创新，教育改革能够解决现有制度中的不足，教育改革的深化将帮助学生更好地适应未来的工作环境，同时也能推动经济的持续发展和社会的全面进步。"实践教学"作为一种教学模式，强调在真实或模拟的工作环境中通过实际操作来培养学生的技能，在数智时代，这种教学策略不仅限于传统的实验或实习程序，而且越来越多地依赖于数字化平台和工具，通过这些工具可以模拟真实的业务环境，为学生提供更广泛的学习和实践机会，使学生能够将理论知识应用于实际情境中，增强了学生的专业技能，培养了他们的问题解决能力和创新能力。另外，数字化工具的使用也使教育过程更加灵活和适应性增强，确保了教育内容的与时俱进。所以实践教学是高等教育中一项重要的教学策略，在新商科和新文科人才培养中，它帮助学生将学术知识与职业实践有效结合，为他们将来的职业生涯奠定坚实的基础。"学习评价"可以理解为学生是专业教育教学质量的评价者，学生既是学习的主体，也是评价的主体，应鼓励学生积极参与专业教育教学的评价活动。通过学习评价不仅可以在教学过程中为学生提供及时反馈，帮助他们理解和调整学习策略，还可以在学习周期结束时全面评估他们的表现和成果。通过让学生积极参与评价过程，促进了学生对教育内容的深入理解和批判性思考。这种评价机制不仅促进了个性化教学的实施，还为持续改进教育质量与有效培养新商科和新文科人才创造了积极的学术氛围。

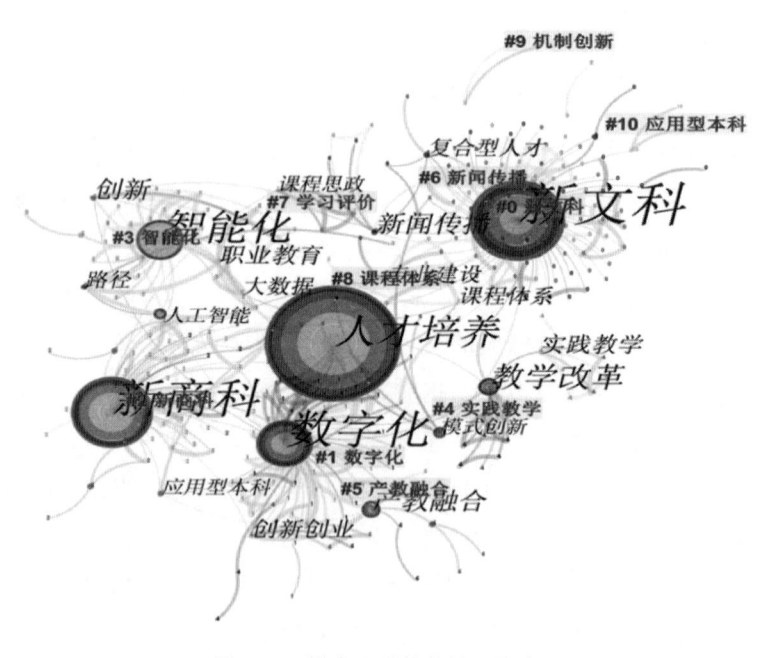

图 5-3　样本文献的关键词聚类结果

通过对研究热点排名和图谱聚类结果的综合分析，我们可以将当前的研究趋势划分为三个主要类别：第一类是政策导向，其中包括"智能化"、"数字化"和"数字经济"等关键词，这些术语凸显了我国在经济和社会发展以及新兴产业进步方面的政策方向；第二类是教育观点，涵盖了"人才培养""教学改革""课程体系""应用型本科"等关键词，这些关键词反映了教育系统中人才培养的实际需求和发展重点；第三类是教育创新，包括"新商科"、"新文科"和"产教融合"等概念，显示了教育领域在培养人才方面的创新尝试和前瞻性模式。从这些研究热点上可以看出，将国家的政策导向与大数据、人工智能以及"互联网+"等现代科技手段结合，对于推动我国高等教育的现代化具有重要意义。这种结合不仅符合国家对新兴产业发展的指导原则，也能够引导出符合新商科和新文科特色的创新人才培养模式。在数智时代的背景下，这种教育模式的创新能够有效地响应国家政策的需求，同时为社会培养出更多符合新时代要求的新商科新文科的复合型人才，为国家的持续发展和全球竞争力的提升做出贡献。

5.1.3.3 基于时区图的研究热点演进历程

使用 CiteSpace 工具绘制时区图，可以看到各研究主体随着时间的变化情况。在时区图中（图 5-4），节点出现的位置即为关键词第一次出现的时区，各个节点间连线表示关键词热度随时间的变化趋势。在数智时代背景下新商科与新文科人才培养的研究历程可以明确划分为三个不同的时期。第一时期是 2010—2017 年的积累期，这一时期主要是基础理论和方法的积累与沉淀；第二时期是从 2018—2022 年的井喷期，在这一时期研究成果迅速增多，研究方法和理论开始多样化，涌现了大量的创新成果；第三时期则是自 2022 年至今的高峰期，标志着该领域研究的深入和成熟，研究内容更加丰富，且质量显著提高。从研究层次的变化来看，这一发展趋势从宏观层面逐渐过渡到微观层面，研究主题也从较为宽泛的范畴细化到具体的实践和应用问题。同时，研究的角度也从孤立的单一学科向多学科融合发展，显著增强了学术交叉和综合应用的能力。这种从宏观到微观、从宽泛到具体、从孤立到融合的发展演进，充分反映了该研究领域适应数智时代要求的必然趋势和科学发展路径。

第一时期为在 2010—2017 年的积累期，研究成果虽然较少，但已经奠定了重要的基础。在这一阶段，研究热点涵盖了"智能化""人才培养""数字化""新商科""校企合作"等关键领域。这些主题主要从宏观角度出发,对数智时代下新商科和新文科的人才培养模式进行了初步而全面的探讨。特别是在智能化和数字化的推动下,学术界开始关注如何利用这些技术改进教育模式和优化人才培养策略。

第二时期为在2018—2022年的井喷期,这一阶段新商科和新文科的研究领域经历了显著的扩展,研究热点密集涌现,包括"新文科""产教融合""数字经济"和"课程体系""应用型本科"等,这些主题都从更细致和具体的学科建设角度出发,提出了针对数智时代背景下的人才培养模式和内容的具体方案。此阶段的研究不仅涵盖了传统的经济管理和艺术设计领域,也扩展到了统计学、体育学、法学、软件技术、信息管理、图书情报、新闻传播等多个学科,体现了一个跨学科的研究趋势,旨在解决当前教育模式中存在的短板,推动教育内容和方法的创新与改革。潘懋元与车如山认为,应用型本科与传统本科教育之间的差异不应被视为质量的高低,而是反映了高等教育为适应社会经济发展的多元需求而形成的教育类型多样性,他们强调随着社会对专业技能与理论知识需求的变化,教育体系也应当灵活调整,以培养出能够适应不同行业需求的毕业生,应用型本科通过引入真实的工作场景到教学中,确保学生能在学术和职业技能上得到均衡发展。正是这种教育模式的创新为学生提供了与未来职场紧密相关的技能培训,帮助了学生将理论与实践进行有效融合。应用型本科教育通过精心设计的专业设置、课程体系及教学方法,更加注重与实际应用相结合,致力于培养具有实用技能和创新能力的专业人才。在数智时代背景下,这种教育模式尤为适合新文科和新商科人才培养的需求。高校作为人才培养的重要阵地,在进行新商科人才培养时,应以数字经济时代为背景,顺应数字化、网络化和智能化的发展,培育具有创新思维的复合型人才,这就需要结合产教融合的模式实现。

第三时期为自2022年至今的高峰期,新兴的研究热点包括"课程改革""学科建设""创新思维"等。这些热点不仅标志着该领域前沿的方向,而且预示着未来研究的趋势。王娟和陈增明指出社会主义市场经济的改革及全球经济的数字化转型对中国的商业环境、市场规则以及企业的运营模式和管理策略都产生了深远的影响,带来了根本性变革。在科学技术迅猛发展的数字经济和瞬息万变的信息社会时代下,高校必须加快步伐培养具有创新思维、创造精神、创新意识和创业能力的新商科新文科人才，使他们能够引领数智时代的潮流。这种人才培养的转型不仅需要高校在教学内容和方法上进行创新，也需要强化与产业界的联系，以确保教育的实践性和前瞻性。

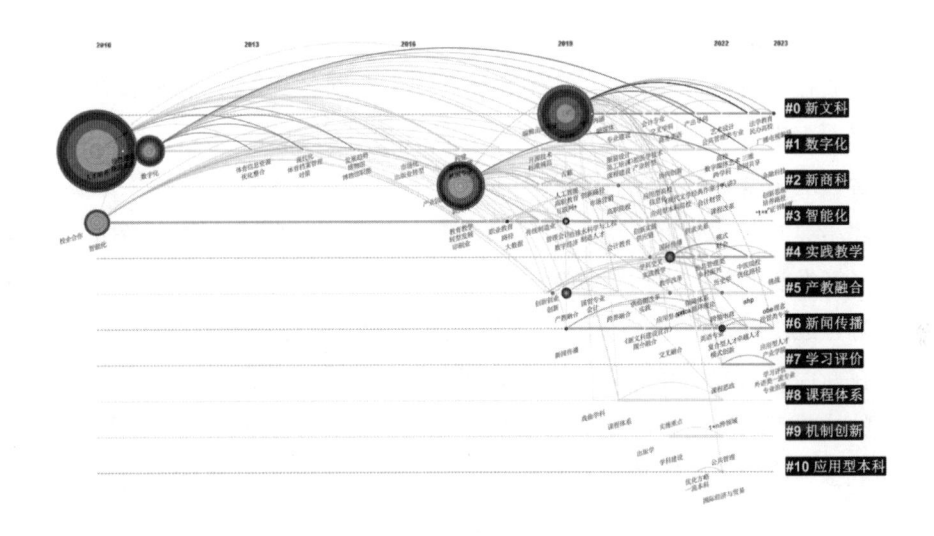

图 5-4　样本文献的关键词时区图

5.1.4　研究结果分析

在数智时代背景下，新商科与新文科人才培养的研究是当前高等教育研究的一个重要方向。本章运用基于科学知识图谱的可视化分析方法，利用 CiteSpace 软件对 CNKI 数据库中与"数字化""智能化""新商科""新文科""人才培养"相关的文献进行分析，探索了该研究领域的时空分布、研究热点和发展趋势。分析结果表明，自 2017 年以来，该领域的研究文章数量持续快速增长，且主要发表在教育类期刊上，南京审计大学、中南大学和华东交通大学等高校成为该研究领域的主要贡献者。在研究热点方面，本领域的研究主要从三个角度进行：政策导向、教育观点和教育创新。这些研究归纳出在数智时代下新商科和新文科人才培养的实现路径，这包括遵循国家政策导向，将大数据、人工智能及"互联网+"等新技术与中国高等教育现代化的实际相结合，以及依据新兴产业的发展需求，制定符合新时代特征的创新人才培养模式。在研究发展演进过程方面，2010—2017 年为研究积累期，2018—2022

◎ 数智时代新商科人才培养的理论研究与实践探索

年是研究的井喷期，从 2023 年至今，研究进入了一个高峰期，反映出持续增长的学术关注和实际应用需求。这些发展趋势表明，未来的教育改革和人才培养将更加注重技术整合和创新能力的培育，以适应不断变化的社会和经济环境。在研究趋势方面，高等教育体系正在经历重大转型，特别是在人才培养方面，为了适应数字经济的需求，高校正在改革传统的教学模式，将更多的焦点放在如何整合大数据、人工智能和"互联网+"技术。这种整合不仅在技术层面上进行，更体现在教育策略和课程内容的创新上。研究方向朝向产教融合、应用型本科、复合型人才等方向转变，这既反映了国家大数据发展对人才培养的深度需求，也反映了该研究与时俱进的特点。数字经济是中国未来经济发展的关键方向，其对高质量人才的培养需求日益增长，为此新商科教育正逐步融入数字经济的相关知识与技能，以适应这一新的经济模式。高校在新商科人才培养方案中突出数字经济，旨在响应国家推动高质量经济发展的战略需求。国家已经对未来数字化发展进行了全面规划，明确提出要构建数字经济的新优势并推进数字中国的建设。根据 2020 年的经济数据，中国数字经济的增长速度达到了 9.7%，是同期国内生产总值（GDP）增长速度的 3.3 倍，这一数据凸显了数字化转型的广泛影响。随着企业运营模式的逐渐数字化和智能化，对数字技能和智能化操作能力的人才需求显著增加，这些人才成为推动企业技术升级和国家经济发展的关键力量，是企业实现数字化和智能化转型的核心支撑。这一趋势不仅促进了企业的发展，也为国家经济的创新和高质量发展提供了坚实的基础。在近年来，区块链、人工智能、大数据、物联网、移动互联网、工业互联网、卫星互联网、云计算、虚拟现实（VR）和 5G 等创新技术已经在全球范围内得到广泛的应用。这些技术作为信息技术革命和高新科技产业的先锋，正在引领一个以知识、智慧和数据为驱动力的新经济时代。随着这些技术的融合与发展，新商业模式迅速兴起，促进了经济结构的优化和产业升级。习近平总书记在 2018 年 G20 峰会上提出，在全球经济数字化转型的大背景下，中国不仅要发挥自身创新的潜力，还要积极参与国际合作与知识共享，推动新技术和新知识的广泛传播。这种开放和合作的姿态，旨在让创新的成果能够惠及更广泛的国家和人民，加速全球经济的均衡发展。在当前经济全球化、区域一体化和文化多元化不断深化着全球化教育需求的变化，新商科与新文科的教育模式也在逐渐调整和创新，新的教育模式更加注重培养学生的国际视野、全球商业思维以及跨文化交往能力，以适应不断变化的全球经济格局。高校正在加强与国际合作伙伴的联系，通过国际交流项目、合作研究和跨国企业实习机会，为学生提供实践和学习的平台，这不仅有助于学生在实际工作中应用理论知识，还能够增强他们解决跨文化问题的能力。国家政策也在积极支持这种教育创新，通过提供政策和资金支持，促进数字化和智能化技术在教育领域的应用，政策支持推动了教育内容的现代化，使得教育更加贴合产业界的需求。通过这种方式，学术界和产业界的联系更加紧密，学生的就业竞争力也得到了显著提升。总的来说，这种教育模式的创新和发展，特别是在新商科和新文科领域，不仅回应了全球化和数字化时代的挑战，也预示着未来几年这一领域将持续具有高度的研究潜力和研究价值。

5.2 基于问卷调查法的数智时代新商科人才的能力结构分析

数字经济时代，新商科人才应具备跨领域的知识和技能，具有创新思维、强大的领导力和协作能力，能够利用数据科学和人工智能提高企业决策效率，以应对动态变化的商业竞争环境。新商科人才是推动数字经济发展和企业数字化转型的动力，需具备较强的核心能力。数智时代新商科人才核心能力结构分析的重点是指标体系的建立，需要有科学严谨的研究方法，结合实际情况进行科学的指标分析。数智技术改变了企业运营、与客户互动以及在全球市场竞争的方式。商科行业是一个充满活力和竞争的行业。在数智时代，商科人才需要一系列核心能力来胜任自己的岗位并取得成功。本章运用问卷调查法，对新商科高校师生和商科从业人员展开调查，分析数智时代商科人才的核心能力结构，构建数智时代新商科人才核心能力框架，驱动新商科人才培养模式适应数字经济的发展。

5.2.1 调查设计

5.2.1.1 调查对象

基于国内商科高校专业教师、商科高年级学生、商科从业人员的调查计划，根据研究需要与实际情况，明确调查目的、调查对象和调查工具，从调查方法和程序上保证研究的客观性。数智时代新商科人才培养模式是适应数字经济的必然选择，通过对商科高校的调查，获取数字经济时代新商科人才能力结构，为数字经济时代新商科人才培养的改革提供参考和依据。在设计调查问卷时，本研究清晰地设定了新商科人才能力结构框架，阐明了与数字智能技术相关的关键能力。对不同区域的商科本科高校进行有选择性的抽样调查，样本涉及高校，包括东北财经大学、上海财经大学、云南财经大学、南京财经大学、天津财经大学和西南财经大学等。调查主要考虑以下对象，包括商科专业教师、商科高年级学生和商科从业人员。

5.2.1.2 调查工具

确定数智时代商科人才能力指标，采用封闭式选择题和开放式问答题的组合型问卷获得调查对象的基本资料和一般想法。调查工具选择在线调查平台"问卷星"，为了便利地填写和高效地收集调查问卷，通过网络分发问卷法有针对性的网址链接和二维码邀请传播，优化调查工具效率，最大限度地提高问卷有效率，收集全面的数据，达到调查数智时代商科人才所需核心能力的目标。

数智时代商科人才培养的最直接参与者是商科教师、商科学生和商科从业人员，商科从业人员样本来源于调查对象的商科高校毕业生。本调查通过以上人员视角分析商科人才能力结构。调查采用"五级李克特量表"的形式，各能力维度按照重要程度划分为5级：非常重要为5分，重要为4分，一般为3分，不重要为2分，非常不重要为1分。问卷第一部分调查受访者的基本资料，包括年龄、性别、职业、工作岗位和专业技术职称等信息。在正式调查之前，随机发放60份问卷进行预调查，根据结果对问卷进行修改和完善，以避免语义不清和理解歧义。

5.2.1.3 评价指标初选

根据第四章数智时代商科人才培养体系的分析与经验借鉴，本调查构建由专业能力、技术能力、实践能力和创新能力四个维度构成一级指标体系。其中，专业能力指标包含专业知识能力和专业技术能力两个二级指标；技术能力指标包含信息技术能力和数据技术能力两个二级指标，实践能力包含职业胜任能力和职业素质能力两个二级指标；创新能力包括自主创新能力和创新创业精神两个二级指标；每个二级指标包含多个三级指标，从而构成一个完整的数智时代新商科人才能力备选指标体系。数智时代商科人才能力备选指标分析如下。

1. 专业能力

(1) 专业知识能力。商科人才能力最关键的构成要素是专业知识能力,商科人才积累与他们的行业或领域相关的基础知识,包括基本原则、基础理论和实践操作能力,以及行业趋势和市场动态的理解。坚实的专业知识基础使商科人才更具有竞争优势,在一个知识就是力量的商业环境中,掌握深入知识的人更能够做出合理的商业决策和企业创新。具有专业知识的商科人才更能解决复杂的商业问题,可以利用专业知识更清晰地分析问题并制订有效的解决方案。本研究初步选择财务专业知识、管理专业知识和金融专业知识作为商科人才专业知识能力的测量指标,来衡量商科人才的专业能力。

(2) 专业技术能力。专业技术能力包括商科人才熟练掌握商业组织和业务活动所需的技术工具、软件和硬件设备,能直接影响商科人才有效执行任务的能力。具有专业技术能力的商科人才更能够在限定时间内完成更高质量的工作。专业技术能力对商科人才职业发展具有重要作用,拥有强大专业技术能力技能的商科人才更能得到企业认可和职务提升。本研究初步选择英语能力、数学和统计学能力、科技知识水平、人文和社会科学知识作为商科人才专业技术能力的测量指标,衡量商科人才专业技术能力的广度和深度。

2. 技术能力

(1) 信息技术能力。信息技术能力使用数字设备、软件和在线平台的基本技能,商科人才了解网站开发、在线业务和数字营销,熟悉人工智能应用,了解区块链技术,高效地存储、管理和分析大数据能够优化工作流程,提高决策效率和质量。本研究初步选择互联网技术、大数据技术、人工智能技术、编程技术、区块链技术等作为商科人才信息技术能力的测量指标衡量商科人才的信息技术能力。

(2) 数据技术能力。数据技术能力包括数据的获取、挖掘、储存、分析和评价能力等,是商科人才驾驭复杂数据并提取有价值信息的基础。拥有数据技术能力的商科人才可以熟练使用数据库、云计算和数据可视化工具。强大的数据技术能力使商科人才能够根据数据提出客观、全面和合理的建议,显著提高运营效率和优化流程,从而使其做出更准确、更有效率的决策。本研究初步选择财务数据挖掘能力、云计算技术、统计分析技术、数据可视化作为商科人才分析能力的测量指标,用来衡量商科人才数据技术能力。

3. 实践能力

（1）职业胜任能力。职业胜任能力是商科人才领导团队和组织商业活动的基本技能，促使商科人才应对复杂的环境和具有挑战性的商业活动。职业胜任能力能够帮助商科人才拥有谈判技巧，擅长沟通和解决争议，组织和协调成员完成任务，保证企业遵守法规，避免法律风险和纠纷，识别和规避风险，整合企业资源，构筑商业生态系统。本研究初步选择管理能力、领导能力、谈判能力、外语能力、法律知识、税务知识、风险管理能力作为商科人才职业胜任能力的测量指标，衡量商科人才解决问题和管理团队的能力。

（2）职业素质能力。道德和伦理是企业文化的基础，诚信可以保证商科人才职业发展前景、人际关系和团队合作，培养强大团队关系的商科人才有助于营造积极的企业文化。项目策划能力对于应对业务挑战至关重要，具有战略计划制订技能的商科人才可以适应商业环境变化的挑战。本研究初步选择思想品德素质、人际沟通能力、团队合作精神、项目策划能力、关系网能力作为商科人才职业素质的测量指标，衡量商科人才的个人素质和团结协作能力。

4. 创新能力

（1）自主创新能力。自主创新能力是推动商业人才进入创新领域的动力，具有质疑、探索和钻研未知领域的商科人才通常是企业创新活动的主导者。拥有自主创新能力的商科人才更容易提高特定领域的知识和专业技能。自主创新者具备在未知领域探索和寻求非常规解决方案的能力，也能够识别、分析和应对挑战，为组织塑造持续改进和创新的文化。本研究初步选择自主学习能力、自主研究能力作为商科人才自主创新能力的测量指标。

（2）创新精神。具有创新精神的商科人才能够更好地识别市场发展趋势，抓住新出现的机会，相应调整企业战略。拥有创新精神的商科人才通过不断地进行高质量的研究，可持续地影响行业趋势，为企业发展做出贡献，并塑造他们所在领域的未来方向。本研究初步选择数字商业思维、互联网视野、批判性思维能力、可持续发展思维作为商科人才创新精神的测量指标，用来衡量商科人才数智探索、批判性探究和持续研究的能力。

5 数智时代新商科人才培养模式构建的实证分析

表 5-3 数智时代商科人才核心能力备选要素

一级指标	二级指标	三级指标	编码	含义
专业能力	专业知识能力	财务专业能力	V1	熟练掌握财务专业知识
		管理专业能力	V2	熟练掌握管理学专业知识
		金融专业能力	V3	熟练掌握金融学专业知识
	专业技术能力	英语专业能力	V4	熟练英语听、说、读、写技能
		统计专业能力	V5	熟练掌握统计学专业知识
		技术工具能力	V6	熟练掌握各种软件和硬件技术工具
		人文科学能力	V7	理解需求、文化、价值观和社会趋势
技术能力	信息技术能力	网络技术能力	V8	了解网站开发、在线业务和数字营销
		人工智能技术能力	V9	了解机器学习算法并熟悉人工智能应用
		编程技术能力	V10	能够为企业开发自定义程序和自动化流程
		区块链技术能力	V11	了解区块链技术等原理和应用
		大数据技术能力	V12	高效地存储、管理和分析大规模数据
	数据技术能力	财务数据挖掘能力	V13	熟悉数据搜集技术并能够利用数据挖掘工具
		云计算技术能力	V14	熟悉并灵活使用云计算平台
		数据统计技术能力	V15	进行数据收集、清洗和分析等
		数据可视化能力	V16	使用可视化工具以生动呈现和观察数据
实践能力	职业胜任能力	管理能力	V17	能够通过组织和协调成员完成任务
		领导能力	V18	成功领导团队或项目的能力
		谈判能力	V19	拥有谈判技巧，擅长沟通、妥协和解决争议
		资源整合能力	V20	整合企业资源，构筑商业生态系统
		法律能力	V21	保证企业遵守法规，避免法律风险和纠纷
		税务能力	V22	掌握税务专业知识
		风险管理能力	V23	能够识别、分析和规避风险
	职业素质能力	思想品德素质	V24	坚守道德原则和底线，重视伦理和社会责任
		人际沟通能力	V25	擅长高效的沟通协作并能化解矛盾和解决分歧
		团队合作精神	V26	在团队中积极合作和贡献，激励团队成员
		项目策划能力	V27	采取适当和有效的策略处理任务和项目
		关系网能力	V28	维护和扩展关系网并利用关系网解决问题
创新能力	自主创新能力	自主学习能力	V29	主动寻求学习机会和资源以提升自己的能力
		自主研究能力	V30	有能力并善于自主进行项目研究和课题探索

续表

一级指标	二级指标	三级指标	编码	含义
创新能力	创新创业精神	数字商业思维能力	V31	了解数字化商业模型和数字化战略
		互联网视野能力	V32	充分了解互联网技术和其对商业的影响
		批判性思维能力	V33	在复杂环境中清晰思考，找到最佳方案
		可持续发展思维能力	V34	了解可持续发展原则和可持续商业战略

5.2.2 调查分析

5.2.2.1 调查问卷收回情况

问卷调查于 2022 年 10—12 月进行。问卷发放 260 份，回收 219 份，问卷回收率达 84.23%。问卷调查对象特征信息如表 5-4 所示。

表 5-4 调查样本特征

特征	类别	频数	频率
性别	男	81	36.99%
	女	138	63.01%
年龄	20—30 岁	146	66.67%
	30—40 岁	17	7.76%
	40—50 岁	34	15.53%
	50—60 岁	20	9.13%
	60 岁以上	2	0.91%
职业	商科从业者	67	30.59%
	商科学生	128	58.45%
	商科教师	24	10.96%
从业时间	0—5 年	141	64.38%
	5—10 年	7	3.20%
	10—15 年	29	13.24%
	15—20 年	24	10.96%
	20 年以上	18	8.22%
学历	本科	148	67.58%
	硕士	47	21.46%
	博士及以上	24	10.96%

5 数智时代新商科人才培养模式构建的实证分析

续表

特征	类别	频数	频率
从事专业	金融	14	6.39%
	会计	75	34.25%
	管理学	44	20.09%
	经济学商务类	33	15.07%
	物流	10	4.57%
	市场营销	15	6.85%
	人力资源管理	10	4.57%
	其他	18	8.22%
工作岗位	无	6	2.74%
	学生	117	53.42%
	普通职员	39	17.81%
	小组组长	32	14.61%
	部门领导	18	8.22%
	单位领导	7	3.20%
专业技术职称	无	103	47.03%
	初级职称	42	19.18%
	中级职称	37	16.89%
	高级职称	37	16.89%

根据表5-4的统计数据，可以观察到在有效样本中，女性受访者为138人，占样本总数的63.01%，比例高于男性的36.99%，说明商科领域从业人员女性占比较高；在从业时间方面，调查对象主要集中在0—5年，处于事业起步时期，本调查将在校商科学生学习年限时间设定为1—4年，研究样本中学生占比较高；从学历上看，本科生占总样本的67.58%，硕士为21.46%，博士及以上学历受访者的占比相对较少；从职业上看，受访对象大多数是商科学生，所从事的专业分布表明他们的专业背景来源相对均匀。

5.2.2.2 信度和效度检验

1. 信度检验

信度是在研究中测量结果的稳定程度，是保证问卷结果可靠性的必要步骤，是评估问卷结果真实性的关键。管理学研究信度检验的最常用指标为 Cronbach's Alpha 内部一致性系数，反映调查问卷中的各项是否都测量了相同或相似的特质。因此，选用该系数评估问卷结果。如果 Cronbach's Alpha 系数超过 0.7，表示量表信度较高，问卷结果可靠。通过 SPSS 软件进行信度分析，各维度及总体量表的 Cronbach's Alpha 数值均大于 0.7 的标准系数，保证了问卷的高信度和调查结果的可靠性。

表 5-5 量表信度分析

维度	克隆巴赫系数 Alpha	项数	样本量
专业能力	0.921	7	219
技术能力	0.904	9	219
实践能力	0.883	12	219
创新能力	0.942	6	219
总体	0.953	34	219

2. 效度检验

效度主要指研究数据与理想值的差异程度，用于检验测量内容的真实性，判断测量结果与研究者预期结果是否一致。在效度检验中，如果 KMO 值小于 0.6，说明因素较难提取，代表效度低；如果 KMO 值介于 0.6—0.7 之间，说明因素可以提取，代表效度一般；如果 KMO 值介于 0.7—0.8 之间，说明比较适合因素提取，代表效度较好；如果 KMO 值高于 0.8，说明非常适合因素提取，代表效度很好。同时效度分析要求通过 Bartlett 检验。如果效度检验的 KMO 值大于 0.6，Bartlett 检验显著性小于 5%，说明问卷效度较高。运用 SPSS 软件对问卷数据进行效度分析，得出 KMO 值为 0.962，球形检验卡方值为 9097.490，$p<0.01$，说明变量之间存在相关性，可以进行因子分析。

表 5-6 量表效度分析

KMO 值		0.962
Bartlett 球形检验	近似卡方	9097.490
	df	561
	p 值	0.000

5 数智时代新商科人才培养模式构建的实证分析

5.2.2.3 验证性因子分析

因子分析利用信息浓缩思想，将多个变量进行浓缩，获取各个指标对于评价内容反映的一致性。为建立商科数字人才核心能力指标体系，方便进行数据处理和分析，本研究将问卷中指标题项进行编号，按照问卷题项的顺序将财务专业能力、管理专业能力、金融专业能力……互联网视野能力、批判性思维能力、可持续发展思维能力用 V1，V2，V3，……V32，V33，V34 依次对问卷中每个项目的评估指标进行编码。采用 SPSS 软件进行因子分析，本研究按照预设评价模型中的固定因子数目提取公因子，将公因子个数设置为5，采用主成分分析法结合直交转轴的最大变异法分析。第一次因子分析结果如表 5-7 所示。

表 5-7 因子分析的总方差解释

成分	初始特征值			提取载荷平方和			旋转载荷平方和		
	总计	方差%	累积%	总计	方差%	累积%	总计	方差%	累积%
1	21.946	64.547	64.547	21.946	64.547	64.547	9.057	26.639	26.639
2	2.568	7.554	72.102	2.568	7.554	72.102	8.596	25.281	51.921
3	0.989	2.91	75.011	0.989	2.91	75.011	3.785	11.131	63.052
4	0.842	2.478	77.489	0.842	2.478	77.489	2.971	8.737	71.789
5	0.725	2.133	79.622	0.725	2.133	79.622	2.663	7.832	79.622
6	0.584	1.718	81.34						
7	0.56	1.648	82.988						
8	0.521	1.532	84.521						
9	0.447	1.313	85.834						
10	0.424	1.247	87.081						
11	0.38	1.119	88.2						
12	0.343	1.007	89.207						
13	0.333	0.98	90.187						
14	0.311	0.915	91.102						
15	0.286	0.841	91.943						
16	0.266	0.783	92.726						
17	0.237	0.699	93.424						

续表

成分	初始特征值			提取载荷平方和			旋转载荷平方和		
	总计	方差%	累积%	总计	方差%	累积%	总计	方差%	累积%
18	0.225	0.661	94.085						
19	0.208	0.611	94.696						
20	0.198	0.582	95.278						
21	0.184	0.541	95.819						
22	0.177	0.522	96.341						
23	0.159	0.468	96.808						
24	0.157	0.462	97.271						
25	0.132	0.387	97.658						
26	0.125	0.369	98.027						
27	0.114	0.335	98.362						
28	0.107	0.314	98.676						
29	0.094	0.275	98.951						
30	0.091	0.267	99.218						
31	0.078	0.23	99.448						
32	0.074	0.218	99.667						
33	0.062	0.182	99.849						
34	0.051	0.151	100						

因子贡献率反映了公因子对原始数据反映的信息量大小，从表5-8可以看出，"财务专业能力""管理专业能力""金融专业能力""英语专业能力""统计专业能力"五个因子的因子贡献率为79.622%，代表了原变量9.622%的信息量，可以作为原指标的转换体系来衡量数智时代商科人才核心能力水平，进行下一步分析。

5　数智时代新商科人才培养模式构建的实证分析 ◎

表 5-8　旋转后的成分矩阵

名称	因子载荷系数				
	1	2	3	4	5
财务专业能力	0.233	0.372	0.499	0.597	0.085
管理专业能力	0.344	0.421	0.189	0.703	0.238
金融专业能力	0.275	0.458	0.2	0.702	0.142
英语专业能力	0.206	0.47	0.525	0.275	0.208
统计专业能力	0.408	0.563	0.277	0.288	0.248
技术工具能力	0.364	0.584	0.214	0.443	0.146
人文科学能力	0.348	0.61	0.339	0.191	0.142
网络技术能力	0.406	0.591	0.262	0.4	0.072
人工智能技术能力	0.298	0.795	0.137	0.266	0.053
编程技术能力	0.186	0.866	0.09	0.126	0.111
区块链技术能力	0.209	0.803	0.264	0.205	0.165
大数据技术能力	0.262	0.816	0.211	0.2	0.116
财务数据挖掘能力	0.326	0.492	0.406	0.334	0.311
云计算技术能力	0.259	0.696	0.35	0.237	0.313
数据统计技术能力	0.371	0.691	0.239	0.161	0.344
数据可视化能力	0.344	0.664	0.251	0.164	0.403
管理能力	0.458	0.36	0.281	0.284	0.543
领导能力	0.417	0.384	0.283	0.213	0.59
谈判能力	0.513	0.281	0.354	0.069	0.592
资源整合能力	0.254	0.563	0.486	0.18	0.381
法律能力	0.341	0.373	0.633	0.314	0.299
税务能力	0.367	0.407	0.612	0.241	0.294
风险管理能力	0.586	0.324	0.512	0.151	0.212
思想品德素质	0.725	0.193	0.034	0.237	0.336
人际沟通能力	0.778	0.131	0.105	0.221	0.408
团队合作精神	0.825	0.232	0.038	0.116	0.267
项目策划能力	0.581	0.454	0.412	0.16	0.168
关系网能力	0.742	0.245	0.154	0.171	0.347
自主学习能力	0.835	0.154	0.118	0.249	0.172
自主研究能力	0.651	0.387	0.399	0.158	0.034

续表

名称	因子载荷系数				
	1	2	3	4	5
数字商业思维能力	0.775	0.28	0.356	0.113	0.057
互联网视野能力	0.799	0.352	0.262	0.174	0.039
批判性思维能力	0.73	0.387	0.369	0.168	0.027
可持续发展思维能力	0.787	0.388	0.249	0.117	0.05

表 5-8 中显示的是旋转之后的因子载荷。在因子分析中，旋转过后的因子载荷应大于 0.5，并且只能有一个大于 0.5 的载荷临界值。如果因子变量在所有公共因子上的载荷临界值都小于 0.5，或者在两个以上的公共因子上载荷临界值大于 0.5，则应对该项进行删除处理。按照五个主成分对原变量进行因子分析，可以看出"财务数据挖掘能力"与任意一个因子共同度都低于 0.5，"谈判能力""风险管理能力"在两个以上的公共因子上载荷临界值大于 0.5，因而将其删除。

表 5-9 删除财务数据挖掘能力、谈判能力、风险管理能力后的问卷效度分析

KMO 值		0.959
巴特利特球形检验	近似卡方	8166.435
	df	465.000
	p 值	0.000

删除"财务数据挖掘能力""谈判能力""风险管理能力"三个题项后再次对问卷进行效度检验，结果如表 5-9 所示，KMO 值为 0.959，可以进行因子分析。

从表 5-10 可以看出，"财务专业能力""管理专业能力""金融专业能力""英语专业能力""统计专业能力"等前五个因子的因子贡献率为80.221%，即代表了原变量 80.221%的信息量，可以作为原指标的转换体系来衡量数智时代商科人才核心能力水平，并进行下一步分析。

5 数智时代新商科人才培养模式构建的实证分析

表 5-10 第二次因子分析特征值总方差解释

成分	初始特征值			提取载荷平方和			旋转载荷平方和		
	总计	方差%	累积%	总计	方差%	累积%	总计	方差%	累积%
1	19.99	64.5	64.5	19.99	64.5	64.5	8.798	28.38	28.38
2	2.493	8.04	72.541	2.493	8.04	72.541	7.701	24.843	53.223
3	0.921	2.972	75.513	0.921	2.972	75.513	4.532	14.621	67.844
4	0.767	2.475	77.988	0.767	2.475	77.988	2.99	9.645	77.489
5	0.693	2.234	80.221	0.693	2.234	80.221	0.847	2.732	80.221
6	0.556	1.793	82.014						
7	0.503	1.623	83.637						
8	0.492	1.586	85.223						
9	0.422	1.362	86.585						
10	0.395	1.274	87.859						
11	0.364	1.175	89.034						
12	0.326	1.053	90.087						
13	0.311	1.002	91.09						
14	0.29	0.936	92.025						
15	0.262	0.846	92.871						
16	0.229	0.738	93.609						
17	0.216	0.697	94.306						
18	0.203	0.654	94.96						
19	0.185	0.596	95.556						
20	0.177	0.571	96.127						
21	0.168	0.543	96.67						
22	0.156	0.502	97.172						
23	0.144	0.464	97.635						
24	0.127	0.409	98.044						
25	0.122	0.395	98.44						
26	0.101	0.325	98.765						
27	0.098	0.317	99.082						
28	0.086	0.277	99.36						
29	0.08	0.257	99.617						

续表

成分	初始特征值			提取载荷平方和			旋转载荷平方和		
	总计	方差%	累积%	总计	方差%	累积%	总计	方差%	累积%
30	0.066	0.214	99.831						
31	0.052	0.169	100						

表 5-11 第二次因子分析旋转后的成分矩阵

名称	因子载荷系数				
	1	2	3	4	5
财务专业能力	0.244	0.345	0.459	0.633	−0.095
管理专业能力	0.359	0.4	0.269	0.701	0.176
金融专业能力	0.28	0.443	0.222	0.723	0.07
英语专业能力	0.225	0.421	0.625	0.267	−0.032
统计专业能力	0.425	0.542	0.369	0.295	0.089
技术工具能力	0.363	0.555	0.301	0.445	0.052
人文科学能力	0.353	0.597	0.349	0.244	−0.05
网络技术能力	0.399	0.562	0.315	0.403	−0.029
人工智能技术能力	0.29	0.786	0.166	0.292	−0.03
编程技术能力	0.182	0.862	0.153	0.155	0.02
区块链技术能力	0.212	0.793	0.317	0.235	0.04
大数据技术能力	0.264	0.811	0.243	0.223	0.007
云计算技术能力	0.285	0.671	0.475	0.231	0.135
数据统计技术能力	0.397	0.687	0.359	0.15	0.206
数据可视化能力	0.375	0.656	0.402	0.144	0.269
管理能力	0.511	0.35	0.448	0.276	0.344
领导能力	0.466	0.366	0.493	0.208	0.383
资源整合能力	0.288	0.517	0.664	0.163	0.137
法律能力	0.374	0.342	0.676	0.33	0.047
税务能力	0.393	0.367	0.69	0.254	0.045
思想品德素质	0.75	0.202	0.132	0.216	0.275
人际沟通能力	0.817	0.137	0.215	0.197	0.281
团队合作精神	0.843	0.235	0.136	0.089	0.171

续表

名称	因子载荷系数				
	1	2	3	4	5
项目策划能力	0.594	0.433	0.443	0.18	−0.059
关系网能力	0.769	0.245	0.254	0.16	0.217
自主学习能力	0.852	0.16	0.131	0.239	0.061
自主研究能力	0.649	0.36	0.4	0.17	−0.175
数字商业思维能力	0.779	0.278	0.293	0.156	−0.167
互联网视野能力	0.797	0.338	0.253	0.191	−0.132
批判性思维能力	0.73	0.379	0.31	0.216	−0.193
可持续发展思维能力	0.782	0.382	0.231	0.144	−0.112

根据表 5-11 第二次因子分析旋转后的成分矩阵分析，因子 1 包含管理能力、思想品德素质、人际沟通能力、团队合作精神、项目策划能力、关系网能力、自主学习能力、自主研究能力、数字商业思维能力、互联网视野能力、批判性思维能力、可持续发展思维能力 12 个题项，对应为职业胜任能力指标；因子 2 包含统计专业能力、技术工具能力、人文科学能力、网络技术能力、人工智能技术能力、编程技术能力、区块链技术能力、大数据技术能力、云计算技术能力、数据统计技术能力、数据可视化能力 11 个题项，对应为数字技术能力指标；因子 3 包含英语专业能力、领导能力、资源整合能力、法律能力、税务能力 5 个题项，对应职业素质能力指标；因子 4 包含财务专业能力、管理专业能力、金融专业能力 3 个题项，对应专业知识能力指标。

5.2.3 数智时代新商科人才核心能力框架构建

5.2.3.1 数智时代新商科人才核心能力结构构建

根据问卷调查和因子分析结果，总结数智时代新商科人才核心能力结构如表 5-12 所示。

表 5-12 数智时代新商科人才核心能力结构

一级指标	二级指标	三级指标
实践创新能力	职业胜任能力	管理能力
		思想品德素质
		人际沟通能力
		团队合作精神
		项目策划能力
		关系网能力
		自主学习能力
		自主研究能力
		数字商业思维能力
		互联网视野能力
		批判性思维能力
		可持续发展思维能力
	职业素质能力	资源整合能力
		领导能力
		英语专业能力
		法律能力
		税务能力
专业技术能力	数字技术能力	统计专业能力
		技术工具能力
		人文科学能力
		网络技术能力
		人工智能技术能力
		编程技术能力
		区块链技术能力
		大数据技术能力
		云计算技术能力
		数据统计技术能力
		数据可视化能力
	专业知识能力	财务专业能力
		管理专业能力
		金融专业能力

5.2.3.2 数智时代新商科人才核心能力结构分析

大数据、物联网、云计算、区块链等信息技术推动企业由传统经营方式向信息化、智能化经营模式转变，也必然对商科人才能力要求提出新的挑战。商科人才在掌握专业技术能力、创新创业能力、企业实践能力等专业技能的同时，在数字经济背景下，大数据和人工智能的发展，信息技术能力和数据技术能力也成为影响组织核心竞争力的关键因素，是商科人才能力框架不可或缺的组成部分。

1. 职业胜任能力

培养商科人才的职业胜任能力有助于向社会输送商业人才，对促进经济发展，增强市场活力具有重要作用。职业胜任能力包括管理能力、思想品德素质、人际沟通能力、团队合作精神、项目策划能力、关系网能力等商科人才应具备的传统能力，还应包括自主学习能力、自主研究能力、数字商业思维能力、互联网视野能力、批判性思维能力、可持续发展思维能力等数字经济时代商科人才应具备的复合能力。

数字经济时代，商科人才除应具备传统创新创业知识和技术外，更强调数字创新能力。数字创新能力除包括大数据、云计算、人工智能等数字技术创新外，在数智时代，更加强调数字赋能创新。数字赋能创新是数字技术与其他领域相结合产生的产品创新、服务创新和管理创新等，是企业数字化发展的根本路径。企业产品、服务和管理模式通过与数字技术结合带动了企业产品创新、服务创新和管理模式创新。数字创新对传统创新模式提出挑战，促使商科人才对传统创新主体、创新过程和创新成果进行变革，重构适合数智时代商业创新和管理模式，提升数字创新能力是数智时代商科人才培养的必然选择。

数字技术与产业融合促使企业进行战略调整，重新配置企业资源，提升经营决策效率，驱动产品和服务升级，使商科人才的实践创新能力发挥重要作用。数字经济背景下，社会实践能力是商科人才能力的重要衡量指标，商科人才培养坚持实践导向以适应数字经济发展的社会需求。传统商科人才培养重理论、轻实践，导致商科人才创新思维能力受限。坚持"理论—实践—理论"的人才培养模式对商科人才实践能力的提升具有重要作用，在应对复杂的市场环境时，商科人才只有同时具备理论基础和实践经验才能做出高效率、高质量的决策。理论与实践并重的人才培养模式能够帮助商科人才在吸收商科理论知识的基础上提高实践能力，有助于商科人才更好地理解抽象的理论知识，二者相辅相成，缺一不可。

数字经济发展促使企业面临动态发展的经营环境，环境的不确定性要求商科人才具有较强的学习吸收能力。动态环境导致企业经营中频繁出现新问题，企业经营模式也随着环境不断变化，商科人才只有具有持续学习能力才能有效应对新的挑战。数字技术的更新，驱动企业软硬件不断升级，商科人才只有具备对专业技术和数字技术的学习吸收能力和持续学习能力，才能应对数字技术变革的风险，保证企业持续发展，维持企业持续竞争力。

2. 职业素质能力

职业素质能力包含领导能力、专业英语能力、法律知识能力、税务能力和资源整合能力。商科人才只有具备领导能力才能保证企业和项目团队正常运行，英语专业能力保证商科人才能与合作伙伴进行顺利沟通交流，法律能力保证企业遵守国家和地方的各种法律法规，避免产生经营风险和法律纠纷，保证企业顺利运营。税务能力保证商科人才应对可能产生的税务问题，进而保证企业合法经营，避免偷税漏税等违法行为给企业带来的风险与打击。

数字经济时代，企业竞争已由传统个体企业之间的竞争转向商业生态系统之间的竞争，这种竞争在为企业提供大量外部资源和机会的同时，也对企业的管理提出了挑战。为适应数字经济发展，商科人才还要具备资源整合能力，建立企业生存和发展的商业生态系统，提升企业资源配置效率。具有资源整合能力才能通过数字化平台构建企业与合作企业的商业生态系统，促进企业与其他企业间的资源获取、整合和利用，提升整个商业生态系统资源配置和利用效率的能力。因此，商科人才培养要跨越组织边界，通过资源整合进行组织协同管理，寻求与商业合作伙伴协同发展。

3. 数字技术能力

大数据、云计算和物联网等信息技术推动企业经营方式转变，对企业战略、技术创新、生产管理和组织结构等产生影响，也对商科人才培养提出新的挑战。商科人才的培养要顺应大数据、共享经济、人工智能的发展趋势，提高商科人才数字技术理论与实践能力。数字技术能力是商科人才对于信息技术和数据技术的掌握与应用能力，是数字经济时代商科人才培养最重要的能力，也是培养具有现代管理能力与信息技术能力的复合型人才的战略选择。

商科人才信息技术能力包括网络技术能力、人工智能技术能力、区块链技术能力和大数据技术能力等，通过掌握以上技术商科人才能够了解网络在线业务，熟悉人工智能应用，高效存储和分析大数据，应对数智时代对商科人才的需求和挑战。重视商科人才信息技术能力的培养，提高信息思维能力，加强信息获取能力，掌握信息处理能力，提升信息分析能力，服务数字经济发展。商科人才精通信息技术能力，是顺应商科建设与数字经济发展的必然要求，兼具信息技术能力和专业素养的复合型商科人才能为企业带来持续竞争力。

数据技术是数字经济发展的动力，能够利用科学的方法对所需的数据进行调查统计以获取原始数据，对其进行筛选、分类和汇总，确保数据的有效性。对统计的数据运用统计分析方法进行描述，通过趋势分析、比较分析等方法对数据进行规律探究和挖掘，得出数据发展趋势。数据技术能力在构成要素上可分为数据收集能力、数据整理能力、数据统计能力、数据分析能力和结果推论能力。商科人才从数据出发，用数据决策，对数据挖掘、智能识别、可视化分析，运用大数据挖掘、云计算、可视化分析等数据技术对经济业务的逻辑关系进行深层次挖掘，识别数据技术应用中的风险，并有针对性地采用合理的预防措施，从而将商业活动中的潜在数据技术应用风险停留在可控范围内。

具备以上信息技术能力和数据技术能力的商科人才才能更好地服务于数字经济发展和企业实践，摒弃主观判断的随意性，提高决策的科学性与合理性。随着数据环境的变革和信息技术的发展，对数字技术能力也提出新的要求，促使商科人才的数字技术能力拓展到数字感知能力和数字应用能力等方面。数字资源已成为企业重要的战略资源，商科人才只有具备强大的数字技术能力，才能洞察企业经营管理存在的问题，拓展企业管理和业务提升的空间，帮助企业进行有效决策，提升企业竞争力，保证企业可持续发展。

4. 专业知识能力

专业知识能力是商科人才能力结构基础，是为适应经济新业态、新模式而必须掌握的专业知识和技术，也是商科人才应对数字经济发展变化的必备条件。数字经济背景下，企业面临的业务环境更加复杂、业务类型也更加多样，企业管理理念和经济运行模式都发生根本变革，传统专业知识已无法满足信息技术和大数据发展的需求，商科人才的专业技术能力也应予以更新。数智时代为提高商科人才的经济业务能力，需要掌握经济、金融和管理等交叉专业知识，同时结合大数据技术、人工智能技术、云计算技术和统计分析技术形成高阶复合专业技术结构体系。商科人才的专业技术能力也由经济、金融、管理、价值链等传统商科门类拓展到数字金融、流程自动化、ERP技术、云计算、数据挖掘等信息技术领域。商科人才只有掌握专业知识，才能分析企业经营状况和运营环境，发现企业经营管理中存在的问题并予以解决。

数字经济和人工智能背景下，商业领域的快速演变和竞争需要商科人才具备专业技术能力、数字技术能力、社会实践能力和创新创业能力等关键能力。这些能力有助于企业在竞争激烈的商业环境中脱颖而出，促进企业决策的高质量和高效率，驱动企业数字创新持续发展。因此，培养商科人才的综合能力是企业和经济社会长期可持续发展的关键。商科人才需要不断更新和提高这些技能和素质，构建完整的商科数字人才培养体系，突破、重构和创新商科人才培养理念，推动数智时代商科人才发展。

5.3 基于扎根理论的数智时代新商科人才培养模式分析

5.3.1 问题引出

在智能化为显著特征的第四次工业革命时代，信息空间已经崛起为世界空间的重要组成部分，与物理空间和人类社会共同构成了三元知识空间。这一转变不仅标志着知识结构从二元向三元的扩展，还强调了不同学科知识之间的交叉融合，要求学生构建跨学科的知识网络。随着智能化时代的深入发展，众多产业正在经历颠覆性的变革，同时也有大量新兴产业涌现。这种变化导致人力资源需求发生根本性的转变。在这个背景下，学生不仅需要具备跨学科的专业能力，还要掌握行业把控、综合认知等非技术能力。这些非技术能力对于学生在智能化时代中适应多变的工作环境、解决复杂问题以及推动创新发展至关重要。因此，教育领域需要积极应对这一挑战，通过改革课程设置、教学方法和评估标准等方式，培养学生的跨学科知识和非技术能力，使他们能够更好地适应智能化时代的发展需求。

为适应智能化时代的新业态，许多高校在新商科建设中积极探索"大类培养"和跨学科改革,致力于培养数字商科人才。这些努力在扩展学科广度上取得了显著成果,为培养具备综合素质的商科人才提供了有力支持。然而,智能化时代对人才的需求并不仅限于掌握单一专业纵深知识的人才。为了更好地应对复杂多变的商业环境,我们需要一批具备跨学科知识和技能的商科科技人才。他们不仅要在本专业领域内具备深厚的理论基础和实践能力,还需要对其他相关领域有足够的了解和应用能力。为了满足这一需求,国内已经有一些高校开始进行商科数智人才培养的实践探索。他们通过跨学科课程设计、实践教学和项目合作等方式,为学生提供更广泛的学科知识和实践机会。这些努力旨在帮助学生建立跨学科的知识体系,提高他们在实际工作中运用所学知识解决问题的能力。此外,一些高校还通过与企业的合作,为学生提供实习和就业机会,让他们在实际工作中积累经验,提升自己的职业竞争力。这种校企合作的方式不仅有助于提高学生的实践能力,也有助于企业获得符合需求的优秀人才,实现校企共赢。

本研究旨在深入探究智能化时代商科人才培养模式的关键要素,通过分析国内外八个与"智能"相关的商科数智人才培养实践案例,进一步明确商科数智人才的内涵,并提炼其培养模式。这些实践案例涵盖了不同国家、不同教育体系下的培养方案,旨在提供全面而深入的视角,以帮助高校在选择或设计数智商科人才培养的跨学科教育改革方案时提供决策依据。首先,本研究通过文献回顾和理论框架的构建,确定了关键要素的构成,这些要素包括但不限于课程设置、教学方法、实践教学、师资力量、校企合作等方面。其次,本研究采用扎根理论的研究方法,对八个实践案例进行深入分析,通过三级编码过程,从原始资料中提炼出关键概念和范畴,构建理论框架。在数据分析过程中,本研究采用多种数据编码和比较方法,对不同案例进行横向和纵向的比较分析,以发现共性和差异点。最后,本研究结合理论框架和数据分析结果,提出了一个全面的商科数智人才培养模式的理论模型,并对该模型的核心要素进行了详细阐述。本研究不仅对智能化时代商科人才培养模式进行了深入探究,还为高校提供了具有可操作性的跨学科教育改革方案,有助于提高商科数智人才的培养质量,满足社会对高素质商科人才的需求。

5.3.2 研究设计

5.3.2.1 案例选择

以技术为支撑的新兴产业发展与传统产业转型升级对人才的培养与发展带来前所未有的挑战，同时，随着"新商科"建设的不断推进也为人才培养带来了新的机遇。为让案例具备可比性和代表性，本研究面向智能化时代高校新商科人才培养需求，结合当前国内外新商科人才培养较多关注大数据、互联网、人工智能等"智能"技术、"智能+"和"+智能"教育实践情况，选取八个与"智能"相关的国内外典型高校案例展开结构化分析。

表 5-13 典型案例

实践模式	案例选择	能力培养 （广泛专业知识面+）
智能+	北京工商大学数字化管理专业	数智+智能+专业
	浙江大学开设双学位交叉创新班	数字金融+数学方法解决重大金融问题
	清华大学双学士学位及交叉培养项目	计算机科学与技术+金融
	上海交通大学技术转移硕士专业	技术转移专业+熟悉行业发展难题
+智能	中南财经政法大学双学位实验项目	金融学+计算机科学与技术
	北京大学光华管理学院数字教育教学项目	工科+数智思维
	中国人民大学市场营销专业	市场营销专业+数据科学与大数据技术
	哈尔滨工业大学经济管理实验班	工科+计算机金融

1. "智能+"案例

北京工商大学充分运用学校智慧教学管理新环境和一体化管理平台，实现"数智化"与专业的深度融合，突出学科相互交叉与创新，通过跨学科交流共建，增设数字化管理、大数据与管理应用、智能会计、智能审计、数字经济与组织管理等培养数字化思维与技术应用的课程，建设新商科智慧教学实验室，打造数字化实践教学中心，推动"数智+智能+专业"的新商科人才培养。

浙江大学数字金融（金融学—数学与应用数学）双学士学位项目是依托经济学院和数学科学学院高水平的科研和教学团队开设的双学位交叉创新班，旨在培养具有深厚的理科基础、扎实的现代金融理论、熟练的金融市场实务技能，具有全球视野的交叉复合型高级创新的商科人才和优秀科研后备力量，采用与世界一流大学接轨的课程体系与培养模式，学习金融学专业和数学与应用数学专业的核心课程，具备复合运用金融学和数学方法解决重大金融问题和挑战理论难题的创新能力。

清华大学创设双学士学位及交叉培养项目，旨在满足国家和社会对复合型新商科人才的需要，此外，清华大学计算机科学实验班增加人工智能方向和量子信息方向，进一步拓展了拔尖创新人才培养的学科格局，有利于进一步促进学堂各学科间的交叉创新，实现更广泛学科拔尖新商科人才培养的引领。其中数学班、物理班、化学班、生命科学班、钱学森力学班、计算机科学实验班、哲学班和经济学班先后入选教育部"拔尖计划2.0"人才培养基地。

上海交通大学设立全国首个"技术转移专业硕士学位点"，由中银科技金融学院依托安泰经管学院开展培养工作。技术转移专业硕士设置技术战略规划与科创融资两大方向，主要面向集成电路、生物医药、人工智能、电子信息、生命健康、汽车、高端装备、先进材料等国家发展关键行业，填补技术转移紧缺人才缺口。

2. "+智能"案例

中南财经政法大学信息与安全工程学院在"新工科"项目上进行了研究与实践，与其他学院合作共建了"金融学+计算机科学与技术"与"大数据管理与应用+金融工程"两个双学位实验项目。强调"业务+技术"深度融合的金融学类复合型人才培养的重要性，提出要大力培养"懂数用数"型和跨学科的复合型金融人才。为实现此目标，要以金融机构业务数字化转型为契机，以人才需求为切入点，优化金融学类各专业培养方案，加强师资队伍建设与转型，优化课程体系，对现有金融学类各专业进行数字化改造，通过校内外合作、校企合作、国际合作等途径进一步推动学院数字化、复合型金融人才培养模式的创新，提高人才培养质量。

北京大学光华管理学院为学生打造一个跨越物理世界的、互动的、参与的知识数字世界，体现交互、共创、共享的教学理念，专设数字教育教学项目，分设企业增长战略课程、北大光华—巴黎HEC联合课程，纵深中国讲行社研学课程、纵深中国再出发研学课程、数字经济青年人才培养课程、科技与商业课程，以培养具备多方面能力的新商科人才。

中国人民大学依托商学院"市场营销"专业和统计学院"数据科学与大数据技术"专业，对学生进行系统而扎实的市场营销和数据科学训练。旨在培养掌握系统的工商管理基础知识以及深入的营销专业理论知识，具备扎实的人工智能、信息技术和数据科学相关理论基础及应用能力的新商科人才，同时又精通各种数据技术在包括需求分析、用户画像、市场定位、推荐系统、搜索引擎和信息流广告等具体营销场景的应用，善于批判性地发现问题、分析问题和解决问题，具有沟通能力和社会责任感，能够成为引领社会发展和行业发展的跨界复合型高级营销管理人才和未来商业领导者。

哈尔滨工业大学开展多学科交叉大平台培养，新批准大数据管理与应用、数字经济与计算金融等特色专业。计算金融本身是一个交叉学科，培养的也是复合型人才，学生应该掌握金融学、数学、统计学、计算机科学的相关知识，通过学习能在金融市场的经济活动中，运用数理统计及计算机工具解决实际问题，面向资本市场培养量化交易、程序化交易、高频交易的新商科人才。

5.3.2.2 研究方法与分析过程

本研究采用扎根方法，通过在文本材料粘贴标签，提取概念、范畴和主范畴，最终从主范畴中识别核心范畴，形成以主范畴为基础的典型关系结构。通过文献材料及官方网站搜索，以上述八个典型新商科人才培养案例为研究对象，以句子为分析单元进行分析，最终从范畴中提炼出十个主范畴。在此基础上，通过对提取的概念、范畴、主范畴及原始文本资料进行相互比较，构建新的理论关系。由于所有主范畴都是人才培养模式的关键要素，因此本研究的核心问题是数智时代新商科人才培养模式理论框架。

5.3.3 研究结果与讨论

应用扎根理论研究方法，提取了数智时代新商科人才培养模式十大主范畴，分别是人才培养的目标、思政引领、教材建设、课程建设、教学设计、技术赋能、师资团队、教学实践、教学评价、产教融合与创新创业教育。在此基础上，进一步对新商科人才培养模式主范畴以及理论模型框架进行分析阐释。

5 数智时代新商科人才培养模式构建的实证分析

表 5-14 主范畴及典型文本语句

主范畴	范畴	典型文本语句
XX1 人才培养目标	X1 技能软+专业领域差异小	培养能够在数字社会中运用大数据技术进行数据处理和分析，善于批判性地分析和解决问题复合型管理人才
	X2 技能软+专业领域差异大	强调"业务+技术"深度融合的金融学类复合型人才培养的重要性
	X3 技能硬+专业领域差异小	培养学生利用相关理论、方法与技术为企事业及政府部门提供经济分析和管理决策的服务能力
	X4 技能硬+专业领域差异大	计算机科学与技术专业+金融学专业，培养跨学科的复合型金融人才
XX2 思政引领	X5 加强理论学习	学习党的理论创新、实践创新、制度创新成果
	X6 促进成果转化	将党的创新理论应用于实践
XX3 教材建设	X7 教材内容与时俱进	完善一流教材建设
	X8 教材运用紧跟时事	加强校本特色的教材资源建设
XX4 课程建设	X9 课程计划	主要采用双学位制、主辅修制、大类招生等模式
	X10 课程改造	打破时间、空间、人群的限制，以更灵活的"线上+线下"方式完成育人
XX5 教学设计	X11 优势学科充分交叉融合教学改革	开设多门整合型课程，旨在培养掌握系统的复合型人才
	X12 "课程+项目"协同教学	开展数字经济青年人才培养课程与项目
XX6 技术赋能	X13 "业务+技术"深度融合	大力培养"懂数用数"型和跨学科的复合型金融人才
	X14 "专业+技术"相互补充	在保持传统优势的基础上，适应大数据、人工智能、云计算等新兴技术
XX7 师资团队	X15 师资专业素质提升	教师践行全新的教育理念，加强师资队伍建设与转型
	X16 专兼师资队伍	实行校内导师+企业实践导师的双导师制
XX8 教学实践	X17 教学体系建设特色化	对标国内外先进培养模式
	X18 教学内容丰富化	注重理论和实践融合，为学生提供众多高质量实践机会
XX9 教学评价	X19 教学质量评价	全面提升人才培养质量
	X20 教学能力评价	重视校外实践教育环节

◎ 数智时代新商科人才培养的理论研究与实践探索

续表

主范畴	范畴	典型文本语句
XX10 产教融合与创新创业教育	X21 校企合作协同育人模式	能够在数字社会中将人工智能、大数据技术等新技术灵活应用于实际工作
	X22 "课程+项目大赛"协同教学改革	具有创新思维、实践能力和国际视野，引领未来发展的经济管理创新人才

5.3.3.1 主范畴阐释

1. 人才培养目标

主范畴"人才培养目标"是对案例各高校为培养新商科人才设定的人才培养目标的现象归纳。结果显示，人才培养目标（XX1）包括四个范畴，分别是（X1）技能软+专业领域差异小、（X2）技能软+专业领域差异大、（X3）技能硬+专业领域差异小、（X4）技能硬+专业领域差异大。如表5-14所示，X1的典型案例为中国人民大学市场营销专业，中国人民大学依托商学院"市场营销"专业和统计学院"数据科学与大数据技术"专业，对学生进行系统而扎实的市场营销和数据科学训练，旨在培养具备扎实的人工智能、信息技术和数据科学相关理论基础及应用能力，同时又精通各种数据技术，能够成为引领社会发展和行业发展的跨界复合型高级营销管理人才和未来商业领导者。X2的典型案例为中南财经政法大学双学位实验项目，在"新工科"项目上进行了研究与实践，与其他学院合作共建了"金融学+计算机科学与技术"与"大数据管理与应用+金融工程"两个双学位实验项目，强调"业务+技术"深度融合的金融学类复合型人才培养的重要性，提出要大力培养"懂数用数"型和跨学科的复合型金融人才。X3的典型案例为哈尔滨工业大学经济管理实验班，哈尔滨工业大学开展多学科交叉大平台培养，开设大数据管理与应用、数字经济与计算金融等特色专业，培养学数字经济、懂数字经济、用数字经济的新商科人才。X4的典型案例为清华大学的计算机科学与技术+金融专业，此外，清华大学双学士学位及交叉培养项目增加人工智能方向和量子信息方向，进一步拓展了拔尖创新人才培养的学科格局，有利于进一步促进学堂各学科间的交叉创新，实现更广泛学科拔尖新商科人才培养的引领。

可以看出，高校人才培养的目标超越以往的培养方式，旨在培养具有深厚的理科基础、扎实的现代金融理论、熟练的金融市场实务技能，具有全球视野的交叉复合型高级创新人才和优秀科研后备力量。

2. 思政引领

主范畴"思政引领"是对案例文本中各高校在新商科人才培养过程中主动进行思想引领的教学实践。结果显示，案例高校的主要做法：一是加强理论学习，如中国人民大学经济学院专设党的二十大专题、"两学一做"学习教育以及党史学习教育，在数字经济、人工智能发展的时代大背景下，积极响应国家对跨界人才的需求，促进青年学子适应科技发展，培养学生在学习交叉学科知识、活跃思维、主动求变，以更长远的战略目光提升自己的技术能力的同时，有正确的政治观念。二是促进成果转化，如上海财经大学以服务国家构建开放性经济新体制、全面深化改革开放为全局目标，坚持"以学生为中心"和"持续改进"两大理念为引领，推进培养方案、教学内容、教学方式及课程评价方式改革，使人才培养的目标定位、实施路径、效果评价形成良性循环，立足于数智时代、培养具有全球视野的高级国际商务人才，全面提升人才培养质量。

3. 教材建设

主范畴"教材建设"是对案例文本中各高校在新商科人才培养过程中为完善一流教材建设而主动做出的实践做法，其核心是各高校教材内容与时俱进、教材运用紧跟时事。样本高校中，几乎所有高校都在进一步"搭平台、建机制、促成效"，始终奉行为国家现代化建设培养优秀专门人才的办学理念，注重理论与实践的结合，与时俱进，开拓创新，持续推进一流课程培育，完善一流教材建设，加强校本特色的教材资源建设，在教材内容中增添人工智能等关键内容，为教育教学发展提供有力支撑，为提升人才培养质量提供保障。

4. 课程建设

主范畴"课程建设"是对案例文本中各高校在新商科人才培养过程中主动设计课程内容的现象归纳，其核心是各高校在培养新商科人才而具体开展的课程计划和课程改造。课程计划上，如中国人民大学商学院具有完备课程体系，注重理论与实践的融合，并实行多门整合型课程计划，由商学院和统计学院的教师、企业专业人士联合授课，在商学院学生原有的导师资源基础上，还拥有企业家导师的资源，实行校内导师+企业实践导师的双导师制。课程改造上，如北京大学光华管理学院践行全新的教育理念，以科技为导向，以企业真实需求为中心，提供更快捷、更轻便、更灵活的服务模式与知识供给，研发改造经典管理核心课程，实现学员基本管理技能和理念的提升。中南财经政法大学对现有金融学类各专业课程进行数字化改造，通过校内外合作、校企合作、国际合作等途径进一步推动学院数字化、复合型金融人才培养模式的创新，提高人才培养质量。上海财经大学设立"国际组织人才培养"特色班，建立国际关系与政治、国际法律、国际金融与商务课程模块，"定制式必修+指导式选修"模式，为学生提供语言强化平台、专业复合平台。

5. 教学设计

主范畴"教学设计"是对案例文本中各高校在新商科人才培养过程中积极提升教学质量做出反应的现象归纳。结果显示，案例高校中的核心做法，一是将优势学科充分交叉融合进行教学改革，如上海财经大学设置特色专业选修模块，根据下设三个方向开设近百门专业选修课，联合金融学院、法学院开设自贸区系列课程、"自由贸易·金融·法律"特色班课程，通过学科交叉联合培养复合人才。二是"课程+项目"协同教学，如北京大学光华管理学院，为了满足对经济现象和经济学思维有一定兴趣，渴望学习了解经济学，积极探索未来社会数字经济发展未来趋势的青年学子，特开展了数字经济青年人才培养课程；专设数字教育教学项目，分设企业增长战略课程、北大光华—巴黎HEC联合课程、纵深中国讲行社研学课程、纵深中国再出发研学课程、数字经济青年人才培养课程、科技与商业课程，让学生有个性化、多元化的选择。

6. 技术赋能

主范畴"技术赋能"是对案例文本中各高校在新商科人才培养过程中提升学生专业技术能力所做出的现象归纳。结果显示，案例高校的核心做法，一是推动"业务+技术"深度融合。如中南财经政法大学，强调"业务+技术"深度融合的金融学类复合型人才培养的重要性，提出要大力培养"懂数用数"型和跨学科的复合型金融人才。为实现此目标，要以金融机构业务数字化转型为契机，以人才需求为切入点，优化金融学类各专业培养方案，加强师资队伍建设与转型,优化课程体系,对现有金融学类各专业进行数字化改造,通过校内外合作、校企合作、国际合作等途径进一步推动学院数字化、复合型金融人才培养模式的创新,提高人才培养质量。二是"专业+技术"相互补充。如中国人民大学依托商学院"市场营销"专业和统计学院"数据科学与大数据技术"专业,培养掌握系统的工商管理基础知识以及深入的营销专业理论知识,具备扎实的人工智能、信息技术和数据科学相关理论基础及应用能力,同时又精通各种数据技术的复合型新商科人才。

7. 师资团队

主范畴"师资团队"是对案例文本中各高校为培养新商科人才而在师资团队上做出积极反应的现象归纳。结果显示,案例高校的核心做法,一是提升师资团队的专业素质。数字技术赋能教学者,让知识更好地服务于学习,"教"不再是机械地、孤立地传递,教师为学生打造一个跨越物理世界的、互动的、参与的知识数字世界,体现交互、共创、共享的教学理念。二是构建专兼师资队伍。实行校内导师+企业实践导师双导师制,构建校企多元化的专兼师资团队。

8. 教学实践

主范畴"教学实践"是对案例文本中各高校为培养新商科人才而在教学实践中做出的积极反应。结果显示,案例高校的核心做法,一是教学体系建设特色化。如上海财经大学结合院校特色,形成了明确的人才培养目标,即立足于数智时代、培养具有全球视野的高级国际商务人才;始终对标国内外先进培养体系,通过全流程质量保障体系,形成了高质量、国际化的鲜明人才培养特色,人才培养效果显著;设置特色专业选修模块,根据下设培养方向开设近百门专业选修课,联合金融学院、法学院开设自贸区系列课程、"自由贸易·金融·法律"特色班课程,通过学科交叉联合培养复合人才。二是教学内容丰富化。如浙江大学与头部金融机构开展实习就业战略性合作,业界专家直接进入课堂互动教学,"经略计划"实践基地提供丰富实习实践岗位,职业规划全覆盖。

9. 教学评价

主范畴"教学评价"是案例文本中各高校为培养新商科人才而在教学过程中做出的积极反应。结果显示,案例高校的核心做法,一是教学质量评价。

◎ 数智时代新商科人才培养的理论研究与实践探索

如上海财经大学成立教学质量保障办公室，以人才培养使命与特色为引领，建立学习目标与指标体系，匹配具体课程，形成课程图谱，确立学习效果评价方法与流程，收集评估教学数据，形成课程层面和项目层面的教学质量可持续改进报告。二是教学能力评价。如清华大学积极创造条件，为学生提供早期参与科研实践、接受引导性基础研究训练的机会，使学生体验完整的科研过程，掌握科研基本技能，培养科研兴趣。如在本科生中实施的 SRT 计划（大学生研究训练计划），每年均有 60% 以上的本科生参加到学校支持的 1500 多个项目中。此外，清华大学非常重视校外实践教育环节，坚持"走出去"实践模式，近年来，本科生每年都有 5000 多人次分赴全国各地 800 余个研究院所、企事业单位开展生产实习、认识实习、社会实践等多方面的暑期教学活动，收效良好。

10. 产教融合与创新创业教育

主范畴"产教融合与创新创业教育"是案例文本中各高校为培养新商科人才，主动改革创新教学实践做法的现象归纳。结果显示，案例高校的核心做法，一是实行校企合作协同育人模式，以培养能够在数智社会中将人工智能、大数据技术等新技术灵活应用于实际工作的新商科人才。如中国人民大学会计学专业（智能会计方向），该专业方向是商学院传统会计专业教育为应对数智化新挑战，适应大数据、人工智能、云计算等新兴技术对会计工作和人才新要求而开设；智能会计方向班实行校内导师+企业实践导师双导师制，保留财会类核心课程，增添人工智能类关键课程，辅以实务界智能化系列讲座，并提供个性化选修课程；注重理论和实践融合，为学生提供众多高质量实践机会。二是开展"课程+项目大赛"协同教学改革，培养具有创新思维、实践能力和国际视野，引领未来发展的经济管理创新人才，如清华大学建立了未来兴趣团队、清华 iCenter、清华艺术与科技创新基地、创+、清华 x-lab、清华 i-Space，面向全校学生提供了从创意、创新到创业"三创融合"的全价值链成长通道，激发和培养学生的首创精神、企业家精神和创新创业能力，涌现出了大批优秀学生创新创业团队。

5.3.3.2 模型阐释

基于十个主范畴的关系结构，本研究提出数智时代新商科人才培养模式的理论模型。如图 5-5 所示，数智时代的人才培养目标是新商科人才培养模式构建的关键保证，人才培养的目标影响新商科人才培养的课程建设、教学设计、教材建设、思政引领、技术赋能、师资团队、教学实践和教学评价，是培养新商科人才的重要保障，起着重要的支撑作用。此外，各高校都从以上各要素出发，不同程度地推动着高校的产教融合与创新创业教育。在新文科建设的教育大环境下，新商科人才的培养体系也发生着一定的变化，区别于传统教学，新商科人才的教育在教学实践中更加侧重多学科之间的交叉与融合，增加对互动工具的运用，增强学习的体验，打破时间、空间、人群的限制，以社交为载体，让"学"成为自发自主的行动，从而实现学生自我的突破。

一方面，课程建设、教学实践、教学设计、师资团队、技术赋能、思政引领是新商科人才培养的重要支撑，在人才培养的教学实践中，高校尤其注重突破专业学科壁垒，将优势学科进行充分的交叉与融合，以适应市场对新商科人才需求转变的大趋势。同时，组建高水平的、交叉融合程度深的多元化专兼师资队伍，共同推进相应的教材建设和教学评价，教学科研实力强大，培养"业务+技术"深度融合的新商科复合型人才。另一方面，在实践领域，高校多次组织和引导学生积极参加各种创新创业大赛、创新项目。积极开展访企拓岗工作，实现产教深度融合，提升学生创新和创业的意识，帮助学生近距离了解企业和行业，拓宽商业视野，促进理论知识向实践应用的转化，创新创业教育与专业教育的深度融合不仅能够提升学生的创业能力，还能够不断地培养学生的创业素质，为学生日后实现创业和发展奠定基础，有助于综合型的新商科人才的培养。

◎ 数智时代新商科人才培养的理论研究与实践探索

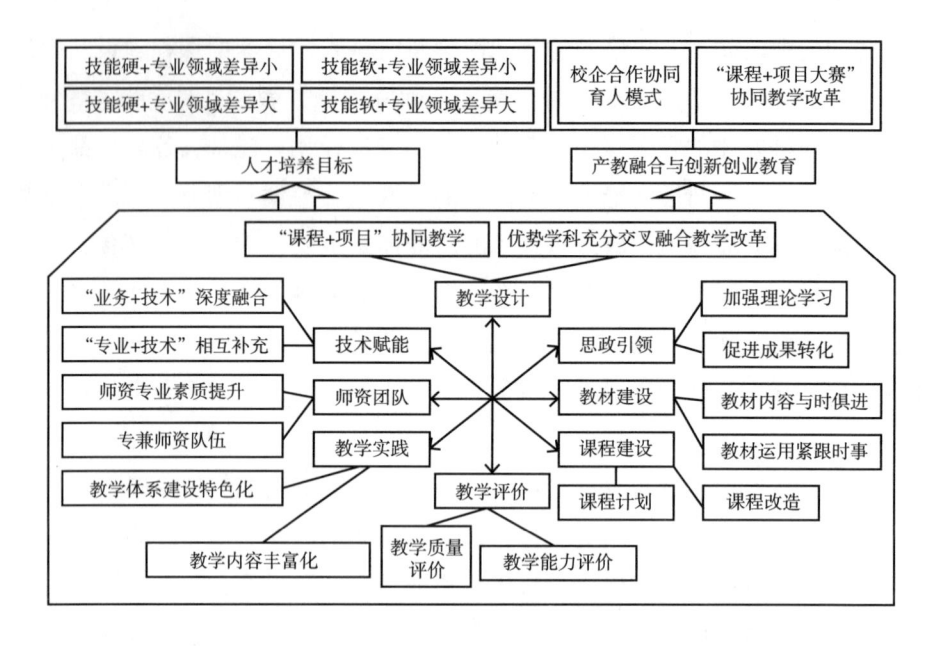

图 5-5 数智时代新商科人才培养模式的理论模型

5.3.4 结论

综上所述，数智时代刺激了商业环境的变化，也对新商科人才提出了更高的要求。数智时代新商科人才的培养要首先清晰新时期的社会和商业环境，以新时代对新商科人才的要求为基础确定新商科人才的培养目标。同时，不断地更新创新教育理念，优化课程体系，推进多学科交叉融合，持续深入实施产学合作协同育人项目，积极探索产学合作协同育人发展的新模式、新机制，促进教育链、人才链与产业链、创新链的有机衔接，进一步推进产教融合、校企合作深入发展，才能抓住新商科建设的契机，扎实推进新商科人才的培养。具体而言，其一，应当更新数智时代新商科人才培养目标的定位，深入了解社会行业企业的需求，制定数智时代新商科人才培养的目标时，应该以注重培养学生所需的各种能力为基础，满足社会行业企业和学生的需求，增加人才培养的有效性。其二，建立"以学生为中心"的教育理念，持续改进推进培养方案、教学内容、教学方式及课程评价方式改革，使人才培养的目标定位、实施路径、效果评价形成良性循环，全面提升人才培养质量，尽可能建设有利于学生自主学习的物质环境。其三，加强信息技术与教学的深度融合，传统的教学方式已经很难满足时代发展的需要，无法吸引当代新商科学生的目光，因此高校要想培养新商科人才，必须要紧跟数智时代脉搏，努力向互联网思维转变，致力于信息技术与专业教学活动的充分融合，从而突破原有的教学瓶颈，推动高校教学的现代化转型和创造性发展。其四，应当打造高效校企合作创新平台，组织学生参加各级各类学科竞赛激发创新思维，从而培养更多高素质复合型新商科人才。

6　数智时代新商科人才培养模式构建

6.1　数智时代新商科人才培养模式构建目标

现阶段，我国正处于工业经济时代向数字经济时代转型的重要时刻，在科技高速发展的推动下，数字技术得到越来越多的运用，各行业对人才的需求也发生了改变。在此背景下，数智化人才的选拔和培养也受到了更多的关注和重视。2018年，全国教育大会明确了"新时代新形势对教育和学习提出了更高的要求"，高等教育改革已迫在眉睫。"新商科"的概念也被相关院校先后提出。为了满足数智时代对高等商科人才的新需求，即从传统的专业型人才转换为复合型人才，则需要对现有的人才培养模式进行战略性调整优化，制订适应数智时代特征的新型人才培养方案，培养符合时代发展需要的高素质复合型人才。

在数智时代，新商科人才培养模式的构建目标在于培养具备全面素质、创新能力和跨界合作精神的商科人才，以满足社会和经济发展的需求。这一模式致力于激发学生的创新思维，培养他们的数据分析和智能技术应用能力，以适应商业环境的快速变化。通过跨界融合，新商科人才培养模式鼓励学生跨学科学习，培养他们的问题解决能力和创新思维。同时，该模式注重实践教学，通过模拟真实商业环境和企业实习等方式，提高学生的实践能力，使他们能够迅速融入职场。此外，新商科人才培养模式还关注国际视野和全球胜任力的培养，通过国际交流和海外实习等项目，帮助学生拓宽国际视野，提升跨文化沟通能力。在培养过程中，该模式注重培养学生的社会责任感和可持续发展意识，引导他们关注企业社会责任和环境问题。此外，新商科人才培养模式还致力于培养学生的动态适应能力和持续学习能力，使他们能够不断适应技术和商业环境的变化。同时，该模式关注学生的情感智能和领导力发展，培养他们的人际交往能力、团队协作能力和领导才能。最后，通过建立完善的质量与评价体系，新商科人才培养模式能够全面、客观地反映学生的学习情况和能力水平，为提高培养质量提供有力保障。总之，数智时代新商科人才培养模式的构建目标是培养具备综合素质、创新能力和跨界合作精神的商科人才，为未来的商业发展和经济社会进步做出积极贡献。

6.2 数智时代新商科人才培养模式构建原则

在数智时代，新商科人才培养模式的构建是一项系统工程，一般遵循以人为本、社会需求导向、教育全面性的三项基本原则。以人为本导向原则是指人才培养过程中要重视学生的个性化发展、尊重不同学生之间的差异，尊重学生自主选择，并根据学生的不同特点定制培养方案，设计教育路径，因材施教，构建个性化的人才培养模式。社会需求导向原则是指人才培养要以需求为导向，由社会需求决定培养目标，使人才培养与数字经济时代发展和行业需求紧密对接。数智时代背景下，数字经济已经成为我国经济发展的核心引擎，催生出各种数字职业，因此，高校需要构建以数字职业为纽带、与企业等多元主体需求相衔接的新商科人才培养模式。教育全面性原则是指在新商科人才的培养过程中要注重思维、知识和能力的综合培养。新商科人才需要培养多维度融合的思维方式，以应对如今商业、技术、人文高度融合的商业时代；新商科人才培养需要结合时代特点和行业发展的具体形势，不仅应掌握通识学科与本专业学科的基本知识，还应熟悉市场营销、大数据、物流云、人工智能等不同学科领域知识，做到融会贯通；数智时代应全面培养学生的综合能力，如解决复杂问题的能力、实践创新能力、良好的适应能力等，构建多维度全面的新商科人才培养模式。

数智时代构建新商科人才培养模式，在以人为本、社会需求导向、教育全面性的三项基本原则基础上，还需遵循一系列具体原则以确保其科学性和有效性。这些原则不仅涉及教学内容和方法的选择，还涉及培养过程的组织和管理。它们共同为新商科人才培养模式提供了明确的指导和规范，以确保所培养的人才能够满足社会的实际需求，并且具备在未来商业环境中成功应对各种挑战的能力。这些具体原则要求我们在新商科人才培养模式的构建中注重创新能力的培养、跨学科知识的整合、实践教学的强化、国际视野的拓展、社会责任的担当以及持续学习能力的提升。同时，还需要建立完善的质量与评价体系，以确保培养出的商科人才具备足够的综合素质和适应未来商业环境的能力。通过遵循这些原则，所构建的数智时代新商科人才培养模式将能够更好地满足时代需求，培养出具备综合素质、创新能力和跨界合作精神的商科人才，为未来的商业发展和经济社会进步做出积极贡献。

6.3 数智时代新商科人才培养的类型定位

6.3.1 数智时代新商科人才的"类型"特征

新商科作为一门融合现代新技术的综合性学科，其性质决定了其需要以培养跨行业、跨学科的复合型人才为目标。具体而言，数智时代背景下产生的新商业环境和商业模式要求人才具有更加多元的知识结构、更加科学的思维方式和终身学习的能力。因此，培养复合型人才应该在"宽基础、厚功底"培养目标的基础上，增设交叉学科门类、整合不同专业和学科的资源，构建多元化的知识结构，培养一批具有竞争和协作意识、学习创新能力、资源整合能力等综合素质较强的新商科人才。

在数智时代，新商科人才展现出独特的"类型"特征，这些特征使他们成为商业领域的佼佼者，引领着商业创新和变革的潮流。其类型特征可以从"数智+"和"+数智"两个层次划分。从"数智+"的特征类型分析，数智时代下新商科人才需要善于将数智技术，如大数据分析、人工智能等，深度融合到传统商业模式中，实现商业模式的创新升级。这种融合不仅提升了商业运作的效率，还为企业带来了全新的价值创造方式。而从"+数智"的特征类型分析，新商科人才则具备在传统行业中发现数智化机会的能力，他们通过引入数智技术，对传统业务进行优化改造，进而提升行业的整体竞争力。这种双向融合的能力，使得新商科人才在数智时代具有极高的适应性和创新性，成为推动商业变革的重要力量。另外，无论"数智+"还是"+数智"人才类型，数智时代新商科人才类型特征均要表现出技术精湛、专业性强、跨界融合、创新思维、数据驱动、分析能力强、沟通协作、领导力强、适应性强、快速学习、道德素质高、责任感强以及全球视野、跨文化交流等方面特征。这些特征共同构成了新商科人才的核心竞争力，使他们能够在数智时代的商业竞争中脱颖而出。

6.3.2 数智时代新商科人才的"技术"特征

随着人工智能、大数据、物联网、云计算等新技术的广泛运用，新业态、新经济、新理念将循序渐进地引领商科专业的改革，数智时代背景下的商科人才需要具备目前社会所需的数字化思维和互联网思维，以加强与数字化工作模式的适应性。因此，新商科人才不仅要学习商科方面的专业知识，还要侧重掌握与大数据、数据挖掘、人工智能等信息技术有关的技术知识，打破学科与专业之间的界限。在数字经济发展过程中，具备数据分析、数据预测、人工智能技术等核心能力的新商科人才将成为现代商业社会中最重要的资源。

在数智时代，技术发展日新月异，新商科人才的技术特征显得尤为重要。他们不仅要具备扎实的专业知识和技能，还要紧跟技术发展趋势，将最新的科技成果应用于商业实践中。这些技术特征使他们能够更好地应对数智时代的挑战和机遇，推动商业的持续创新和发展。新商科人才的技术特征包括以下四个方面。①掌握先进技术工具。新商科人才具备运用先进技术工具的能力，如数据分析软件、人工智能工具等。他们能够利用这些工具进行数据挖掘、分析和可视化，为决策提供有力支持。②具有数据分析与处理能力。在数智时代，数据成为关键资源。新商科人才具备强大的数据分析与处理能力，能够从海量数据中提取有价值的信息，为企业决策提供数据驱动的建议。③具有数字化思维模式。新商科人才具备数字化思维模式，能够运用数字技术和数据来解决问题、优化流程和提升效率。他们了解如何利用数字技术推动商业变革和创新。④保持网络安全意识。随着网络安全问题的日益突出，新商科人才具备高度的网络安全意识。他们了解网络安全风险和威胁，能够采取有效的措施来保护企业的信息安全。

数智时代新商科人才的技术特征表现在掌握先进技术工具、数据分析与处理能力、数字化思维模式、网络安全意识等方面。这些技术特征共同构成了新商科人才的核心竞争力，使他们能够在数智时代的商业竞争中发挥重要作用。

6.3.3 数智时代新商科人才的"适应性"特征

商科是一门理论与实践并重的综合性学科，一方面需要学习大量的理论知识来指导社会实践；另一方面理论来源于社会实践的经验总结，并需要在大量实践的基础上加以验证，这就决定了新商科专业在社会经济活动中的强适应性和深实践性。数字化背景下，要求新商科人才能够具有适应不断变化的社会经济环境的能力，具有适应数智时代要求的逻辑思维、数据思维和信息思维等。同时，随着新经济的发展和新产业布局的出现，新商科人才需要利用数字化工具满足社会发展需求、提高解决实际问题的能力。

在数智时代，新商科人才展现出卓越的"适应性"特征，这种特征使他们能够快速适应不断变化的商业环境，抓住机遇，应对挑战。第一，新商科人才具备强烈的适应意愿。他们认识到数智时代商业环境的快速变化，积极主动地应对变革，不畏惧挑战，愿意尝试新的商业模式和技术。他们时刻保持开放的心态，愿意接受新事物，不断更新自己的知识和技能。第二，新商科人才具备快速适应的能力。他们能够迅速掌握新技术和工具，快速适应新的工作环境和业务需求。他们善于从变化中寻找机会，迅速调整自己的策略和行动，以适应不断变化的商业环境。第三，新商科人才具备创新适应的能力。他们不满足于传统的商业思维和模式，勇于突破常规，通过创新的方式来应对挑战。他们能够从不同的角度思考问题，提出独特的解决方案，创造新的商业价值。第四，新商科人才具备团队协作的适应性。在团队中，他们能够快速融入不同的团队文化和合作模式，与团队成员共同应对挑战。他们善于沟通、协调和合作，能够促进团队的高效运作，共同实现商业目标。第五，新商科人才具备持续适应的能力。他们认识到数智时代技术发展迅速，不断学习新技术、掌握新技能，保持与时代的同步，且具备自我更新的能力，不断适应新的商业环境和发展趋势，保持自身的竞争力和适应性。因此，数智时代新商科人才的"适应性"特征体现在强烈的适应意愿、快速适应的能力、创新适应的能力、团队协作的适应性和持续适应的能力等方面。这些特征使他们能够更好地应对数智时代的挑战和机遇，推动商业的持续创新和发展。通过培养这些新商科人才，我们能够为企业注入强大的适应性力量，提升企业的竞争力和可持续发展能力。

6.3.4 数智时代新商科人才的"创新型"特征

数智时代商业环境发生了根本性的变化，促使商业、技术和人才的深入融合，新商业发展将电子商务平台、"互联网+服务"引入其中，实现线上线下深度融合。为适应这些变化，新经济时代需要具有创新且灵活思维的创新型高质量人才。数字化经济时代新商科人才要具有破除陈旧的理念，对于新型商业要有全新的认知,不断培养创新意识和变革意识,提高终身学习能力,逐渐掌握新商业技能,形成创新意识高、自主学习能力强的新商科人才。

数智时代新商科人才的"创新型"特征主要表现在以下五个方面:①创新思维。新商科人才具备创新思维,能够打破传统思维模式,从不同角度审视问题并提出新的解决方案。他们善于发掘商业机会,勇于尝试未知领域,以推动商业模式的创新和发展。②创新技能。新商科人才掌握了一系列创新技能,包括市场调研、用户画像构建、产品设计、营销推广等。他们能够运用这些技能,将创新思维转化为具有市场竞争力的产品或服务,实现商业价值的创造。③创新学习。新商科人才具备持续学习和自我更新的能力。他们关注行业动态和技术发展趋势,不断学习新知识、新技能,以保持竞争优势。同时,他们还善于从失败中吸取教训,不断调整和优化自己的创新策略。④创新合作。新商科人才重视团队合作,能够与不同背景、不同专长的人才共同协作,实现优势互补。他们善于沟通和协调,能够在团队中营造积极的创新氛围,推动创新项目的顺利实施。⑤创新文化。新商科人才积极倡导和践行创新文化。他们鼓励尝试、宽容失败,为团队成员提供充分的创新空间和支持。同时,他们还注重培养创新思维和创新能力,以激发整个组织的创新活力。

综上所述,数智时代新商科人才的创新型特征主要体现在创新思维、创新技能、创新学习、创新合作以及创新文化等方面。这些特征共同构成了新商科人才在数智时代的核心竞争力,使他们能够在激烈的商业竞争中脱颖而出,为企业和社会创造更多价值。

6.4 数智时代新商科人才培养的主要特征

6.4.1 思政引领,强化立德树人

数智时代新商科人才培养要坚持立德树人。立德树人是中国式现代化的育人要求,在专业课程教学中融入思政育人元素是落实立德树人任务的重要举措。坚持育人与育才相结合,实现思政教育与专业教育同向同行,构建"知识传授、素质培养、价值塑造"三维的人才培养目标。新商科人才的培养需要以思政引领为核心,强化立德树人,确保人才具备良好的道德品质和社会责任感。首先,要注重培养新商科人才的道德观念和社会责任感。通过思

政教育，引导他们树立正确的世界观、人生观和价值观，明确自身的社会责任，培养良好的职业道德和商业伦理，使他们在商业实践中能够遵守商业道德和法律法规，维护公平竞争和市场秩序。其次，要强化立德树人的理念。在培养新商科人才的过程中，要将立德树人作为根本任务，注重人才的全面发展。帮助学生树立正确的世界观、人生观和价值观，培养他们的爱国主义精神、集体主义精神和社会主义核心价值观。这些价值观对于新商科人才来说至关重要，能够帮助他们在商业实践中保持清醒的头脑和正确的方向。除了专业技能的培养，还要注重培养他们的综合素质，如沟通能力、团队协作能力、创新能力等，使他们成为德才兼备的优秀人才，使他们在商业合作中能够建立互信、协作共赢的关系。最后，要将思政引领贯穿于整个培养过程。通过思政课程、主题教育、社会实践等多种形式，将思政教育融入专业教育中，使新商科人才在掌握专业技能的同时，也具备良好的道德品质和社会责任感。

6.4.2 数字赋能，促进专业转型

随着大数据、人工智能、区块链、云计算等数字技术的不断涌现，开启"数智"时代，在新商科背景下利用新技术，创新教学方法，赋能人才培养，提升育人水平，思政引领，数字赋能新商科人才培养的创新体系。新商科人才的培养需要充分利用数字技术的赋能作用，促进专业转型，培养出具备数字化思维和技能的新型人才。首先，要注重培养新商科人才的数字化思维。通过数字技术的教育和实践，引导他们理解数字化对商业模式的重塑和影响，培养他们运用数字技术解决问题的能力。其次，要促进新商科专业的数字化转型。在专业课程设置和教学中，应融入更多的数字技术和数字化内容，使专业教育更加贴近数字化时代的实际需求。同时，应积极探索数字化教学模式和方法，提高教学效果和学生的学习体验。最后，要搭建数字技术实践平台，为学生提供更多实践机会。通过建立实验室、实践基地等方式，让学生在实际操作中掌握数字技术，提升数字化应用能力。此外，应鼓励学生参与数字创新项目，培养他们的创新思维和实践能力。数字赋能、促进专业转型是新商科人才培养的重要方向。通过培养数字化思维、促进专业数字化转型以及提供更多实践机会，可以培养出具备数字化技能的新商科人才，为商业和社会的发展做出积极贡献。

6.4.3 深度融合，培养卓越人才

传统专业建设注重于单一学科的专业建设，尽管开设了数学、运筹学等相关课程，但是离数字时代新商科建设的要求还相去甚远，与企业对复合型技术人才的需求存在矛盾。随着数智时代的到来，按照新商科建设原则，计算机科学与技术等学科专业进行深度融合，培养卓越人才。新商科人才的培养需要实现深度融合，将商业理论与实践、技术与艺术、数智与人性等元素有机结合，培养出具备卓越能力的复合型人才。首先，要注重商业理论和实践的深度融合。在培养过程中，应将理论学习与实践操作相结合，使学生能够将理论知识应用于实际商业场景中，提高解决实际问题的能力。同时，应鼓励学生参与企业实习、实践项目等，让他们在实际工作中积累经验，提升实践能力。其次，要实现技术与艺术的深度融合。在培养新商科人才的过程中，应注重培养他们的创新思维和审美能力，使他们能够将技术与艺术有机结合，创造出更具价值的商业成果。同时，应引导学生关注用户体验和人性化设计，将人文关怀融入商业实践中。最后，要实现数智与人性的深度融合。在数智时代，商业决策和运营需要充分考虑数据和智能化因素，但同时也需要关注人性需求和情感价值。因此，新商科人才的培养应注重培养他们的人际交往能力、情感智能和同理心等人性因素，使他们能够在商业实践中实现数智与人性相结合。

6.5 数智时代新商科人才培养模式框架结构

6.5.1 数智时代新商科人才培养模式框架目标

1. 总目标

在数智时代背景下，新商科人才培养模式框架的总目标是以立德树人为根本，将思政教育贯穿于新商科人才培养的全过程，通过"思政引领"和"数智赋能"两大核心策略，全面重构新商科人才培养体系。这一目标旨在促进新商科人才教育与思政教育和现代信息科技的深度融合，推动新商科教育在数字化和智能化方面的转型升级。

2. 分目标

根据总体目标，为保证数智时代新商科人才培养模式落地，进一步细分为四个具体目标，并分别衍生出不同的显性成果。具体如图 6-1 所示。

◎ 数智时代新商科人才培养的理论研究与实践探索

```
构建数智时代新商科人才培养体系、人才培养资源和人才培养模式
├─ 目标一：建设一套"思政+数智+新商科"的人才培养方案 → 人才培养方案
├─ 目标二：构建并实施"思政+数智+新商科"的多学科协同课程生态 → 系列特色课程 专业思政课
├─ 目标三：开发并实施"思政+数智+新商科"的多维协同育人资源库 → 教材/金课/案例/实验项目等
└─ 目标四：建设并实施"产学研创用"互动的多主体协同育人平台 → 现代产业学院 实践基地
```

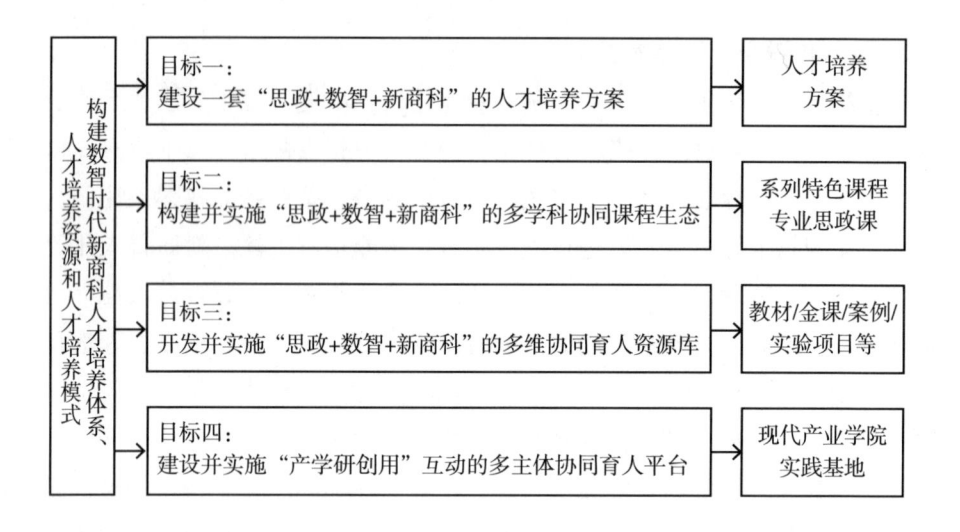

图 6-1 构建数智时代新商科人才培养体系细分目标

（1）建设一套"思政+数智+新商科"的人才培养方案，构建"思政引领+数智赋能"的新商科专业智能化人才培养方案。数智化升级人才培养方案，构建与新商科发展相适应的数智化课程体系，包括大数据、人工智能、云计算等前沿技术课程，以及数字化营销、电子商务等应用型课程。修订和完善思政课纲，将数智化元素融入思政课程，引导学生从数字化和智能化的角度思考社会问题，增强思政教育的时代感和针对性。

（2）构建并实施"思政+数智+新商科"的多学科协同课程生态。坚持立德树人，全面建立完整的新商科专业课程思政体系；与现代信息科技和相关学科有机融合，构建数智化新商科特色课程体系。将思政教育贯穿于新商科人才培养的全过程，确保学生在掌握商业知识和技能的同时，也具备良好的思想道德品质和社会责任感。创新思政教育形式和内容，使其与新商科教育紧密结合，形成具有新商科特色的思政教育体系。

（3）开发并实施"思政+数智+新商科"的多维协同育人资源库。全面开发新商科专业的课程思政体系；建设一批数智特色"金课"；出版一套数智化新商科系列教材；开发一套课程思政、数智化新商科的系列案例；建设一批数智化新商科的实验项目。开发智能化的系列教材，利用现代信息科技手段，提供丰富多样的学习资源和互动体验。打造金课，即高质量、有特色的课程，

提升新商科课程的教学质量和影响力。编写和收集与新商科相关的案例，为学生提供实践学习的机会，增强学习的针对性和实用性。建设新商科实验平台，模拟真实商业环境，让学生在实践中学习和掌握新商科知识和技能。

（4）建设并实施"产学研创用"互动的多主体协同育人平台。与企业联合攻关，建设立体化的应用场景，共建实践基地，建设"数智化现代产业学院"，形成多主体协同育人机制。以现代信息科技为支撑，建设"数智现代产业学院"，为学生提供更加贴近产业实际的学习环境和资源。加强与企业和行业的合作，共同开发课程和教材，为学生提供更加符合市场需求的职业技能和素养培训。

6.5.2 数智时代新商科人才培养模式思路设计

以新商科建设为指导，结合总目标和分目标，结合哈尔滨商业大学和哈尔滨金融学院两所黑龙江省高校的实际人才培养方案，提出数智时代新商科"思政引领、数智赋能、学科交叉、产教融合、国际视野、特色发展"人才培养基本思路。其中，"思政引领、数智赋能"为核心指导思想，思政引领的目标重在育人，通过育人提升育才效果，实现育人与育才的有机统一；数智赋能的目标重在育才，利用数智科学技术，赋能人才培养创新教育教学方法，通过育才加强育人水平。具体地，以服务高质量发展为目标，紧跟新一轮科技革命和产业变革新趋势，通过"思政引领"和"数智赋能"，将新商科人才培养与思政教育、数智科技深度融合，构建以立德树人为根本任务，以学生发展为中心，"价值塑造+知识传授+能力培养"深入融合"思政+数智+新商科"的人才培养体系。具体如图6-2所示。

◎ 数智时代新商科人才培养的理论研究与实践探索

战略目标

目标导向：
思政引领，数智赋能，紧跟科技革命和产业变革新趋势，对新商科数智化升级，培养满足高质量发展的智能决策型新商科专业人才

体系构建

思政引领 ↔ 数智赋能
↓   ↓
新商科人才

构建以立德树人为根本任务，以学生发展为中心，"价值塑造+知识传授+能力培养"深入融合的"思政+数智+新商科"的人才培养体系

行动方案

创新并实施"讲诚信、守规则、高素质"的新商科数智化升级的多维度协同育人运行模式

多学科协同育人	多资源协同育人	多主体协同育人
哲学、马克思主义理论、社会学、法学、数学、统计学、计算机科学与技术、经济学、管理学	课程资源、教材资源、案例资源、现实场景、实践平台、实践基地	"产业链、创新链、教育链"有效衔接；"产、学、研、用"互动共赢；"产业、智能会计教育、现代信息科技"共建共享

示范成果

"思政+数智+新商科"的人才培养体系和运行模式示范推广成果

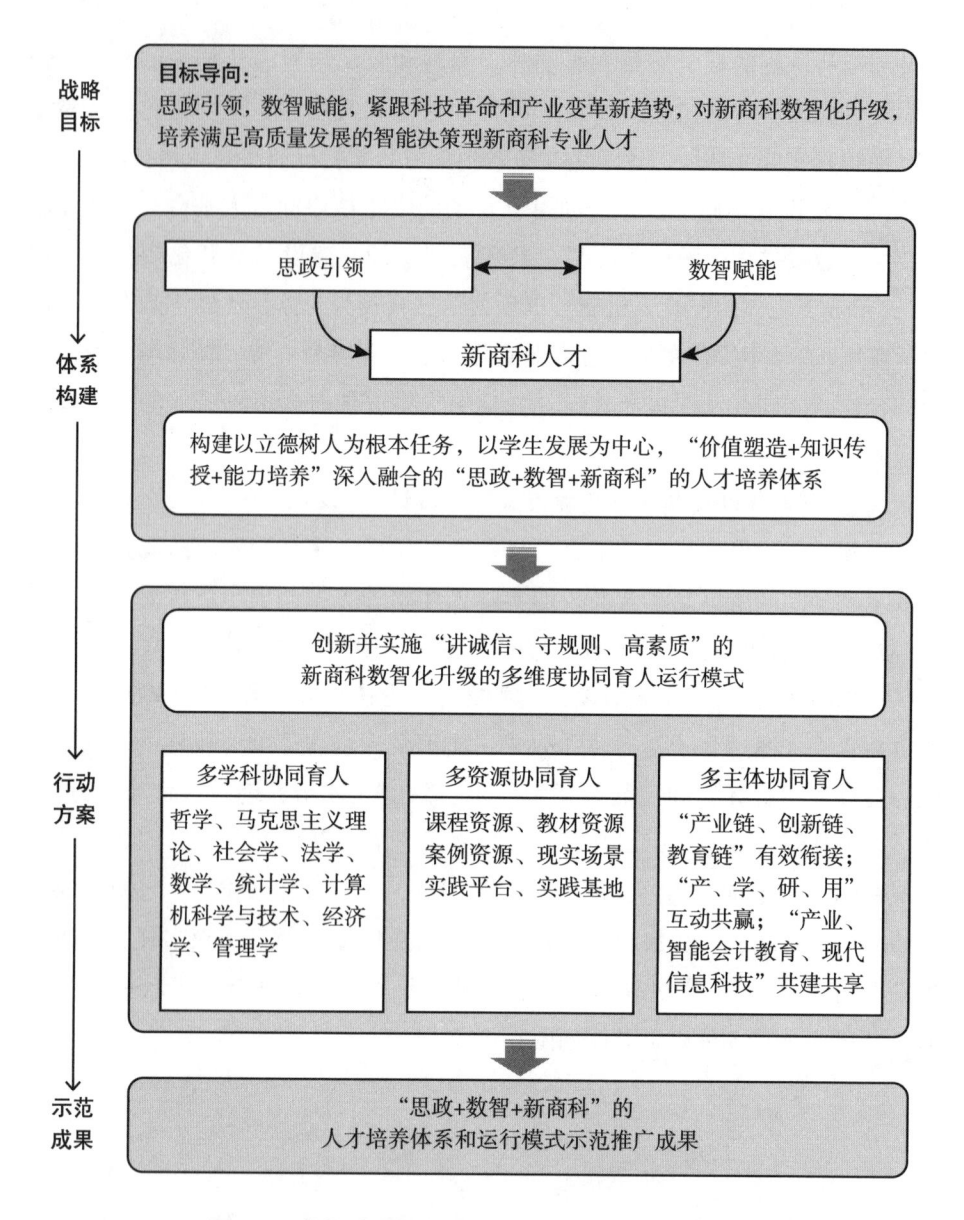

图 6-2 数智时代新商科人才培养体系构建思路设计

6.5.3 数智时代新商科人才培养模式框架结构构建

构建的新商科人才培养体系，充分体现了新商科建设的交叉、融合、价值、协同等多元性，综合"思政+数字"双轮驱动深度融合的多领域知识。该体系不仅有助于培养适应数智时代需求的卓越会计人才，还为其他商科类专

6 数智时代新商科人才培养模式构建

业的新商科建设提供了有益的借鉴和参考。同时，本研究也为高校商科教育的创新发展和质量提升提供了新的思路和方向。

本研究选取黑龙江省两所高等院校哈尔滨商业大学和哈尔滨金融学院为研究对象，以新商科建设为背景，着手进行新商科建设实践，充分整合学校商科类专业的教学资源，利用数字技术。在修订2022年版人才培养方案的基础上，优化课程组建设，重新编写2022年版教学大纲，通过创新培养模式、改革课程体系、变换教学方式、丰富思政体系、健全实践内容、制定评价机制。构建新商科背景下，以思政引领、数字赋能的"跨学科、跨内容、跨进程、跨平台、跨时空、跨维度"六层面的创新新商科专业人才培养体系。充分体现新商科建设的交叉、融合、价值、协同等多元性，综合"思政+数字"双轮驱动深度融合的多领域知识，达到培养卓越会计人才的要求，具体如图6-3所示。

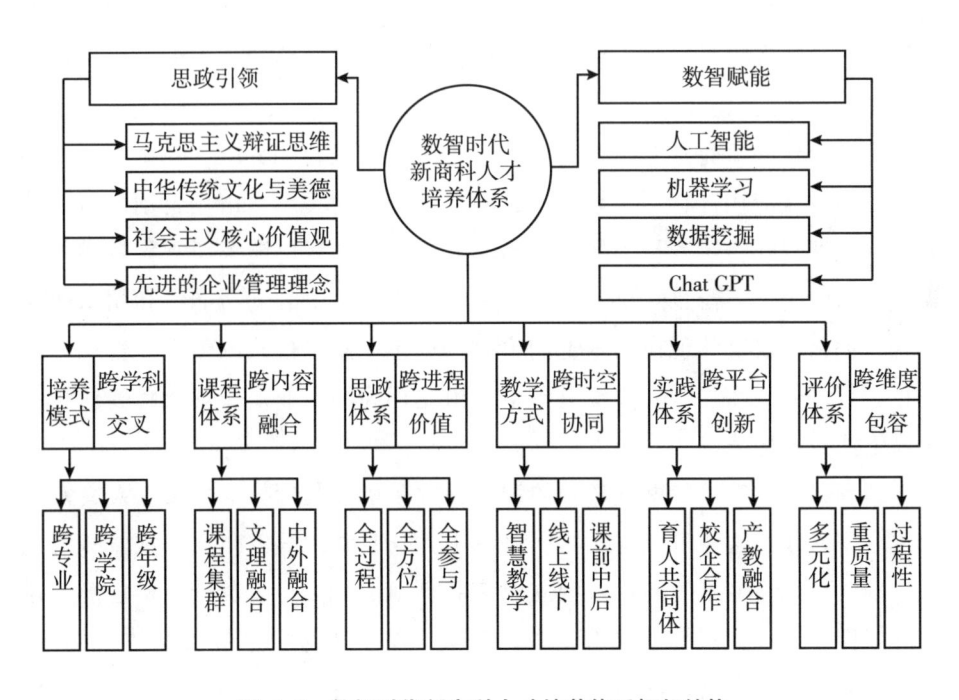

图 6-3 数智时代新商科人才培养体系框架结构

6.6 数智时代新商科人才培养"1234"创新模式构建

6.6.1 思政引领+数智赋能的核心思想

新商科作为新文科理念下开展商科教育的新概念和重要组成部分，其建设成效直接关系到中国特色文科人才培养体系构建的质量。数智时代背景下，利用新技术、新方法、新理念、新模式和新体系将传统商科交叉重组形成新商科，使新商科教育体系符合中国特色商科教育，培育出契合新时代需求的新商科人才；使专业知识这条明线与思政元素这条暗线两线相嵌，同向通行，显性教育与隐性教育相统一，形成协同效应。

6.6.2 专业教育+思政教育两线相嵌

数智时代的到来标志着科技和信息的迅猛发展，对商科专业的要求也越发提高。在这一背景下，新型商科专业教育在传承传统商科知识的基础上，更加注重数智化、信息化的融合，以适应未来社会的发展趋势。新商科专业教育和思政教育相互嵌合，形成一条螺旋上升的发展路径，为学生提供更为全面和深层次的培养。

数智时代的新商科专业教育突破了传统商科教育的界限，强调跨学科融合和前沿科技应用。在课程设置上，除了传统的管理学、市场营销、财务管理等基础课程外，还增设了数据分析、人工智能、区块链等新兴科技相关的课程。与此同时，新商科专业教育更加注重培养学生的创新能力和团队协作精神。创新不仅仅体现在技术上的突破，更包括商业模式的创新、管理方式的创新等多个层面。思政教育引导学生树立正确的商业道德观念，关注社会公益，注重可持续发展。

新商科专业教育和思政教育的结合，旨在培养既懂技术，又有人文素养的复合型人才。这种培养模式的优势在于，既能够让学生在技术领域有所突破，同时也能够培养他们具备独立思考和创新的能力，以及社会责任感。在实际操作中，新商科专业教育和思政教育可以相互渗透、相互促进。例如，商科专业的课程中可以融入一些思政元素，让学生在学习商业知识的同时，也能够思考商业活动对社会的影响、对员工的责任等问题。同时，思政教育也可以通过案例分析、实地考察等方式，将抽象的思想政治理论与实际商业活动相结合，使学生更好地理解理论、运用理论。

总体而言，数智时代新商科专业教育和思政教育的相互嵌合，为学生提供了更为全面、深层次的培养。在商业竞争日益激烈、社会对商业人才提出更高要求的背景下，这种培养模式能够更好地满足社会对于人才的需求，培养出具有全球视野、创新精神和社会责任感的优秀商业人才。

6.6.3 知识传授能力培养价值塑造三维目标

数智时代新商科人才培养在知识传授、能力培养、价值塑造三个方面赋予了更为全面和深刻的目标，以适应日益复杂和多变的商业环境。这三维目标共同构建了一个立体的人才培养体系，旨在培养学生成为既具备卓越专业知识，又具备创新能力和社会责任感的卓越人才。

首先，知识传授方面，新商科人才培养要求教学内容不仅要覆盖传统商科基础知识，还要深入涉及数智时代的前沿科技和创新理念。课程设置上应包括数据科学、人工智能、区块链、数字化营销等新兴领域的课程，使学生能够深刻理解并熟练运用这些先进技术。知识传授的目标是使学生建立起扎实的专业基础，具备对复杂商业环境的全面理解。同时，知识传授的方式也需要更新。采用案例教学、项目驱动等方法，让学生通过实际问题的解决来学习理论知识。引入行业专家、企业实践导师，使学生能够更好地了解实际业务操作和行业趋势。知识传授不再仅仅是传授知识点，更要培养学生的学科思维和实际应用能力。

其次，能力培养方面，新商科人才培养的目标是培养学生具备全面的综合能力。除了要注重传统商科领域的分析、沟通、团队协作等基本能力外，更要注重数智化、创新和跨文化交流等方面的培养。数智时代商业需要更强调数据分析能力、信息处理能力以及信息安全意识。新商科人才培养要求学生具备创新思维，能够在不断变化的市场中找到新的商机，推动企业不断发展。

最后，价值塑造方面，新商科人才培养要求在培养专业能力的同时，注重培养学生的社会责任感、商业道德观念和可持续发展意识。数智时代商业活动不仅仅关注经济效益，更需要考虑社会影响和环境可持续性。新商科教育要培养学生具备社会责任感，明白商业决策对社会的影响，关注企业的社会责任。在课程设计上，可以引入商业伦理、社会责任管理等课程，让学生深刻理解商业活动对社会的影响，并通过案例分析、讨论等方式培养他们的商业伦理判断能力。同时，通过实践项目和志愿活动，让学生在实际操作中感受社会责任，并形成对可持续发展的认识。

总的来说，数智时代新商科人才培养的三维目标——知识传授、能力培养、价值塑造，构建了一个立体的培养框架。这一框架旨在培养具备全球视野、创新思维、实际应用能力和社会责任感的卓越人才。通过全面的教育目标，新商科人才培养既追求专业深度，又强调全面素养，以更好地适应数智时代新商科人才的发展需求。

6.6.4 思政引领+数智赋能的四体创新路径

数智时代的新商科人才培养不仅要注重专业技能的培养，更要关注思政元素的融入，使学生在获取专业知识的同时，具备马克思主义辩证思维、中华传统文化与美德、社会主义核心价值观以及先进的企业管理理念。这四个思政方面的综合培养，将有助于培养全面发展、富有社会责任感的新时代卓越人才。

马克思主义辩证思维在新商科人才培养中的作用至关重要。辩证思维是马克思主义哲学的核心之一，体现了全面、历史性、发展性的思考方式。在商业领域，全面、历史性、发展性的辩证思维能够使商科专业人才更好地理解复杂的商业环境和市场变化，形成全面、科学的决策。辩证思维还能够帮助他们在团队协作中更好地应对矛盾和冲突，推动团队创新和发展。

马克思主义辩证思维的培养可以从课程设置、教学方法以及实践项目等多个层面入手。首先，在课程设置上，可以引入哲学、伦理学等课程，向学生介绍马克思主义辩证思维的基本原理。通过案例分析和讨论，培养学生运用辩证思维分析问题、解决问题的能力。其次，在教学方法上，可以采用启发式教学、小组讨论等方式，激发学生的思辨能力。最后，在实践项目中，可以通过团队协作的方式，让学生在实际操作中运用辩证思维，促进他们的全面发展。

中华传统文化与美德的融入有助于培养商科人才的人文精神和道德观念。中华传统文化强调仁爱、诚信、谦和等价值观念，这些价值观念对于商业领域的人才是至关重要的。新商科人才不仅要具备商业技能，还要有社会责任感和良好的道德品质。通过引入中国哲学、文学、艺术等方面的课程，可以向学生传授中华传统文化的精髓。通过讨论经典著作、参与文化活动，学生能够深刻理解传统文化对于人的影响，形成积极向上的人生态度。在实践中，可以通过文化交流、社区服务等形式，让学生将传统文化的理念融入实际行动中。这样的文化渗透旨在让商科人才在追求商业成功的同时，更注重社会责任，树立正确的商业道德观。

社会主义核心价值观的引入是新商科人才培养的又一重要方面。社会主义核心价值观强调富强、民主、文明、和谐、自由、平等、公正、法治、爱国、敬业、诚信、友善等价值取向。这些价值观念既是社会主义核心理念的体现，也是新时代中国特色社会主义的精神支柱。

通过课程设计和教学实践，新商科人才培养可以将社会主义核心价值观融入商科知识体系中，使学生在学习专业学科的同时，能够理解和认同社会主义核心价值观。通过社会实践、志愿活动等方式，让学生在实际操作中体验社会主义核心价值观的力量，培养他们在商业活动中积极践行这些价值观念。

先进的企业管理理念的引入有助于使新商科人才更好地适应市场竞争和企业管理的要求。在数智时代，企业管理不再仅仅关注传统的管理理论，更需要关注创新管理、数字化管理等方面的新理念。学生需要了解并掌握先进的企业管理工具和方法。在教学中，可以引入创新管理、数字化营销、敏捷管理等相关课程，使学生了解最新的企业管理理念。通过与企业的合作、实地考察等形式，学生能够深入了解企业的实际管理情况，培养他们分析和解决实际管理问题的能力。通过团队项目、模拟经营等方式，学生能够在实际操作中运用先进的管理理念，提高管理水平。

数智时代的新商科人才培养必须紧跟科技发展的潮流，注重培养学生在人工智能、机器学习、数据挖掘以及自然语言处理等领域的专业能力。这些创新技术在新商科人才培养方面的应用日益广泛，因此，新商科人才不仅需要具备传统商科领域的知识，还要能够灵活应用人工智能等技术解决实际问题。人工智能是数智时代商科中不可忽视的关键技术之一。AI的广泛应用已经改变了商业运作和决策的方式。新商科人才需要深入了解人工智能的基础理论和应用技术，以便将其融入商业决策、市场分析、客户服务等各个方面；机器学习是人工智能的一个分支，其核心思想是通过让计算机系统学习数据，从而提高其在未来任务中的表现。在商业领域，机器学习被广泛应用于预测分析、客户行为分析、风险管理等方面；数据挖掘是从大规模数据中提取有价值信息的过程，对于商业领域的决策支持和市场分析至关重要。新商科人才需要具备数据挖掘的技能，能够从海量数据中挖掘出潜在的商业机会和规律；自然语言处理是研究计算机与人类语言之间交互的领域，涉及语音识别、文本处理等方面。在商业领域，NLP可用于智能客服、情感分析、舆情监测等。

7 数智时代新商科人才培养模式的具体实施路径

7.1 确定先进的新商科人才培养目标

"新商科"是将传统商科类学科进行交叉整合，将数字技术引入到学科教学中，用新的培养理念、新的培养方法、新的培养模式为学生提供综合实践性学科教育。在数智时代背景下，现有的商科人才培养目标难以满足市场对商科人才的需求。因此，应确定与时俱进的新商科人才培养目标，在数智时代新商科人才培养过程中应强化"商科思政""交叉学科培养商科人才""数字化商科"的培养理念，注重教育现代化理念，构建教师与学生全员、全程、全方位的现代化育人大格局。具体来说，数智时代新商科人才的培养目标主要包括以下内容。

7.1.1 树立跨界融合的人才培养理念

在数智时代下，商业领域的界限逐渐模糊，学科间交叉融合，跨界合作成为常态。新商科人才不仅要熟练掌握财务专业知识信息，还要具备管理思辨能力和行业战略眼光。在商科专业多元化的知识架构基础上，针对性研学大数据、物联网等数字信息知识，满足数字经济对新商科人才综合能力的需要。同时，随着智能化发展，经济发展越来越快，对大学生的数字伦理、职业道德与社会责任提出了更高的要求。将思政环节融入课程教学中，教师应引导学生认识到作为商科人才应承担的社会责任和遵守的职业道德规范，构建"思政育人，红色商科"的教育理念，更好地促进学生综合素质的提高。

由此可见，做好学科专业跨界学习的规划布局至关重要。新商科人才的培养需要注重跨界融合，构建学科交叉、课程衔接的人才培养模式，鼓励学生跨学科学习，培养他们掌握多领域的知识和技能，使其具备较高的数字化能力素养和组织协调能力，以便更灵活地应对复杂多变的商业环境。

7.1.2　建立"双创"和逻辑思辨意识

创新、创业是推动商业发展的核心动力，因此，新商科人才的培养应注重有意识地与"双创"教育相结合。新商科人才需要具备独立思考、勇于创新的能力，能够应对快速变化的商业环境，提出创新的商业解决方案。通过创新教育、创新创业实践等方式，引导学生独立思考、勇于尝试，培养他们的创新思维和创新能力，以应对快速变化的商业环境，缓解商科数字化人才行业创业能力不足的问题，进而推动商业经济的创新发展。

此外，新商科教育的性质更新使得商科人才必定要接触一系列社科类教育课程。逻辑思辨是新商科数智化人才能够随时应变市场工作场景中解决问题，有效沟通处理突发事件的能力。当然，新商科人才具备逻辑思辨能力的显著特点便是积极主动提升自身商业经管所需的数字化能力与思维辨析能力。因此，新培养目标要有意识地树立学生的逻辑思辨能力。

7.1.3　注重人才实践能力培养

实践能力是新商科人才必备的素质之一。在对数智时代新商科人才培养模式改革的意见建议中，"校企合作"成为高频词，新时代综合型商业人才的培养必然离不开与高质量企业合作和实践的共育。新商科人才需要具备解决实际问题的能力，能够将理论知识应用于实践中，提高实践操作技能。通过加强与龙头企业合作，以学校或学院为单位，确定合作企业，从学生培养计划、企业导师课程设置、企业实践实习等方面签订合作协议，加强学生深度实习实践，锻炼学生的实务操作能力和沟通协调能力，并培养其经营决策能力及组织管理能力，为商业经济时代提供人才支持，更好地适应企业的实际需求。

7.1.4　提高关注全球视野和跨文化交流的能力

在全球化背景下，全球化商业交流和合作日益频繁。新商科人才要学会用全球视野立足中国国情，以备随时应对国际信息化市场的迭代变更与能力提升诉求。因此，新商科人才的培养需要注重培养他们的全球视野和跨文化交流能力。通过提供国际交流和合作的机会，开阔学生与教师的国际化视野，提升学生的外语交流能力，对标世界前沿，提高跨文化交流能力，牵引推动专业人才国际化培养，以适应全球化的商业经济发展。数智时代新商科人才培养模式目标分解如图 7-1 所示。

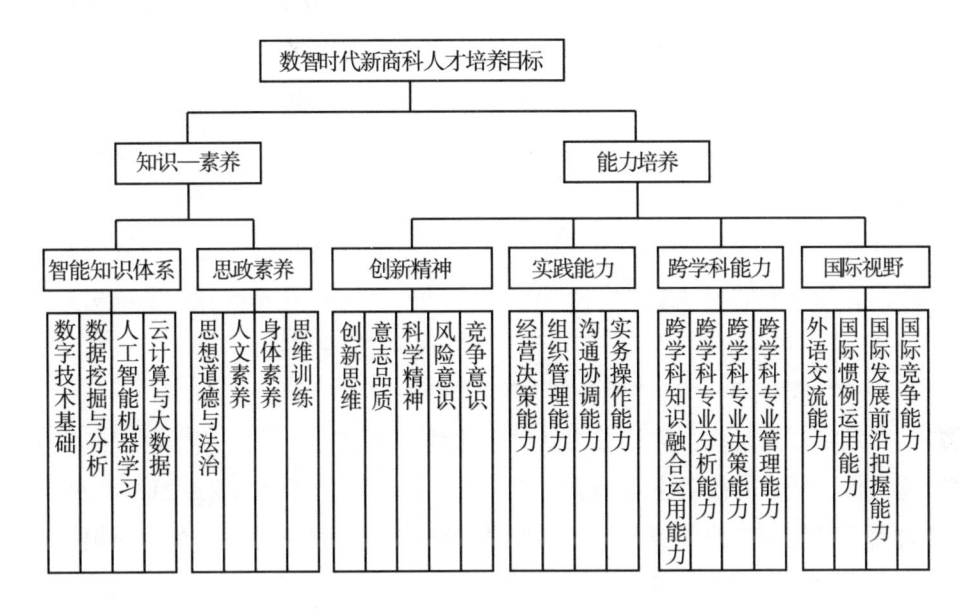

图 7-1 数智时代新商科人才培养模式目标分解图

目标分解结构如下：

- 数智时代新商科人才培养目标
  - 知识—素养
    - 智能知识体系
      - 数字技术基础
      - 数据挖掘与分析
      - 人工智能与机器学习
      - 云计算与大数据
    - 思政素养
      - 思想道德与法治
      - 人文素养
      - 身体素养
      - 思维训练
  - 能力培养
    - 创新精神
      - 创新思维
      - 意志品质
      - 科学精神
      - 风险意识
      - 竞争意识
    - 实践能力
      - 经营决策能力
      - 组织管理能力
      - 沟通协调能力
      - 实务操作能力
    - 跨学科能力
      - 跨学科知识融合运用能力
      - 跨学科专业分析能力
      - 跨学科专业决策能力
      - 跨学科专业管理能力
    - 国际视野
      - 外语交流能力
      - 国际惯例运用能力
      - 国际发展前沿把握能力
      - 国际竞争能力

因此，数智时代新商科人才的培养目标是通过跨界融合、"双创"思维和逻辑思辨意识、实践能力和全球视野等能力的培养，从而构建成为具备"产、教、学、研"一体化特征的跨学科、多主体融合教学体系，努力实现新商科人才高质量培养。

7.2 深化新商科人才培养的思政引领

在数智时代，新型商业模式对新商科人才的诚信品质、职业道德、社会责任感等提出了更高的原则和要求。通过思政引领，可以帮助学生树立正确的世界观、人生观和价值观，培养他们的社会责任感和商业伦理，提高职业道德素养。并且有助于培养学生的创新思维、实践能力、全球视野等综合素养，以适应数智时代商业发展的需求。因此，新商科人才培养的思政引领具有重要现实意义。

7.2.1 强化马克思主义理论教育

在数智时代新商科人才培养的思政引领中，高校需要强化马克思主义理论教育，通过开设相关课程，引导学生深入学习马克思主义基本原理和方法，培养他们的辩证思维能力和理论素养，帮助他们正确认识商业现象，学会分析处理商业突发问题。同时，高校需要将社会主义核心价值观融入新商科人才培养的全过程中，通过开展红色主题教育、阅读习近平总书记系列讲话等形式，引导学生树立正确的价值观念，培养他们的社会责任感和商业伦理道德。

此外，加强思政教师队伍建设必不可少。提高思政教师的专业素养和教学能力，鼓励他们与专业教师合作，共同推进新商科人才培养的思政引领工作。

7.2.2 "课程思政"与"业务能力"双驱动

在数字经济时代，数据成为新的关键生产要素，企业对数据伦理与安全颇为重视。所以高校应注重对学生的职业道德教育，开设职业道德相关课程，结合商业案例和实践，培养学生的职业道德素养和职业操守，帮助他们树立正确的职业观念和职业精神。

但是商科课程教学不能为思政而思政，也不能拘泥于形式，而是要与课程内容相结合，采用"课程思政"与"业务能力"的双驱动的教学模式，结合财经热点和企业真实案例，鼓励学生积极思考和探讨。通过对企业生产经营过程中遇到的商业问题的发掘，既能培养学生的逻辑思维和解决问题的能力，又能使学生了解到企业和个人应尽的社会责任，帮助学生树立自觉维护国家利益、社会利益的价值理想信念，更好地促进学生综合素质的提高。此外，课程业务与思政部分的自然融合需要高校教师采用多样化的授课形式，课堂上通过情景模拟、辩论等形式激发学生的学习主动性，促进学生对课程知识的理解、掌握、拓展与深化；课后可以通过实践课程、企业实习、实践项目等方式，让学生在实践中体验商业运作和商业伦理，培养他们的实践能力、创新思维和全球视野。

7.3 完善新商科人才培养的教材建设

当下，商科教材的教学目标侧重于理论知识传授，然而，随着数智技术的发展，企业需要商科人才具备数据敏感度、数据处理能力、战略管理思维等来服务于企业生产经营，帮助企业有效地实施战略决策。因此，新商科人才培养的教材建设急需进行相应的更新和调整，以适应市场对人才的实际需求。其中，线上教育逐渐成为一种重要的教育形式，将课程上云端，实现教材数字化，可以更好地满足学生的学习需求，提高教育质量和效率。具体来说，教材建设可以从以下五个方面入手。

7.3.1 更新教材内容

商科教材内容应紧密结合数智时代的发展趋势，及时更新和补充新兴领域和技术的相关知识。在教材中融入前沿的数智化元素，旨在帮助学生了解最新的商业趋势和技术创新，培养学生的数字化思维、数据分析能力和智能化技术应用能力。例如，教材设计可以引入前沿数智化概念，在课程大纲中增加数智化相关章节，如大数据、人工智能、云计算等，让学生了解这些领域的基本概念和应用场景。与此同时，教材内容应该注重理论与实践的结合，深入探讨数字化转型对商业模式的影响，以及如何创新商业模式以适应数字化时代。相关章节内容可以结合行业案例，通过分析实际行业案例和实践操作等方式，引导学生通过实际案例进行数据分析实践，让学生理解数字化转型的必要性和实施策略，增强学习兴趣和动力，培养学生的数据驱动思维和决策能力，帮助学生更好地理解和掌握相关知识。

此外，教材内容更新时，还要注意跨学科融合的问题，将数智化元素与其他学科知识相结合，例如，将数据分析与经济学、管理学等课程相结合，培养学生的跨学科综合能力。由此可见，在新商科人才培养过程中商科教材亟待更新。

7.3.2 引入数字教材

数字教材即以数字形态存在、可动态实时更新内容并记录交互轨迹的数字终端阅读资料。数字化教材的建设有赖于从编辑加工、内容审核、出版发行到教学使用、平台支持等环节的全流程数字化。它是撬动课堂教学数字化转型、实现优质教育资源共享的基础。数字教材作为教育数字化进程中的创新成果，为现代教学和学习提供了全新的模式。

数字教材融合了多媒体元素，将传统的纸质教材内容转化为可在各类电子终端上互动的数字化形式。数字教材不仅包含文字、图片等传统元素，还融入了音频、视频、动画等多媒体内容，可以提供丰富的课程内容和学习体验。数字化教材具有动态更新、个性化定制、互动性高、使用便捷性、科学环保等特点。其最大亮点在于其互动性，通过内置的互动模块，学生可以参与测试、解答问题、完成练习，与教材内容进行实时互动，从而激发学习兴趣，提高学习效果。同时，数字教材还支持师生、生生之间的实时交流，让学习变得更加灵活和便捷。另外，数字教材的应用场景广泛，可以应用于课堂教学、在线学习、远程教育等多个领域。

由此可见，在新商科人才培养过程中引入数字化教材不仅可以适应数字化时代的教育需求，提供丰富多样的学习资源，增强学习的互动性和实践性，还能够根据学生的学习情况和反馈进行个性化调整，实现更加精准、高效的教学和学习，促进教育公平。这些优势将有助于培养出更多具有数字化思维和技能的新商科人才，为商业领域的发展做出更大的贡献。

7.3.3 强化实践教材

实践是培养新商科人才的重要环节之一，因此教材建设中应注重实践教材的建设。实践教材应包括实践指导书、实验教程、项目案例等内容，以帮助学生更好地进行实践操作和学习。数智时代实践教材建设中，教材种类繁多，但应该着重加强数字实践和专业管理实践教材建设。

在数字实践方面，高校教学可以引入数字技术类实践教材。例如，数据分析实践教材，该教材介绍数据分析的基本方法和工具，如数据清洗、数据可视化、统计分析等。通过实际案例，引导学生运用数据分析技术解决实际问题，培养其数据驱动的思维模式。云计算实践教材，该教材介绍云计算的基本原理和关键技术，如虚拟化、容器化、微服务等。通过实践项目，让学生搭建和管理自己的云计算环境，培养其云计算技术的应用能力。

在专业管理实践方面，高校教学可以增添管理创新类实践教材。例如，项目管理实践教材，该教材介绍项目管理的原理和方法，包括项目计划、进度控制、团队协作等。通过模拟实际项目，让学生体验项目管理过程，提高其项目管理能力。创新创业实践教材，该教材介绍创新创业的基本知识和方法，如市场调研、商业模式设计、产品开发等。通过引导学生进行创新创业实践，培养其创新思维和创业精神。

此外，随着数字化时代数据安全备受重视，网络安全实践教材能够有效提高学生的网络安全意识。该教材介绍网络安全的基本原理和技术，如密码学、防火墙配置、入侵检测等。通过模拟网络安全事件，让学生进行网络安全防护和应急响应。

7.3.4 建立数字教材评价体系

随着数字化教育的快速发展，数字教材在教育领域的应用越来越广泛，数字教材凭借其便捷性、互动性和个性化等特点，为学生和教师提供了全新的学习体验。然而，为了确保数字教材的质量和有效性，对数字教材进行科学、客观的评价是必不可少的。

数字教材体系评价对象是数字教材，包括其内容、技术实现、用户体验等方面，根据教材内容的准确性、互动性、实用性、创新性、安全性等方面设立评价标准。各高校可以采用专家评审、问卷调查、使用体验反馈等方法，评估数字教材的质量和有效性，并积极鼓励学生参与教材评价并提出改进意见和建议。同时，应将评价结果及时反馈给数字教材的编写者和管理者，以便对数字教材进行改进和优化，并将评价结果公开化，为其他教师和学生提供参考和借鉴。如此才能确保数字教材的质量和有效性，为学生提供更好的学习资源。

下面结合具体实例，对数字教材的评价进行详细介绍。例如，在技术实现方面，数字教材在展示科技创新对区域低碳转型影响时，通过3D动画和仿真实验来呈现。这些动画和仿真实验的流畅性和兼容性，就是评价考核指标之一。在用户体验方面，评价者可以通过问卷调查收集学生的反馈，了解大多数学生认为数字个性化体验对学习的客观评价。在安全性方面，评价者可以对个人信息的加密措施、访问控制以及合规性声明等方面进行评价。在内容更新频率评价方面，商科数字教材往往要紧跟会计准则的变化定期更新内容，满足最新的账务处理要求。评价者可以对其更新频率和质量层面予以评价。

数字教材评价不仅关乎教材本身的质量提升，更是对学生学习效果和教育质量的保障。通过科学、客观、全面的评价，我们能够筛选出内容准确、技术先进、互动性强、用户体验佳且安全可靠的优质数字教材，为广大学子提供更加丰富、高效的学习资源。因此，数字教材评价的意义重大而深远，它推动着数字化教育不断向前发展，为构建更加美好的教育未来奠定坚实基础。

7.3.5 加强数字教材团队建设

加强数字教材团队建设也是提升数字教材质量和有效性的关键环节。新商科教材建设需要由一支专业化团队负责编写、审核和更新教材内容。为了打造一支高效、专业的团队，需要从以下三个方面进行努力。

1. 明确团队目标和职责至关重要

数字教材建设涉及内容编写、教学设计、技术开发、美工设计等多个领域，工作内容多元化。故此，团队成员需要明确自己的工作任务和期望成果，充分发挥每个成员的专长，提高团队的综合素质，以确保教材建设工作的高效推进。同时，要制定团队的整体预期目标，科学化分工，使团队成员为共同目标努力。

2. 持续的培训和学习对于团队建设同样重要

随着数字技术的不断发展，团队成员需要不断更新自己的知识和技能。通过定期的培训和学习活动，由此可以提升团队成员的专业素养和应对新挑战的能力，使团队始终保持领先地位。并且通过定期的团队会议、有效的沟通渠道以及鼓励成员之间的交流与讨论，促进信息的流通和知识的共享，共同解决工作中遇到的问题，营造积极学习的团队氛围。同时，可以通过建立科学的激励机制和评价机制，激发团队成员的工作积极性和创造力，并对其工作情况进行评价和反馈，帮助他们了解自己的不足之处并加以改进。

3. 加强团队合作和文化建设是加强数字教材编写团队建设的有效途径

通过培养团队合作精神、树立共同的价值观念和行为准则，可以增强团队的凝聚力，使每个成员都能够为共同的团队目标努力。同时，注重文化建设可以营造积极向上的工作氛围，形成团队核心竞争力。

因此，加强数字教材团队建设是提高数字教材质量和有效性的关键环节。通过明确目标与职责、持续培训和学习、建立科学激励与评价机制以及加强团队合作与文化建设等一系列措施，力求打造出一支高效专业的数字教材建设团队，提升新商科人才教育质量。

7.4 建立多元化新商科人才培养的课程建设

7.4.1 制定新商科人才培养课程体系

根据企业对商科人才的需求，重构新商科课程体系，使其更加符合数字化、智能化的商业环境。新商科人才培养的课程体系应致力于培养具备数字化思维、数据分析能力、跨界融合能力、创新能力等核心素质的学生。新商科人才培养的课程体系应包含基础课程模块、核心课程模块、跨学科融合课程模块、实践教学模块、职业素养课程模块以及选修课程模块等。具体而言：

第一，基础课程模块包含专业基础、数据分析基础、思政基础三部分。其中，专业基础包括商业导论、经济学、管理学原理等，为学生奠定坚实的商业理论基础；数据分析基础课程引入统计学、数据科学导论等课程，培养学生的数据敏感性和基本的数据分析能力。

第二，核心课程模块包含数字化营销、金融科技、电子商务等内容。其中，数字化营销涵盖数字营销战略、社交媒体营销、搜索引擎优化等课程，使学生掌握数字化时代的营销技巧；金融科技包括金融科技概论、区块链原理与应用、大数据技术在金融中的应用等课程，让学生了解金融科技的最新发展；电子商务介绍了电子商务模式、电子支付、网络安全等课程，培养学生电子商务的实践能力。

第三，跨学科融合课程模块包含商业与计算机科学、商业与数学课程。其中，商业与计算机科学开设如Python、SPSS数据分析等课程，培养学生利用计算机技术解决商业问题的能力；商业与数学引入数学建模、统计学在商业中的应用等课程，强化学生的数学思维和定量分析能力。

第四，实践教学模块课程包括实验室实训、企业实习、项目实践等内容。其中，实验室实训让学生利用商业智能实验室、金融实验室等平台进行实操训练；企业实习是与企业合作建立实习基地，提供学生实习机会，使学生在实际工作中深化对理论知识的理解；项目实践鼓励学生参与教师科研项目或自主发起创新项目，培养学生的创新能力和团队协作能力。

第五，职业素养课程模块包括职业规划、沟通与协作课程。职业规划帮助学生了解职业发展路径和市场需求，制订合理的职业规划；沟通与协作帮助学生展示自我，培养学生良好的沟通能力和团队协作能力，提高其在职场中的竞争力。

第六，选修课程模块包含哲学思维、逻辑学、创新创业等课程。鼓励学生选修相关课程，提高抽象思维能力和商业创新能力，并提供多样化的选修课程，如艺术、文化、社会科学等，拓宽学生的视野和知识面。

上述为初步课程体系框架,具体的课程设置和内容应结合学校的资源优势、学生的需求和兴趣以及行业的发展趋势进行优化调整。同时,课程体系应保持一定的灵活性和动态性,以适应不断变化的市场需求和技术。

7.4.2 线上线下混合式课程建设

在数智时代,信息技术的快速发展和普及使得教育领域发生了深刻的变革,线上教学的快速兴起促进了线上线下混合式教学模式的发展。线上线下混合式课程是指在数智化时代背景下,将线上教学和线下教学有机结合的一种新型教学模式。这种教学模式的内涵是将传统教学方式和网络化教学的优势结合起来,从课程设计、资源整合、教学模式创新、数字化教学平台建设、教师培训、课程评价与反馈等多方面进行课程建设,既能发挥教师引导、启发、监控教学过程的主导作用,又能充分体现学生作为学习过程主体的主动性、积极性与创造性。线上线下混合式课程建设有助于提高教学质量和人才培养质量,推动教育教学的现代化和智能化发展。

在"互联网+"背景下,云课堂将现代信息技术与传统课堂教学深度融合,实现了线上线下混合式教学。在传统的教学模式中,学生只能被动地听课,缺乏主动探索的机会。而通过云课堂开展混合式教学模式,教师可以提前上传微课、PPT等教学资源,进行教学活动的设计,充分考虑学生的兴趣点与个性特征,实现学生由"被动式"学习变为"主动探索式"学习。

另外,线上线下课程采用任务驱动教学法,以完成实际工作任务为载体进行教学设计,充分利用网络课程平台的教学资源开展教学活动。通过这种线上线下混合式教学模式,学生可以快速理解和掌握知识点,提高学习效果。此外,还有课程团队将教学的项目进行优化,以典型项目案例为课程的主体内容,这种模式中,项目课程化有利于培养学生的综合素质。

总之,数智时代线上线下混合式课程是一种新型的教学模式,其核心是将线上教学和线下教学有机结合,充分利用信息技术的发展和普及,提高教学质量和人才培养质量。在数智化时代背景下,这种教学模式将会成为未来教育发展的重要趋势之一。

7.4.3 虚拟仿真实验课程建设

虚拟仿真实验课程建设是一种新型的实验教学模式,其利用虚拟仿真技术构建虚拟实验环境和实验平台,实现实验教学的现代化、创新性、共享性和广泛性。这种教学模式可以为学生提供更加丰富、更加创新的实验手段和实验方法，打破传统实验教学的限制，提高实验教学的质量和效率。

得益于现代数字技术的快速发展，虚拟仿真课程在教育领域中的应用已经越来越广泛。例如，虚拟现实（VR）技术为课程提供了沉浸式的学习环境。通过 VR 设备，学生身临其境地进入虚拟世界，与虚拟对象进行交互活动，从而更加深入地理解和探索知识。增强现实（AR）技术为虚拟仿真课程提供了更加丰富的交互体验。通过 AR 技术，虚拟元素可以与现实世界相结合，为学生提供更加真实和直观的学习体验。例如，在金融工程课程中，AR 技术可以帮助学生更好地理解复杂的操作过程和鉴别差异。3D 建模和渲染技术也为虚拟仿真课程提供了逼真的视觉效果。通过 3D 建模软件，教师可以创建三维模型和场景，使学生能够从多个角度观察虚拟对象。这种技术使得学习变得更加直观和生动，有助于提高学生的理解和记忆能力。云计算技术为虚拟仿真课程提供了强大的计算和存储支持。通过云计算平台，教师可以轻松地部署和管理虚拟仿真实验环境，为学生提供更便捷和高效的学习体验。

由此可见，虚拟仿真实验课程建设具有广阔的应用前景。它不仅可以提高实验教学的效果和质量，还可以促进教育公平和优质教育资源的普及，为科技创新和学科发展提供有力支持。同时，它也符合当今数字化、信息化和智能化的时代趋势，具有可持续发展的潜力和前景。

7.4.4 微型视频网络课程建设

微型视频网络课程，简称"微课"，微课是通过多媒体技术，针对学科知识内容设计开发的一种情景化的在线视频课程资源。其核心组成内容是微视频，主要包含课堂教学视频以及与该教学主题相关的教学设计、练习测试及学生反馈等辅助性教学资源。微课的内容精练、针对性强，学生可以根据自己的学习进度和理解能力，选择适合自己的微课进行学习，满足学生个性化需求，充分带动学生的学习主动性，有利于学生对知识点的理解吸收。同时，微课可以由经验丰富的专家录制，把复杂知识点以通俗易懂的方式传授给学生，提高学生的学习质量，实现教育公平化和亲切化，并且满足学生随时随地学习的需要。

目前，微课的数量呈现快速增长的趋势。例如，电子商务课程中的微课程建设中，教师可以针对电子商务的各个环节，如网站建设、营销策略、物流管理等，制作一系列的微课程，帮助学生更好地理解电子商务的运作模式，掌握相关的技能和知识。营销管理课程中的微课程建设中，教师可以针对营销策略、市场调查、消费者行为等主题制作微课程，帮助学生深入了解营销管理的理论和实践，提高他们的营销技能和水平。财务管理课程中的微课程建设中，教师可以针对财务分析、风险管理等主题制作微课程，使学生更好地理解财务管理的核心知识和技能，提高他们的财务管理能力。

通过这些案例，我们可以看到微课建设在商科教育中的重要作用。微课建设帮助新商科人才更好地掌握商科的核心知识和技能，提高他们的实践能力和综合素质，为未来的职业发展打下坚实的基础。同时，微课建设也可以促进教师教学水平的提高和教学方式的创新，推动商科教育的改革和发展。

7.4.5 大型开放式网络课程建设

大型开放式网络课程又称为"慕课"，是当今时代下"互联网+教育"的产物。英文直译为"大规模开放的在线课程"（Massive Open Online Course，MOOC），是一种创新型的在线教育模式。其中，"大规模"是指其规模庞大，汇集了多元化的学科和主题课程；"开放"代表其学习者不受任何地域、年龄、国籍或种族的限制，任何人都可以随时随地通过慕课进行学习，为学习者提供了前所未有的学习机会；"在线"意味着学习活动和学习资源以及相关信息都可以通过网络平台进行共享。这种教育模式不仅是一个课程资源的整合，更是一个完整的教育学活动链，涵盖从课程的讲座到嵌入式课程测试与评估，再到师生间的交流互动及论坛讨论等。

近年来，高校课堂正在逐步采纳并融入慕课这一新型教学模式。在新商科人才培养过程中，慕课建设不仅为学生提供了更广泛的学习资源和机会，促进他们的自主学习和个性化发展，还推动了因材施教的实施，贯彻以"学生为中心"的教育理念，为商科教育带来了新的教学模式和方法。通过慕课建设，学生可以更深入地了解商业知识和技能，培养创新思维和实践能力，提高综合素质和竞争力。同时，慕课建设也推动了教育公平和优质教育资源的普及，使更多学生能够接受高质量的商科教育。毫无疑问，慕课打破了传统的教学模式，使得专业知识更加方便、快速、平等地传输到网络端口，为人们提供了更广泛的学习机会。因此，我们应该积极推广和应用慕课建设，充分发挥其在商科人才培养中的作用，为培养更多优秀的商业人才做出贡献。

7.5 数智时代新商科人才培养的教学方法

教学方法是指在教学过程中,教师和学生为达成教学目的、完成教学任务而采用的相互作用的手段和方式。它涵盖了教师的教授策略以及学生的学习方法,是实现知识传授、技能培养以及情感交流的重要桥梁。教学方法的核心目的是促进学生的全面发展,提高教学效果和学生的学习效率。一般教学方法包括:讲授法、讨论法、案例法和实验法等。随着数字技术的飞速发展,教育领域正迎来一场革命性的变革。数字赋能教学方法作为这场变革的核心,逐渐改变了传统的教学方式,为现代教育注入了新的活力。这种教学方法充分利用数字技术和数据资源,旨在提升教学质量和教学效率,为学生提供了更加灵活和高效的个性化学习体验。数字赋能教学通过引入大数据分析、人工智能和虚拟现实等先进技术,能够帮助学生更好地理解和掌握知识,激发他们的创新能力和终身学习的热情。

数字赋能教学方法可以利用数字技术,收集和分析学生的学习数据,以便更好地了解学生的学习进度、难点和需求,从而为他们提供更加个性化的学习资源和路径。通过引入虚拟现实、增强现实等技术,可以为学生创造更加真实、生动的学习环境,帮助他们更深入地理解和掌握抽象的概念和原理。利用在线协作工具可以促进学生之间的交流和合作,培养他们的团队精神与协作能力,同时让他们学会在分布式环境中工作的能力。可以结合线上和线下的双教学模式,打破传统的时空限制,让学生可以随时随地学习的同时,还可以享受面对面教学的互动和深度。利用自适应学习技术,根据学生的学习进度和反馈及时调整教学内容和难度,可以实现个性化的学习路径,提高学生的学习效果和兴趣。如在商务英语中运用虚拟现实(VR)模拟实验教学方法,学生可以通过 VR 眼镜进入虚拟的业务交流中心,进行复杂的商业环境模拟。他们可以在虚拟环境中与国际投资者进行业务谈判。这种沉浸式的学习方式能够让学生更直观地理解商务谈判的知识和风险,同时提高他们的实践能力。在团队合作项目中运用在线协作教学方法,学生可以利用在线协作工具进行实时沟通和协作。如共同编辑文档、分配任务、讨论问题,还可以通过云端共享资源。这种在线协作方式不仅提高了学生的团队合作能力,还培养了他们的沟通和协调能力。在一个数字化学习管理系统中,教师可以通过系统收集学生的学习数据，如答题正确率、学习时长等，了解学生的学习情况，并为学生提供个性化的反馈和建议。这种数据驱动的反馈系统帮助学生及时发现自己在学习上的不足，并调整学习策略。这些实例展示了数字赋能教学方法的多样性和创新性，它们共同构成了数字化时代教育变革的重要组成部分。通过充分利用数字技术和数据资源，数字赋能教学方法为教育带来了无限可能性和新的发展机遇。

7.5.1 加强案例教学方法

在数智时代，案例教学法在商科人才培养中的应用中得到了进一步的强化和提升。随着技术的发展，特别是大数据和人工智能等数字技术的广泛应用，案例教学法的实施方式、效果和影响力都得到了显著的增强。

在加强案例教学方法中，注重数字化案例库的建设极为重要。建设一个丰富全面且不断更新的数字化案例库，是强化案例教学方法的基础。这个案例库可以包含各种行业、企业和商业场景的案例，从战略制定、市场营销、财务管理到运营管理等多个商科领域进行全面覆盖。运用数字技术可以使案例的检索、分类和更新更加方便，确保教学内容始终与时俱进。同时，要强化案例分析的数字化工具应用。在数字时代，案例分析不再囿于传统的纸质教材或课堂讨论。学生可以利用数据分析工具、模拟软件、在线协作平台等数字化工具，更深入地挖掘案例数据，对其进行更精确的分析和预测。这些工具不仅可以提高分析的效率和准确性，还可以培养学生的数据分析和解决问题的能力。在教学过程中，引入实时数据与动态模拟可以使案例教学法更加贴近现实的商业环境。学生可以分析真实的市场数据、消费者行为、竞争态势等，从而深度理解商业案例的复杂性和动态性。这种实时的反馈和模拟可以让学生更加深入地理解商业决策的影响和后果。案例教学方法与先进技术结合的方式有很多，强化案例教学方法在数字时代商科人才培养中的应用，不仅可以提高教学效果和学习效率，还可以培养学生的创新能力和终身学习能力。随着数字技术的不断发展，案例教学法将继续发挥其重要作用，为商科人才培养注入新的活力。

7.5.2 推行问题导向型教学法

问题导向型教学法（Problem-Based Learning，PBL）是一种以学生为中心的教学方法。这种方法的核心在于，教学过程是在教师的启发诱导下，以学生独立自主学习和合作讨论为前提，围绕提前设定的问题展开。这些问题通常是基于学生原有的知识、周围世界和生活实际，或是与真实世界中的商业、社会问题紧密相关。在问题导向型教学法中，学生需要通过个人努力、小组合作和集体互动等多种形式的解难释疑活动，将所学知识应用于实际问题的解决之中。这种方法注重课堂的主体性和合作性，能够对学生的实践能力进行锻炼。具体来说，问题导向型教学法包含问题设定、小组讨论、独立研究、成果展示、反馈与总结五个关键步骤。

问题导向型教学法在数字时代得到了广泛的应用，尤其是在商科人才培养领域。利用数字技术，教师可以更加便捷地获取和整理真实商业案例，创建模拟商业环境，并为数据驱动提供反馈和评估。这些技术的应用进一步增强了问题导向型教学法的效果，使其成为培养学生批判性思维、团队协作和问题解决能力的有效手段。问题导向型教学法的实际应用体现在多个方面，真实商业案例的引入是该教学法的重要核心之一，教师可以利用数字技术获取和整理真实商业案例。学生需要深入分析这些案例中的具体问题，如市场萎缩、竞争加剧、供应链中断等，并提出切实可行的解决方案。通过接触真实世界的复杂性，学生能够更好地理解商业环境的动态性和不确定性。在商科教育中，跨学科问题的整合同样至关重要。问题导向型教学法鼓励学生从多个角度（如经济、法律、心理和社会等）审视问题。数字技术可以帮助学生获取丰富全面的跨学科知识和资源，促进他们在解决商业问题时能够综合运用各种理论和工具。如模拟商业环境的创建为学生提供了宝贵的实践机会，利用虚拟现实（VR）、增强现实（AR）和模拟软件等技术，教师可以创建逼真的商业环境。学生可以在这些环境中扮演不同的角色，如 CEO、市场经理或财务分析师，面对各种商业挑战。这种沉浸式学习有助于学生更好地理解和应对商业决策的压力和复杂性。

7.5.3　引入自学与讨论联动式教学法

自学与讨论联动式教学法（Self-Study and Discussion Integrated Teaching Method）是一种结合了自主学习和小组讨论的教学方法。这种学习方法强调了学生的主动性、参与性和合作性，旨在提高学生的自学能力、批判性思维能力和团队协作能力。在自学与讨论联动式教学法中，学生首先通过自主学习独立探索新知识，理解其基本概念与核心原理。包括阅读教材、参考书籍、网络资源等,以及圆满完成教师布置的相关任务和各项问题。自主学习为学生提供了个性化的学习路径和时间安排,使其能够根据自己的学习节奏和兴趣进行深入探索,形成学生自己独特的学习轨迹。随后学生可以在小组讨论中分享个人的学习成果,交流彼此的观点和见解。小组讨论可以是面对面的,也可以是在线进行的,具体形式取决于教学的环境和条件。在讨论中,学生可以就某个问题相互质疑、展开辩论和补充,以深化对问题的理解。同时,小组内的成员可以相互帮助、支持和鼓励,形成良好的学习氛围,培养团队的合作精神。教师在自学与讨论联动式教学法中扮演着引导者和促进者的重要角色。他们需要为学生提供合适的学习资源和指导,帮助学生明确学习目标和要求。同时,教师还需要组织和管理小组讨论,确保讨论的内容充实、深入。此外,教师还需要给予及时的反馈和评价,帮助学生总结学习经验,提升学习效果。

在数智时代,自学与讨论联动式教学法在商科人才培养中得到了广泛的应用,并取得了卓越成效。这种教学法巧妙地将自主学习的独立性和小组讨论的互动性相融合,为商科学生提供了更加丰富和多样化的学习体验。数智时代海量的自学资源为商科学生提供了广阔的学习空间。学生可以利用在线课程、电子书籍、研究报告等多种资源,进行个性化的学习和深入探索。这些资源具有高度的灵活性和可访问性,可以帮助学生随时随地进行学习,极大地提高了学生的学习效率。数字技术也为小组讨论提供了更加便捷和高效的平台。学生通过在线协作工具可以进行实时的讨论和交流,分享各自的观点和见解。在线讨论平台不仅可以帮助学生打破地域和时间的限制,还可以促进不同文化背景的学生之间进行交流和合作。数智时代的自学与讨论联动式教学法还注重数据的收集和分析。教师可以通过学生的学习数据、在线讨论记录等,全方面掌握学生的学习情况和进展,及时给予正向反馈和指导。同时,学生也可以利用数据分析工具来评估自己的学习效果,从而及时调整学习策略。值得一提的是,数字技术为在线协作和讨论带来了诸多便利。学生可以利用在线协作工具进行团队合作,共同分析问题、提出假设并验证解决方案。他们还可以通过社交媒体、论坛或视频会议等方式与专家、行业领袖或其他学生进行交流和讨论,从而拓宽视野和获取灵感。对于商科学生而言,这种跨界的交流与合作无疑是一笔宝贵的财富。

在商科人才培养中，自学与讨论联动式教学法具有显著的优势。其最大的优点是它培养了学生的自主学习能力和批判性思维能力，使他们能够独立思考和解决问题。除此以外，它还可以促进学生的团队协作能力和沟通能力的发展，为未来的职业生涯打下了坚实的基础。同时它使教学更加个性化和灵活，满足了不同学生的学习需求和节奏。数智时代的自学与讨论联动式教学法在商科人才培养中具有重要的应用价值。它充分利用了数字技术的优势，为商科学生提供了更加丰富和多样化的学习体验，促进了他们的全面发展和综合素质的提升。

7.6 数智时代新商科人才培养的师资团队

在数智时代，新商科人才培养的师资团队建设显得尤为重要。为了顺应瞬息万变的商业环境和日益复杂的市场需求，我们需要构建一支具备高度数智素养、跨学科合作能力、丰富实践教学经验和持续创新精神的师资团队。这支团队不仅要精通前沿的大数据、人工智能等数智技术，还需将其融入商科教学中，创新教学方法和手段，为学生提供更加贴近实际、更加鲜活生动的学习体验。他们还应具备跨学科合作与交流的能力，与其他领域的专家开展合作研究，拓宽商科教育的广度与深度。为塑造这样的师资团队，我们需要建立完善的培训机制，提升教师的数智素养和跨学科合作能力；建立激励机制，激发教师的教学和科研热情；加强实践教学环节，鼓励教师积累实践经验，提升教学效果。同时，我们还要注重团队合作与资源共享，鼓励教师之间的知识交流和合作，形成优势互补、协同发展的良好氛围。因此，数智时代新商科人才培养的师资团队建设是一项长期而艰巨的任务。只有通过不断努力和创新，我们才能打造出一支高水平的师资团队，为培养新时代的商科人才提供有力保障。

7.6.1 定期组织教师进行培训与进修

定期组织教师进行培训与进修是培养商科人才的师资建设中至关重要的环节。这一举措旨在确保教师团队能够紧跟商业领域的最新动态，不断更新和扩充自身的专业知识与技能。学校可以精心策划和组织一系列的培训与进修活动。组织定期的内部培训活动，包括专题讲座、研讨会、工作坊等，这些活动的内容应涵盖最新的商业理论、实践案例、行业趋势以及商科教育技术的运用等。通过邀请行业内的专家、学者以及具有丰富实践经验的企业家来分享他们的专业知识和经验，可以为教师团队提供一个与前沿知识接轨、促进互动交流的学习平台，使其能够在教学过程中，紧跟商业领域的步伐。学校也应积极鼓励教师参加外部培训和进修课程等活动，包括参加国内外知名商学院举办的研讨会、进修班和学术会议等。教师们可以通过这些活动，与同行交流学习，了解最新的教学方法和理念，同时扩展自己的学术网络。通过定期的培训与进修，教师团队不仅能够及时了解和掌握商业领域的最新动态和发展趋势，还能够不断提升自身的教学水平和专业素养。这有助于他们更好地指导学生，培养出具备批判性思维、创新意识和实践能力的商科人才。因此，在商科人才培养的师资建设中，定期组织教师进行培训与进修是不可或缺的一环，学校必须给予高度重视和有效实施。

7.6.2 推进虚拟教研室的建设与应用

在数字化教育的浪潮中，虚拟教研室的建设已经成为提升教师教学能力的重要途径之一。虚拟教研室以其独特的优势，打破了传统教研的时空限制，为教师们开辟了一个更为广阔、灵活的教学研讨平台。虚拟教研室依托于在线教学平台的构建，它为教师提供了海量的教学资源和便捷实用的教学工具。教师可以随时访问这些资源去学习先进的教学方法，用来丰富自己的教学内容与手段。这不仅有助于强化教师的教学技能，还能激发他们的创新思维，使教学更加生动有趣、引人入胜。虚拟教研室也促进了教师之间的互动交流。在这个平台上，教师们可以分享彼此的教学心得、探讨教学中遇到的问题、开展跨时空的联合研究。这种交流方式，不仅拓宽了教师的视野，也能让他们在教学实践中不断取他人所长，补己之短，形成教学相长的良性循环。虚拟教研室还需要建立完善的教学评价体系。通过收集学生的反馈意见、分析教学数据等方式，可以客观全面地评估教师的教学效果，为教师提供有针对性的改进建议。这种评价机制有助于教师及时发现自己的不足，持续优化教学策略，提高教学质量。虚拟教研室鼓励教师进行教学研究与创新。平台提供了教学研究项目申报、成果展示等功能，为教师提供了支持和帮助。在这种环境下，教师们可以更加深入地探索新的教学模式和教学方法，推动商科教育的持续发展与进步。

新商科人才需要具备高度的创新思维、跨领域整合能力以及实践能力。

而虚拟教研室作为一种新型的教育技术应用,为新商科人才培养提供了强大的支撑。它突破了传统教研的时空壁垒,促进了教师之间的互动交流和教学资源的共享,同时激发了教师进行教学研究和创新的热情,推动了教学模式和方法的不断更新。通过虚拟教研室的建设,我们可以构建一个充满活力、开放包容的教学环境,为新商科人才提供更加丰富、多元的学习资源和学习机会。在这种环境下,教师可以不断提升自己的教学能力和专业素养,引导学生积极探索、勇于实践,培养他们的创新思维和实践能力。同时,虚拟教研室还可以促进校企之间紧密合作和国际交流,拓宽学生的视野和机会,为他们成长为具有国际视野和跨界融合能力的商科人才提供有力支持。因此,虚拟教研室建设对于新商科人才培养具有极其重要的战略意义和实践价值。我们应该充分认识到其重要性,积极推动虚拟教研室的建设与发展,为新商科人才培养注入新的活力和动力。

7.6.3 实施教师互助学习计划

实施教师互助学习计划是提升新商科人才培养质量的关键举措。该计划旨在促进教师之间的知识互通、经验互鉴和专业精进,从而为学生提供更高质量的教学和指导。教研室组织教师们共同讨论和制定互助学习的目标,确保全体教师对此有清晰的认识和共同的愿景。这些目标包含改善教学效果、挖掘新型教学方法、促进学科交叉融合等。根据教师的专业领域和兴趣方向,将他们组成不同的互助学习小组。每个小组可以围绕特定的主题或课程展开研讨和交流,确保互助学习具有针对性和实效性。每个小组需要制订详细的互助学习计划,包括议题核心、时间安排、交流方式等。同时,要明确每个成员的责任和任务,确保计划能够顺利推进。互助小组建立定期交流机制。组织定期的线上或线下交流活动,鼓励教师们分享各自的教学心得和案例,探讨教学中遇到的难题与挑战。通过互相学习和借鉴,提升教师们的教学能力和专业素养。学校为教师们提供必要的教学资源和支持,如教学资料、教学软件、培训机会等。还可以建立互助学习平台或社群,方便教师们随时随地进行交流和分享。学校定期对互助学习计划进行评估和反馈,了解计划的实施效果和改进空间。根据评估结果,及时调整计划内容和策略,确保互助学习计划的持续发展及其有效性。

通过实施教师互助学习计划,可以激发教师们的教学热情与创新精神,促进他们之间的合作与交流,共同提升新商科领域人才培养的教学质量。同时这种互助式的学习模式也有助于形成良好的教学氛围和团队文化,为学校的可持续发展奠定坚实基础。

此外,建立在线学习平台,提供多元化的在线课程和学习资源。教师可以根据个人时间安排,灵活选择适合自己的课程进行学习。这种弹性的学习方式既方便又高效,有助于教师团队持续提升自己的专业素养。

7.7 数智时代新商科人才培养的教学实践

在数字智能化时代,新商科人才培养的教学实践正站在一个全新的起点,面临着前所未有的机遇与挑战。在当今时代,以数字化、智能化为核心的技术革新正重塑商业世界的格局,对商科人才的培养提出了更高的要求和全新的挑战。为此,教学实践需要不断创新与时俱进,整合先进的数字化教学资源,培养学生的数字化思维和实践能力,以应对未来商业环境中可能出现的各种挑战。在这样的背景下,深入探索数智时代新商科人才培养的教学实践,能够为学生提供更加丰富、高效和前沿的学习体验,培养出一批具备创新精神和国际视野的新商科人才。

7.7.1 加强实践教学与专业课程的衔接

通过将实践教学与专业课程紧密结合,可以确保学生在深入掌握理论知识的同时,也能够将其熟练地应用于实际情境中,从而培养他们的实际操作能力和创新思考能力。这种衔接不仅有助于全面提升学生的综合素养,更能为他们未来的职业发展奠定坚实的基础,使他们成为能够顺应数智时代发展需求的新商科人才。实践教学环节与理论教学的完美结合,将理论知识在实践过程中充分利用,同时能够发掘实践过程中存在的问题,用理论解决实际,提出创新性建议和改善对策,真正做到理论与实践、知识与技能、创新与创业的和谐统一,为将来的职业发展铺设基石。

在新商科人才培养的过程中,加强实践教学与专业课程紧密衔接的具体应用体现在多个维度。首先在教学设计上,根据专业课程的理论知识点,精心策划与其相对应的实践教学环节。比如,在市场营销的课程中,学生可以在学习理论知识后,参与实际的市场调研项目,运用所学知识分析市场数据,提出营销策略。这种结合不仅能够让他们在实践中加深对理论知识的理解,还能够锻炼他们解决实际问题的能力。在课程实施上，我们强调实践教学与专业课程的同步进行。在专业课程讲授中，教师会引入实践案例，让学生在实际情境中学习和应用理论知识。在实践教学中，教师同时也会穿插相关专业理论知识的教学，让学生在实践中巩固和拓展知识，加深对知识的理解和记忆。这种同步进行的方式有助于学生在理论和实践之间建立稳固的桥梁，提高他们的综合素质。我们还通过校企合作、实习实训等教学渠道，为学生提供更加具有现实意义的实践教学机会。通过与企业的深度合作，学生可以参与真实的商业项目，了解行业前沿动态，大幅度提升自己的实践能力。同时，企业也可以为学生提供宝贵的实习机会，让他们学会在实际工作中应用相关知识，为未来的职业发展做好提前准备。新商科人才培养加强实践教学与专业课程衔接的这些措施共同促进了理论与实践的有机结合，提高了学生的综合素质和实践能力，为他们的未来职业发展注入了新的活力和动力。

7.7.2 注重"互联网+创新创业"实践训练规划

在鼓励大学生创新创业和互联网信息迅速发展的新时代，"互联网+创新创业"实践项目训练需要贯穿于本科四年的培养过程中，针对实践教学课程体系和结构设计要求，需将创新理念、创业能力、移动互联网应用、互联网资源配置等新思维、新技术融入实践教学过程中。根据我国商科专业特点和教育实际情况提出新商科实践课程结构设计的四方面要求。

第一，课程设置中应注重互联网等高新信息技术课程的设置，也是现代化教学的基础。课程设置要学生充分掌握互联网的功能与作用，熟练应用互联网网络资源与互联网网络平台，能够查找和利用互联网提供的信息、资源、机会。

第二，课程设置中要注重学科专业知识系统性、完整性、综合性，将专业理论课程与实践课程相结合。其中，实践课程包括：基础实验、专业模拟实验、专业综合实验等内容。实践课程将对学生的专业基础素质培养工作以实验课程的形式教授，教学与实践形成一个有机整体，使新商科人才在全面掌握专业知识的基础上能够加强职业素养。

第三，课程设置注重与创新创业实践相结合。在第一学期开设就业指导与职业规划课程，学生明确自我定位和就业方向。在每学期增加实践教学课程包括：公司创建与运营实习、创新创业实践、企业实践等。

◎ 数智时代新商科人才培养的理论研究与实践探索

第四，课程设置注重与社会人才需求相结合。经济的迅速发展，为社会各个领域带来新技术、新理论，与此相适应会计课程设置或内容就会经常更新，教师应及时掌握这些新动向，并将其加入授课内容里，避免学生掌握的理论知识和社会实践需要脱节。

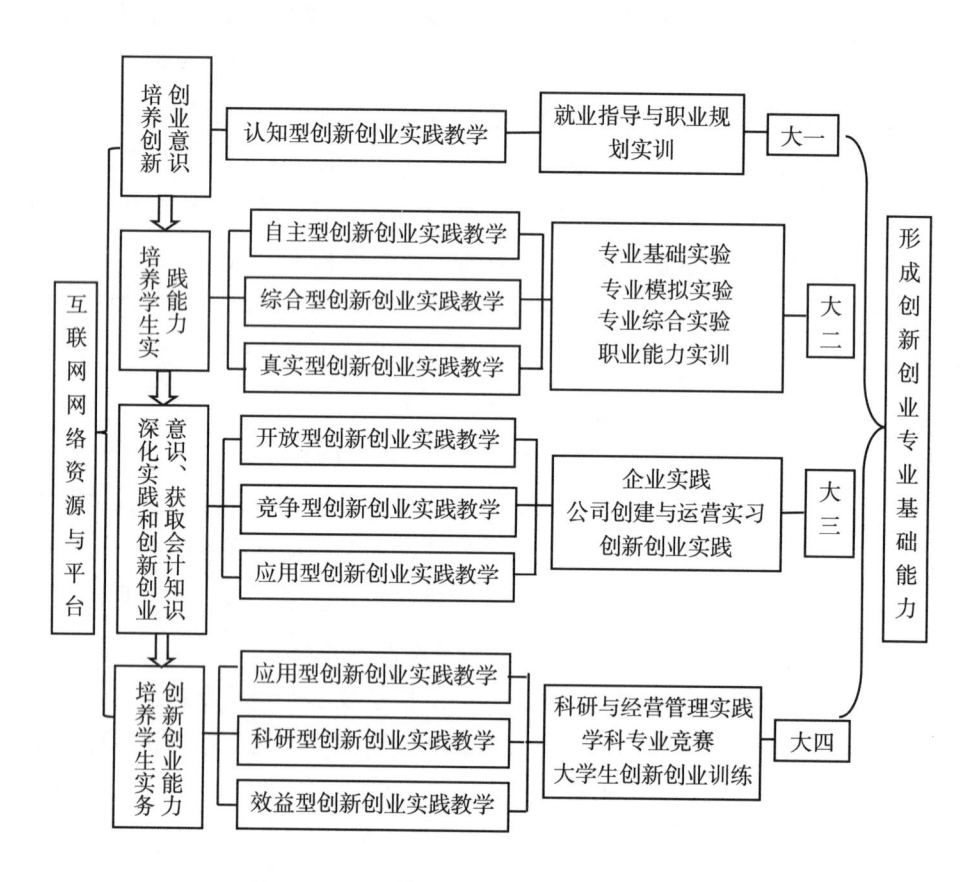

图 7-2 "互联网+创新创业"实践训练规划

7.7.3 完善线上线下教学模拟实践环境

在新商科人才培养过程中，优化线上线下教学模拟实践环境至关重要。线上教学模拟实践环境凭借无惧时空限制的特点，为学生提供了灵活多样的学习体验。借助尖端信息技术手段，如虚拟现实（VR）、人工智能（AI）等，我们可以构建出高度仿真的模拟商业场景，让学生在虚拟世界环境中进行实践操作。这种线上模拟实践将会极大地提高学生的参与热情和学习兴趣，还能培养学生自主学习和解决实际问题的能力。而线下教学模拟实践环境则能够为学生提供更加真实直观的操作体验。通过建设校内实验室、实践基地等设施，可以模拟真实的商业环境，让学生在实践中深入了解商业运作的流程和规则。通过与校外企业合作，学生可以获得实习实训的机会，让他们将专业知识运用到实际工作中。这种线下模拟实践能够帮助学生更好地适应未来的职业环境，提升他们的实践能力和创新精神。

在新商科人才培养中，优化和完善线上线下双轨制教学模拟实践环境尤为关键。为实现这一目标，我们采取了一系列具体的实施策略。在线上环境构建方面，我们运用顶尖的虚拟现实（VR）、增强现实（AR）等技术，精心打造高度仿真的虚拟商业环境，让学生能够身临其境地体验商业运作的各个环节。此外，我们还设计了富有挑战性和教育意义的商业模拟游戏，让学生在娱乐中学习商业知识，锻炼决策和团队协作能力。提供大数据分析工具和平台，让学生可以分析真实或模拟的商业数据，培养数据驱动的决策思维。在线下实践教学方面，我们建立了校内实践基地，模拟真实的商业环境，如商店、银行、企业等，让学生在实践中深入了解各个环节的商业运作。学生通过在校外企业进行实习实训，在真实的工作环境中学习，可以让他们在实际工作中学习和成长。我们还设立了专门的案例研讨室，配备了先进的多媒体设备，方便学生进行案例分析、角色扮演等实践活动。线上线下教学模拟实践环境相互融合，可以为学生提供更加全面、系统且高效的学习体验，培养他们的实践能力和创新精神，为未来的职业发展奠定坚实的基础。

7.7.4 搭建元宇宙智慧实践教学平台

元宇宙视域下建设智慧实践教学平台的目的在于以元宇宙技术为依托，以立德树人为根本任务，探索实践教学新形态，扭转高校教育主体之间的地位失衡，实现教育结构改革创新，打造实践教学发展共同体，挖掘师生潜能，提升教师教育教学能力，为高等教育高质量发展提供有力支撑。元宇宙技术融合多种数字技术功能，以增强智慧实践教学平台的沉浸式体验感，改变传统的人机交流情境，让使用者在虚拟环境下以虚拟身份和更为自然的方式实现人机交互。智慧实践教学平台也能够整合校内外数字资源，包括教学大纲、课程视频、知识图谱、教学案例、教学课件、综合练习、实训实践项目等资源，建立起优势互补的教学资源库并实现资源的快速搜索与定位。同时智慧实践教学平台的使用成员能够将平台中庞大的数据进行分析，提供智能分析、教研资料推荐、人才培养质量成效评估，实现教学辅助决策。

元宇宙智慧实践教学平台建设主要包括沉浸性、交互性、真实性、参与性、创造性、新颖性、灵活性、实践性等特征，元宇宙技术将教研室的作用有效发挥，为数字化、信息化教学改革探索新路径。元宇宙将现实世界和虚拟世界紧密地连接，同时也将数字技术和教育创新有效融合，形成新的教育形态，为学生打造一个更加沉浸式、交互式的学习环境，帮助学生更好地理解和掌握课程内容，提高学习效果和综合素质。在元宇宙视域下提出智慧实践教学平台的建设路径，规划完整的元宇宙视域下智慧实践教学平台的建设思路并提出相关的保障措施，为新商科人才培养提供思路指引。

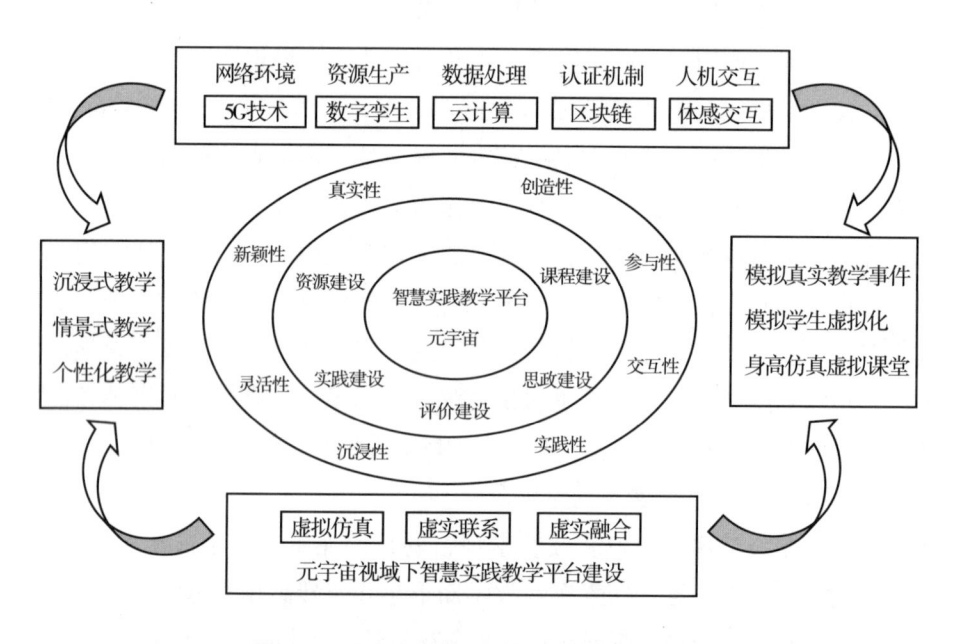

图 7-3 元宇宙智慧实践教学平台建设规划

7.7.5 构建双赢的实习基地合作机制

新商科人才培养需要积极构建稳固且双赢的实习基地合作机制，以推动学校与企业之间的深度交融，共同培养适应市场需求的高素质商科人才。这种合作机制的核心在于实现校企间资源的优化配置、优势互补和互利共赢。

具体而言，双方需共同制订实习基地的实习计划和教学方案，确保实习内容与专业课程紧密贴合，使学生在实习过程中能够深化对专业知识的理解，提升实践能力和综合素质。同时，企业可以为学生提供真实的商业环境和实践机会，帮助他们更好地了解行业前沿动态和市场需求，为未来的职业生涯打下坚实的基础。

在合作机制的运作中，学校可以为企业提供高质量人才储备支持和技术咨询服务，助力企业的创新发展和业务拓展。企业也可以为学校提供实践教学资源和就业渠道，增强学校的办学实力和影响力。这种互利共赢的合作模式有利于构建长期稳定的合作关系，为新商科人才培养提供有力的支持和保障。

为具体实施新商科人才培养实习基地合作建设，校企双方可通过共建实习基地、实施双导师制、开展合作项目等方式展开。学校与企业可以共同建设模拟真实的商业环境的实习基地，为学生提供一个实践应用的场所，让学生在实际操作中学习和应用专业知识。学校可以派遣专业教师担任实习导师，同时企业也可以派遣经验丰富的员工担任企业导师。双导师共同为学生的实习提供理论和实践两方面的指导。学校和企业还可以共同开展商业合作项目，让学生在项目中扮演实际角色，参与项目的策划、执行和总结，从而培养学生的实践能力和团队合作精神。企业可以为学生提供职业指导，帮助他们了解行业前沿动态和市场需求，制订职业发展规划。同时，企业也可以为学生提供就业机会，帮助他们顺利进入职场。新商科人才培养实习基地合作建设不仅为学生提供了宝贵的实践机会，使其能够在真实的商业环境中锤炼技能、深化理解，还促进了学校与企业之间的紧密联系。这种合作模式有助于缩小理论与实践的差距，确保教育内容紧跟市场需求。同时，通过实习基地的合作建设，学校的教学质量能够得以进一步提升，企业也能够发掘并培养潜在的优秀人才，从而实现教育与产业的双赢发展。

7.7.6 重视学生毕业实习实践活动

新商科人才培养的体系中，应尤其重视学生的毕业实习实践活动。毕业实习不仅是学生将所学理论知识应用于实际工作的关键环节，更是他们积累实践经验、提升职业素养、形成职业认知的黄金时期。毕业实习有助于学生将课堂上的学术知识与实际工作相结合，实现理论与实践的深度融合。这种结合不仅能够深化学生对专业知识的理解，更能够帮助他们在实践中发现问题、解决问题，从而提升他们的实践能力和创新思维。毕业实习为学生提供了一个更接近于真实的职业环境，使他们能够在实习过程中了解行业规范、企业文化和职场要求，从而更好地适应未来的职业环境。通过实习，学生可以锻炼自己的沟通协作、团队合作和解决问题的能力，全面提升自己的职业素养。毕业实习也是学生建立职业网络、拓展人脉资源的重要渠道。在实习过程中，学生将有机会结识业界专家、同行和潜在的雇主，为自己的未来职业发展搭建良好的平台。因此，新商科人才培养必须高度重视学生的毕业实习实践活动。学校应该与企业建立紧密的合作关系，共同制订实习计划，提供优质的实习机会。学校还应该加强对实习过程的监督和指导，确保实习效果达到预期目标。只有这样，我们才能真正培养出适应市场需求、具备实践能力和创新精神的新商科人才。

7.8 数智时代新商科人才培养的教学评价

在数智新时代，新商科人才培养的教学评价应当与时俱进，以精准反映数智技术的深度融合与创新应用，以及社会对商科人才的日益增长的新需求。数智时代新商科人才培养的教学评价应全面涵盖教学目标、内容、方法、过程、效果和教师素质等多个维度。通过全面客观的系统评估，可以及时发现和解决教学中存在的各类问题，持续优化教学质量，培养出能够胜任数智时代挑战的优秀人才。

7.8.1 明确教学评价的目标

数智时代新商科人才培养教学评价的目标应聚焦于学生的综合素养与多维度能力发展，特别是学生在数智化环境中的适应能力、创新潜力、问题应对能力、批判性思维能力以及团队协作能力等多个方面。除了传统知识的掌握，还应着重评价学生的数据素养、科技应用能力和跨学科整合能力。这些评价目标应该紧密围绕数智时代对商科人才的新需求，如数据分析、AI 技术应用、数字化转型等技能。根据定义好的目标，我们需要设计多元化的评价策略，涵盖课堂表现、作业、项目、考试等多种评价方式。同时，我们也可以考虑引入行业认证和技能竞赛等外部评价标准，以便更全面地评价学生的学习成效。学生成果完成情况是教学目标完成度的直观体现，也是教师教学评价目标实现的重要参考依据。

7.8.2 确定教学评价的内容

在数智时代背景下，新商科人才培养的教学评价内容必须紧密契合时代的需求和商科专业的特性。教学评价内容应主要从学生知识与技能的掌握情况、教学过程与方法的有效性、学生学习情感态度与价值观的形成，以及数智化技能应用等多方面进行评价。首要的是评估学生对新商科领域基础知识和核心技能的掌握情况，包括商业分析、市场营销策略、财务管理原理等关键领域的知识，尤其是数据分析、人工智能等数智化技能的应用水平。通过考核学生对这些关键领域的掌握程度，可以评估他们是否具备从事现代商业活动所需的基本素质。我们还要关注学生在学习过程中的动态表现和发展，这包括学生的学习态度、学习方法的选择、协作精神的成效等方面。通过观察学生的课堂参与度、小组讨论中的表现以及项目实践中的成果，可以评估他们是否具备自主学习的能力、团队协作的精神以及解决问题的能力。此外，学生的学习热情、职业道德、社会责任感和创新精神等非认知因素同样不可忽视，它们能够激发学生的内在动力，推动他们在未来的职业生涯中不断成长和发展。在数智时代，教学评价还应特别关注学生在数据分析、人工智能应用、数字化转型等前沿领域的技能掌握情况。这些技能是现代商业竞争中不可或缺的核心竞争力，对于培养学生的竞争力和适应能力具有重要意义。

7.8.3 检查教学评价的方法

教学方法在新商科人才培养中占据着核心地位，其重要程度不言而喻。多样化的教学方法不仅可以激发学生的学习兴趣，提高他们的学习效果和综合素质，还能促进师生之间的互动和交流，为培养适应数智时代需求的高素质商科人才提供有力支持。教学方法的合理使用直接关系到教师对学生学习状况的精准把握，以及教学效果是否能达到预期目标。我们可以从多元化、过程性、结果性三个维度来评价教师的教学方法。具体来说，我们可以评估主讲教师是否采用了多种评价方法和工具，如课堂观察、作业分析、小组讨论和项目实践报告等，以全面、客观地反映学生的学习情况。我们同时也要关注主讲教师是否重视学生在学习过程中的成长与表现，通过定期的检查、及时的反馈和个性化的指导，帮助学生及时调整学习策略，提高学习效果。此外，教师是否通过期末考试、课程论文等形式，对学生的学习成果进行综合性的总结评价，也是评价教学方法的重要方面。为了增加评价的权威性和公信力，在对教师教学进行评价过程中也可以引入行业认证、技能竞赛等外部评价标准，对教师的教学质量进行更为全面和客观的评价。

7.8.4 注重教学评价的反馈与改进

在数智时代新商科人才培养中，强调教学评价的反馈与持续改进是提升教育质量、推动学生全方位发展的重要环节。这种反馈与改进机制不仅有助于教师更清晰地了解教学效果和学生的学习状态，也为教学优化提供了有力支撑。及时的教学反馈对于师生双方都至关重要。通过收集学生对教学内容、教学方法和课堂氛围等方面的反馈，教师可以迅速捕捉到学生的学习动态和遇到的困难，进而灵活调整教学策略，更精准地满足学生的学习需求。学生也能从反馈中了解自己的学习进展和不足之处，从而有针对性地调整学习策略，提高学习效率。基于反馈的改进是教学评价的核心目标。在数智时代，教学评价已经不再是一次性的活动，而是一个持续优化、循环提升的过程。教师需要认真分析学生反馈和教学数据，识别教学中存在的问题和短板，并据此进行改进。这可能涉及教学内容的更新、教学方法的创新、教学资源的优化等多个方面。通过持续的改进，教师可以不断提升教学质量，为学生提供更加优质的学习体验。此外，数智时代的教学评价还可以借助先进的技术手段来提高反馈与改进的效率。例如，利用大数据分析工具，我们可以深入挖掘学生的学习行为和偏好，为个性化教学提供支持；通过在线学习平台，我们可以实时收集学生的反馈意见，为教师提供即时的教学调整参考；利用人工智能辅助评价系统，我们可以自动分析学生的作业和考试答案，为教师提供更准确、客观的教学评价依据。这些技术手段的运用可以使教学评价的反馈与改进更加高效、精准。

7.9 数智时代新商科人才培养的产教融合与创新创业教育

产教融合是一种深度合作模式，旨在实现产业界与教育界的无缝对接，共同致力于培养符合市场需求的高素质人才，而创新创业教育则注重培养学生的创新思维、创业精神和创业能力。二者在新商科人才培养中相辅相成，共同推动教育质量的提升和人才培养的创新。产教融合为新商科人才培养提供了实践平台和资源支持。通过与产业界的紧密合作，学校可以及时了解市场需求和行业趋势，调整教学内容和课程设置，使教学更加贴近实际、更具前瞻性。同时，产业界也可以为学校提供实践基地、实习机会和职业发展指导，帮助学生更好地进行职业规划和展示就业前景，增强就业竞争力。这种合作模式有助于培养学生的职业素养和实践能力，使他们在未来的职业生涯中更具竞争力。除此之外，创新创业教育则为学生提供了展现自我、实现价值的广阔舞台。在新商科人才培养过程中，创新创业教育不仅注重培养学生的创新思维和创业精神，还通过开设创业课程、举办创业竞赛、提供创业指导等方式，为学生提供全方位的创业支持。这有助于激发学生的创造潜力和创新精神，强化他们的团队协作能力和风险意识，为未来的创业之路奠定坚实基础。产教融合与创新创业教育的有机结合，进一步推动了新商科人才培养模式的创新与发展。通过深化产教融合，学校可以与产业界共同开展创新创业项目，为学生提供更多的实践机会和创新空间。同时，创新创业教育的开展也促进了学校与产业界的紧密合作，推动"产、学、研、用"一体化发展，实现资源共享和优势互补，共同助力新商科人才的全面培养。

8 数智时代新商科人才培养的保障体系设计

8.1 政府部门充分发挥主导作用

8.1.1 加强新商科人才培养的政策支持

国家教育部、省教育厅等主管部门给予的政策支持是新商科人才培养的坚实后盾，能够为高校和学生提供必要的保障和激励。数智时代下新商科人才培养面临着复杂多变的外部环境和各种不确定因素，此时规划性政策的引导与激励发挥着不可忽视的作用。国家及各主管部门应在新的发展阶段积极促进创新政策，为新商科人才培养提供保障，以加快各高校进行人才培养方面的改革与发展。在新的经济环境下，商科专业面临新的发展问题，但在建立专业自身结构方面并没有发生变化，仍然围绕课程、教学、师资三个方面进行建设，因此与商科专业建设发展的相关政策及其重点依旧会保持相对稳定的状态。在进行政策引领之前，政府及相关主管部门应当明确现阶段的政策实施目标，了解当期商科专业建设的现状及内外部影响因素，正确定位相关政策的总体方向，确定新商科人才培养的核心目标。

为了推动新商科人才的培养，政府应制定一系列具体的政策，以提供必要的指导和支持。这些政策可以涵盖资金投入、税收优惠、产教融合等多个方面。政府应增加对新商科教育的专项资金投入，确保高校有足够的资源来更新教学设施、引进先进的教学技术和手段。这将有助于提升教学效果，为学生提供更加优质的学习环境。政府还可以通过提供税收优惠等措施，鼓励企业和高校进行深度合作，共同推进新商科人才培养。这将有助于实现资源的共享和优势互补，促进教育与实践的紧密结合。政府还应出台相关政策，推动高校与产业界的深度融合。例如，可以建立校企合作平台，促进双方在人才培养、项目开发等方面的合作。这将有助于为学生提供更多的实践机会和职业发展指导，培养他们的职业素养和实践能力。加强新商科人才培养的政策支持是构建保障体系的关键一环。政府应当发挥主导作用，制定具体的政策措施，为新商科人才培养提供坚实的保障和激励。这将有助于推动新商科教育的创新与发展，培养出更多符合市场需求的高素质商科人才。

8.1.2 完善新商科人才培养的环境条件

新商科人才培养的环境条件是指为了促进新商科教育的发展和提升人才培养质量，所创造和提供的一系列内外部条件和资源。新商科人才培养的环境条件包含教育资源条件、实践教学条件、政策与法规条件、社会文化条件、国际交流与合作条件等。为了完善新商科人才培养的环境条件，首先，在提升新商科教育的质量这一方面，高校应该增加对该领域的投入，提升教学设施和资源的质量。这就需要引进先进的数字化教育工具，更新教学软件和硬件，以确保学生能够接触到最新的商业教育资源和技术。另外，高校还应该加强图书馆建设，丰富藏书资源，为学生提供广泛的学习材料。这不仅包括传统的纸质书籍，还应该注重数字化资源的采集和管理，以满足学生多样化的学习需求。通过提供丰富的学习材料和信息，学生将能够更全面地了解商业领域的知识和实践。这些投入将为学生创造更好的学习环境，提供更多的学习机会，并促进他们在商业领域的专业发展。高质量的教学设施和资源将为学生提供良好的学习平台，帮助他们充分发挥潜力，培养出具备创新思维和实践能力的商科人才。其次，在提升新商科教育的实效性这一方面，高校可以通过加强实践教学环节和建立紧密的校企合作机制，为学生提供更多的实践机会。这需要学校与企业、行业组织等建立长期稳定的合作关系，共同建设实践教学基地，为学生提供实习、实训等实践机会。同时，学校还可以引入商业项目、模拟经营等实践教学方式，让学生在实践中锻炼和提升自己的能力。除此之外，学校还应优化师资队伍结构，加强教师培训和引进力度。学校应积极引进具有丰富行业经验和创新能力的优秀人才，加强教师队伍的多样性和活力。同时，定期举办教师培训和学术交流活动，提升教师的教学水平和专业素养。此外，学校还应该加强与国内外知名商科院校的合作与交流，引进先进的教学理念和教育资源。学校可以开展师生互访、学术交流、合作项目等活动，为学生提供更广阔的发展空间和机会。最后，高校也应该持续关注学生个性化发展,建立健全的学生服务体系。学校在加强心理辅导和创新创业教育的同时也应该提供个性化的学习指导、职业规划等服务,帮助学生充分了解自己的兴趣和能力,制订适合自己的学习计划和发展路径进而培养学生的综合素质和创新能力。

8.1.3 建立新商科人才培养的激励机制

为全面激发新商科人才培养的活力,我们需要从教室、教师和学生三个层面建立相应的激励机制。对学校层面而言,激励机制主要体现在资源配置和政策支持上。学校应优先投入于新商科教育,确保教学设施、数字化资源等硬件条件达到先进水平。同时,制定和完善与新商科人才培养相关的政策,如奖励机制、学术评价体系等,以鼓励和支持新商科教育的创新与发展。此外,学校还应加强与国内外知名商学院的合作与交流,引进优质的教育资源和理念,提升自身的教学和科研水平。对教师层面而言,激励机制主要包括教学激励和科研激励两个方面。学校应建立科学的教学评价体系,对在新商科教育中表现优秀的教师给予表彰和奖励,激发他们的教学热情和创造力。同时,鼓励教师参与新商科领域的科研活动,提供必要的科研支持和经费保障,促进教师的学术成长和职业发展。此外,学校还可以为教师提供培训和进修机会,帮助他们不断提升教学水平和专业素养。对学生层面而言,激励机制主要体现在学业奖励、实践机会和职业发展指导等方面。学校应设立新商科奖学金、荣誉称号等,对学业成绩优异的学生给予物质和精神上的双重奖励。同时,提供更多的实践机会和平台,如实习实训、商业竞赛等,让学生在实践中锻炼和提升自己的能力。此外,学校还应加强对学生的职业发展指导,提供个性化的职业规划建议和就业推荐服务,帮助学生顺利融入职场并实现个人价值。因此,建立新商科人才培养的激励机制需要从学校、教师和学生三个层面综合考虑。通过完善资源配置、政策支持、教学激励、科研激励、学业奖励、实践机会和职业发展指导等机制,我们可以全面激发新商科人才培养的活力,促进学校、教师和学生的共同发展。

与此同时,政府部门应当动态调整并完善政策激励体系。长远来看,政策在教育培养活动中发挥着重要的宏观调控的功能,可以利用信息技术将资源进行合理分配,实现教育的公平性和高效发展。在教育发展过程中,政策并不只是以单一文本的形式存在,而是指导高校教育培养体系构建工作,影响高校建造培养方案的观念与行为习惯体系，其引导并激励高校对新商科人才培养方案的制订。因此，政策激励体系在保持稳定性的同时也应根据应用环境的变化进行动态调整，实现稳定性与持续动态优化两条路径共同发展，完善政策激励体系，同时作用于学校、教师与学生，对新商科人才培养的各参与主体进行行为上的引导与调节，最终促进商科人才培养激励机制的变革与发展。

8.1.4　完善新商科人才培养的高校评价工作

国家教委组织对于高等院校教学评价的工作意义是非常重大的，它是提高新商科教学质量和效率科学且有效的手段，对新商科人才培养起到重要的推动作用。新的发展阶段下，多种内外部条件因素影响着新商科人才培养，因此，政策供给应以解决现实问题为根本目的，以资源利用的有效程度为评价标准，加快对高等院校教学评价的改革。教育主管部门应定期对高校进行新商科人才培养的评价工作，不仅有助于及时掌握和了解各高校在新商科教育领域的最新发展和实践成果，还能够推动高校持续改进和优化新商科人才培养工作，以适应快速变化的商业环境和社会需求。

教育主管部门要紧密跟踪高校在新商科教育领域的进展，包括教学方法的创新、课程体系的更新、实践教学环节的完善等，确保高校能够紧跟时代步伐，培养出符合社会需求的高素质商科人才。定期评价的结果可以为高校提供具体的反馈和建议，帮助高校识别存在的问题和不足，并制定相应的改进措施。主管部门应当将评价工作从政策层面逐步向单一评价方式转变，进行分类评价，使评价政策由单一评价逐步转变为多元分类评价。在此过程中，应当以充分共享信息为基础，打造评价主体多元化，建造多主体机制，将政府、高校、企业、团队、学生等都引入高等院校教学的政策评价中。与此同时，政府应发挥信息公开与服务监督的职能，建立多方面的信息评价反馈机制，将数据信息作为决策依据，提高高校教学评价的效力。这种持续改进的循环机制有助于高校不断提升新商科人才培养的质量。定期评价还能够激励高校之间进行新商科人才培养的创新和竞争。通过比较不同高校的评价结果，可以鼓励高校相互学习、取长补短，共同推动新商科教育的创新与发展。同时，定期评价可以向社会展示高校在新商科人才培养方面的努力和成果，增强社会对高校教育的信任和支持。这对于提升高校的品牌形象和吸引更多的优秀学生都具有重要意义。为了确保定期评价工作的有效性和可持续性，教育主管部门应当制定详细的评价方案和标准，明确评价的时间节点和流程，并提供必要的支持和指导。同时，高校也应积极配合评价工作，认真对待评价结果，并根据反馈进行相应的改进和调整。总之，教育部定期对高校进行新商科人才培养的评价工作，不仅能够促进高校不断改进和优化新商科人才培养工作，还能够增强社会对高校教育的信任和支持，推动新商科教育的持续发展和创新。简而言之，教育主管部门需提供具体支持和指导，以确保高校评价工作的有效性和可持续性。高校应积极响应评价结果，并根据反馈进行相应的改进和调整。这样的评价体系有助于推动新商科教育的不断进步和创新，并增强社会对高校教育的信任和支持。

8.2　高校充分发挥主体作用

8.2.1　完善高校内部治理机制

加强高校内部治理机制是推动新商科人才培养向更高质量、更深层次发展的前提和基础。高效、灵活且适应时代变化的内部治理机制，能够确保高校在新商科教育领域的创新与发展中得到有力支持，同时为学生提供更加优质的教育资源和成长环境，为培养具备国际视野和竞争力的商科人才提供坚实的保障。高校需要明确治理目标与责任，并在此基础上构建内部治理机制。首先，高校应设立专门的新商科教育管理部门，负责统筹协调各项工作。该部门应与其他部门保持紧密合作，共同推进新商科人才培养的创新与发展。其次，高校应建立完善的制度体系，包括课程设置、师资管理、实践教学、学生评价等方面。这样可以确保各项工作有章可循、有据可依。同时，高校应建立民主、透明的决策机制，广泛听取师生意见，确保决策能够充分反映各方利益和需求。在激励与约束机制方面，高校应建立科学的激励与约束机制，激发师生参与新商科人才培养的积极性和创造力，同时确保各项工作的规范性和有效性。此外，高校应注重信息化建设，利用信息技术手段提升内部治理的效率和透明度，如建立信息管理系统、推广在线教育等。完善高校内部治理机制有助于现代化改革和优化新商科人才培养模式。通过健全的治理体系和机制，高校能够为新商科人才提供更加系统、全面和前沿的教育培养环境。随着高校内部治理机制的不断完善，新商科人才培养将取得更显著的成效，为经济社会发展贡献更多高素质、具有社会责任感和市场意识的商科人才。

8.2.2　举办国际会议并引进外籍教师

举办国际会议并引进外籍教师，不仅能够为高校师生提供一个与国际同行交流学习的平台，还能够引进国外先进的商科教育理念和教育资源，从而进一步提升新商科人才的培养质量。通过举办国际会议，高校能够聚集来自世界各地的专家学者，共同探讨新商科教育的最新趋势和实践经验。这样的会议不仅能够拓宽师生的学术视野，还能够促进国际间的合作与交流，为高校新商科教育的发展注入新的活力。同时，会议期间建立的合作关系和联系，有助于高校引进更多的外籍教师资源。外籍教师的引进，不仅能够带来不同的教学方法和思维模式，还能够为学生提供更加国际化的教育环境。通过与外籍教师的互动学习，学生能够更好地了解国际商业环境，提升跨文化沟通能力，为未来的国际职业发展打下坚实基础。此外，外籍教师的参与也能够促进高校师资队伍的多元化，提升整体教学水平。高校应充分利用资源，加强与国际同行的合作与交流，为培养具有国际视野和创新精神的新商科人才创造更多机会和条件。

8.2.3　及时发现新商科人才培养中存在的问题并进行相应改进

学校在新商科人才培养过程中扮演着至关重要的角色，应充分发挥其主体作用，通过制定明确的培养目标和标准、建立有效的评估机制、识别关键问题、制定改进措施、实施改进方案并监控效果等步骤，及时发现并解决新商科人才培养中存在的问题。只有这样，学校才能不断提升人才培养质量，培养出更多适应现代商业环境和市场需求的新商科人才，为经济社会发展做出积极贡献。高校在新商科人才培养过程中，为了及时发现问题并进行改进，可以采取以下具体措施。首先，建立定期的教学评估和反馈机制，将两者相互结合，通过收集三方的意见，即教师、学生和企业的意见，全方位地了解人才培养的实际效果。其次，为了保持与商科领域的最新动态同步，可以设立专门的教研组。该组将跟踪行业发展、技术进步和市场趋势，以及学生的学习需求和职业发展方向。根据收集到的信息，能够及时调整课程设置和教学方法，确保教育内容与商业实践紧密结合。此外，鼓励高校加强与行业协会和企业的合作。通过共同开展实践教学和科研项目，双方致力于让学生更好地了解行业需求和趋势。这种紧密合作将给学生提供宝贵的实践机会，帮助他们在实际工作中应用所学知识，并与业界专业人士进行交流和合作。这样的合作将为学生提供更好的职业发展前景，并提高他们在就业市场中的竞争力。最后，在培养高素质的商科人才方面，高校还应注重学生创新能力和实践能力的培养。可以通过举办创业大赛、实践项目等活动，激发学生的创造力和团队合作精神。这些具体措施能为学生提供实践机会，让他们能够在真实的商业环境中运用所学知识并面对挑战。通过这样的活动，高校可以及时发现并解决新商科人才培养中存在的问题。教师们可以密切关注学生在实践中的表现，并根据反馈意见做出调整，以确保培养出符合业界需求的人才。这些实践活动将为学生提供一个实验场，让他们能够锤炼技能、培养创新思维，并培养团队合作和领导能力。通过这些具体措施的实施，高校将为培养高素质商科人才提供有力保障。

8.3　行业协会发挥应有职能

8.3.1　提供就业指导与实践平台

在当今快速变化的商业环境中，新商科人才培养显得尤为重要。行业协会作为连接行业、教育与市场的桥梁，其在助力新商科人才培养方面发挥着至关重要的作用。通过汇聚行业资源、提供专业指导和实践平台，行业协会不仅能够为商科学生提供前沿的行业知识，还能够助力他们培养实际操作能力和创新思维，从而更好地适应市场需求和行业变化。行业协会在助力新商科人才培养方面可以发挥重要作用，它们在新商科人才培养中扮演着重要的角色。金融行业协会方面，如中国银行业协会、中国证券业协会等，这些协会通过提供金融政策解读、行业研究报告和培训课程等服务，帮助金融领域的商科人才提升专业知识和技能。同时，它们还可以搭建平台，促进金融机构与高校、研究机构的合作，共同培养适应市场需求的新商科人才。科技行业协会方面，如中国电子学会、中国通信学会等。这些协会关注电子、通信、计算机等高科技行业的发展，通过组织学术交流、技术推广和产业合作等活动，为商科人才提供了解行业前沿动态的机会，促进他们的专业素养和实践能力的提升。机械行业协会方面，如中国机械工业联合会等。这些协会致力于推动机械行业的发展和创新，通过制定行业标准、组织技术交流和培训等活动，帮助商科人才了解机械行业的市场需求和技术发展趋势，为他们在该领域的发展提供有力支持。商业行业协会方面，如中国商业联合会等。这些协会关注商业领域的发展和创新，通过组织商业论坛、商业展览等活动，为商科人才提供了解商业趋势和市场动态的机会。同时，它们还可以提供商业管理、市场营销等方面的培训，帮助商科人才提升商业素养和实践能力。这些行业协会通过各自的职能和资源优势，可以为新商科人才培养提供有力的支持和帮助。他们可以通过组织各种活动、提供培训和认证服务、搭建交流平台等方式，促进商科人才的专业素养和实践能力的提升，推动他们更好地适应市场需求和行业发展。

8.3.2 为人才就业发展提供指导

行业协会作为连接企业与教育机构的桥梁，在新商科人才培养中发挥着举足轻重的职能。通过深入行业调研，了解市场需求和趋势，行业协会可以为学校提供宝贵的人才培养建议和方向。同时，行业协会还可以组织企业专家参与学校的课程设置、教学方法改革等，为新商科人才培养提供实践经验和行业智慧。此外，行业协会还可以搭建平台，促进学校与企业之间的合作与交流，为学生提供实习实训机会，帮助他们更好地融入职场。通过充分发挥行业协会的职能，可以有效促进新商科人才培养的质量提升，为行业发展输送更多优秀人才。行业协会可以从多角度助力新商科人才培养，具体而言，行业协会可以制定和更新与新商科相关的行业标准，包括课程设置、教学内容、技能要求等。这有助于确保新商科人才的培养质量，并使其适应不断变化的市场需求。行业协会可以通过设立专业认证制度，对新商科人才的专业知识和技能进行评估和认证。这不仅可以提高学生的就业竞争力，也有助于企业在招聘时识别和选择具备相应能力的人才。行业协会可以通过定期举办研讨会、论坛等活动，为新商科人才提供交流和学习的平台。这样的机会可以帮助学生们开阔视野，提升他们的专业素养和实践能力。同时，行业协会还可以积极促进学校、企业和研究机构之间的合作，推动产学研一体化发展。通过合作项目和实习实训等方式，学生们可以更好地了解行业的最新发展动态，提高他们适应市场的能力以及增加实践经验。总结来说，行业协会在提供学生交流学习机会的同时，也可以促进学校与企业、研究机构之间的紧密合作，为学生提供更多实践机会和行业洞察力。这样的合作有助于培养出更具竞争力和适应性的新商科人才,为行业的发展做出贡献。行业协会可以为学生提供就业指导服务,帮助他们了解行业发展趋势、就业市场需求等信息。同时,行业协会还可以与企业建立联系,为学生提供实习和就业机会,促进他们的职业发展。总之,行业协会在新商科人才培养中发挥着重要作用。通过制定行业标准、提供专业认证、搭建交流平台、推动产学研合作以及提供就业指导等方式,行业协会可以为新商科人才培养提供有力支持,推动行业健康发展。

8.4 建造跨组织共享机制

8.4.1 高效利用智能化数字技术优势

新商科人才培养依赖于培养者对教育信息的挖掘,在新商科的诞生过程中产生了大量自发性的创新探索,由此衍生出大量复杂性高、变化性强的各类信息,如理论知识、思想观念与实践经验等。因此,新商科人才培养离不开智能化数字技术发展作为技术支持。大量文本、图像、音频、视频等非结构性数据的出现导致教育过程中的课程、教学、师资等方面的信息并非全部是具有良好结构化的标准数据,此时引进人工智能、大数据、云计算等新兴数字化技术,有助于新商科人才培养者处理这些非结构性数据,充分发挥智能化数字技术的优势显得尤为重要。根据地方特点不同,各地高校往往会进行不同的专业课程建设,由此诞生了形式差异较大的各类课程教学大纲,通过运用智能化数字技术,能够识别出各类大纲的关键要素,如课程目标、课程形式等,高校教师可以应用这些数据制订出符合自己地方特色的教育培养方案,为新商科人才培养保驾护航。引入智能化数字技术,代替了专业教师对课程关键要素的解读,解决了非标准化数据特征的不足,便于汇总、规范各类信息,为跨组织信息共享的建立提供良好的条件基础。

8.4.2 打造多样化信息共享方式

教学一线的实践以及教学过程中采用不同文本数据形式体现的教学内容组成了商科专业建设的信息来源,根据以往的信息共享机制的经验,专业建设信息的搜集方式、传播途径和共享渠道是商科专业建立信息共享的主要方面。"数出一门,全程共享"是建设信息共享机制的基本原则,因此信息来源的稳定性与可靠性至关重要,其影响着信息共享的效率和效果。在信息来源不稳定的情况下，过多的来源会致使不同来源间的信息相互冲突，降低传播信息的质量，使信息共享失去原有的价值。建立多样化的信息共享方式应当以保证信息来源的稳定性与准确性为前提，确保信息共享方式多元化价值的实现。教学信息使用者的不同层级包括教学团队、院校内管理部门、校际与校企等，各层级对于商科专业建设的相关信息需求也存在较大差异，其取得信息的方式也有所不同，致使相关部门建立多样化的信息共享方式及更加丰富的信息内容。分层分类的信息共享方式能够推进跨组织信息共享机制的构建，进而为新商科人才培养提供更加丰富、价值更高的信息集群，方便管理者及教师团队根据既有信息调整教学内容及方式方法，为新商科人才培养提供支持。

8.4.3 规范信息标准与传播渠道

专业建设的教育教学信息往往以期刊、会议等传统方式作为主要传播与共享的途径，并且以非结构化数据为主要主体，这不利于教育相关者搜集和使用信息，在信息提供方与信息接受方出现信息差，进而导致新商科人才培养出现困境。在数智时代下，专业建设相关信息除在组织范围内部流转使用外，还应构建纵向传播渠道，在组织上下游之间实现信息共享。相关部门可以通过搜索与归集信息建立信息数据库，为信息传播提供保障，同时应当创建相应的数据审核系统，对既有信息进行筛选与规整，保证教育信息的真实性、可靠性与完整性。在跨组织间建立信息共享平台，建造稳定的信息横向交互系统以在跨组织间实现信息共享，使组织间交流商科人才培养方式提供可能。构建与完善信息标准不仅有助于高校内部搜集与汇总商科专业建设信息，还有利于高校之间、校企之间交流人才培养经验与建议，实现专业信息全方位传播与共享。课程建设是新商科人才培养方式的主要体现形式，各部门可以根据不同高校商科专业课程建设的相关信息了解高校商科专业人才培养的理念与实践，通过建设全国范围的商科专业课程平台，使各部门了解各高校商科专业的相关信息，实现跨组织信息共享，方便各部门进行相关经验借鉴与参考，为自身新商科人才培养提供助力。

8.5 构建资源有效配置机制

8.5.1 利用信息引导资源配置

新商科人才培养的成功与否不仅取决于相关课程建设与人才培养模式，还与众多外界因素相关，如经费投入、软硬件设施投入以及人才发展机会等。新商科人才培养过程中各参与主体可以利用信息流动与共享制相应的决策，以此实现建设经费、软硬件设施等资源的有效配置。但由于教育教学活动的个体差异性和需求多样性，使其具有非标准化和非同质化的特点，致使以单一的指标信息作为主要信息来引导资源配置在教育教学活动中具有很大难度，同时会增加教育资源配置的复杂程度与不合理程度。因此，商科专业人才培养的资源配置需要搜集更多信息和数据进行集中分析与集体安排，通过课程内容与教学方式的数字化，有助于保留教育教学活动中的具体信息，为相关者提供了更为多样可用的信息资源，有助于分析各高校现有资源的程度，进而进行后续教学资源配置。相关管理部门应当搜集足够的信息以分析资源配置的相关问题，同时可以利用智能化数字技术的发展发挥信息引导资源配置的作用，建立其分析过程中需要的数据模型，提高资源配置的效率和效果。

8.5.2 计划性与自发性资源配置相结合

新商科专业人才培养相关信息的流通为相关管理部门提供资源配置的有效决策依据，有助于引导资源进行有效配置。但资源配置的自发性可能会导致资源向优势领域的高校流通，导致教育教学领域不公平情况的发生，与商科人才培养最初的目的相背离。教育教学活动的非标准化与非同质化特点致使公平优于效率，因此在利用信息引导资源配置的过程中，应当同时兼顾资源配置的计划性与自发性，平衡高校教学的优势与短板，提高高校的整体教育教学水平。在商科专业人才培养过程中，诸如教学人员、组织等无法实现自由流动，这阻碍着各高校实现整体资源共享。因此在资源配置时要考虑计划性，并通过智能化数字技术分析相关专业信息，对各方高校进行统筹安排，发挥其优势，利用教育教学资源共享提升整体效益，为新商科人才培养的实现奠定基础。

8.5.3 利用增量产出优化资源配置

在衡量资源配置的效益时不应仅仅依赖于其自身最终的产出，而应该考虑资源的增量产出，并且在资源分配时应当考虑高校已有的建设基础与规模。为了体现教育资源的公平性，在进行教育资源配置时应当考虑资源增值性产出，推进商科专业人才培养模式的发展与建设。与此同时，应当考虑成本效益原则，充分考虑资源投入的项目及领域，并论证其有效性和必要性，避免只追求教育资源形式上的丰富，而是在整体建设上平衡各高校的资源，保障新商科人才培养的执行与发展。

9 数智时代新商科人才培养的实践探索与经验总结

9.1 哈尔滨金融学院数智化新金融人才培养实践案例探索

9.1.1 数智化新金融人才培养背景

2022年1月，原中国银保监会发布《关于银行业保险业数字化转型的指导意见》指出"大力引进和培养数字化人才""注重引进和培养金融、科技、数据复合型人才，重点关注数据治理、架构设计、模型算法、大数据、人工智能、网络安全等专业领域"，这为高等院校培养符合金融机构需求的数智化人才指明了方向。目前，基于信息技术的快速转型和迭代升级，数智化新金融人才培养缺乏系统化的方法论和丰富的实践探索。基于上述对数智化人才培养模式的多角度系统架构及理论研究，依据教育部《关于做好普通高等学校本科学科专业结构调整的若干原则意见》和哈尔滨金融学院《专业建设与人才培养"十四五"发展规划》相关要求，专业设置坚持以数智化发展为导向，加强专业内涵建设，优化专业结构，提高人才培养与龙江经济社会发展的契合度，满足经济社会高质量发展对应用型人才的需求，进一步深化学校人才培养供给侧结构性改革，全面提高育人质量。作为地方性应用型示范性本科院校哈尔滨金融学院进行了多维度的具有时效性的数智化新金融人才培养模式实践框架设计，并从系统化的角度开展了数智化新金融人才的培养，积极打造可规划、可操作、可链接、可复制、可引领的数智化新金融人才培养模式实践体系。

哈尔滨金融学院动态调整优化学科专业设置，持续推进新文科建设。充分发挥学校金融特色优势，遵循新文科建设理念，适时调整优化专业结构，加快学科交叉融合推进步伐，统筹推动学科、学位点、专业一体化建设。加快淘汰或停招条件不足、需求过剩、质量低下的专业，申报服务龙江经济发展的新专业。2023年申报设置数字经济、信用风险管理与法律防控专业，2024年计划申报设置金融审计和金融数学专业。通过申报设置以上新专业，进一步强化对金融学类、经济学类专业支持力度，增强服务地方经济的能力。进一步凝练学科方向，突出优势特色，构筑学科基地，申报院级特色学科，建设院级培育特色学科。统筹推进产教融合，助力龙江产业高质量发展。

9.1.2 数智化新金融人才培养的基本原则

1. 凝练特色，强化优势，面向龙江未来发展

把握我国数字经济发展趋势与规律，全面深化数字化改革，以数字经济、大数据和人工智能等新一代数字化应用技术为培养方向，服务数字经济。哈尔滨金融学院金融底蕴深厚，金融特色鲜明，各专业开设金融特色课程，坚持服务金融行业、为地方培养金融人才。各专业要根据专业发展历史、凝练专业特色，涂抹金融底色，强化各自优势，培养商业银行、证券投资、保险、信托及资产管理等金融配套业务人才。

2. 数智赋能，升级改造，构建特色专业体系

数字经济是引领未来的新经济形态，是经济提质增效的新变量，是经济转型发展的新蓝海，也是推动我省振兴发展的新要素。哈尔滨金融学院构建满足经济发展的数字人才教学体系，适当改进相关专业的培养方案、课程体系、授课内容，积极开展数字化教育教学，优化实习体系改革，注重数字人才的实践能力提升，夯实集教学、实践、创新创业于一体的实践育人体系，打通从认知实习、课内实验、专业综合实践到毕业实习的数字人才实践能力全链条培养路径，进一步升级改造传统专业。

3. 需求导向，交叉融合，坚持专业集群发展

黑龙江将以创新促发展，推动数字技术与实体经济深度融合，以数字化全面赋能产业蝶变，以厚积薄发之势构建形成龙江特色数字经济产业发展体系。哈尔滨金融学院将对接产业链，了解商业银行、证券投资、保险、信托及资产管理等行业对金融配套信息技术人才的需求。将数字技术与金融学类、经济学类、管理类、文学类、法学类和工学类专业进行交叉融合，开设特色课程，培养商业银行、证券投资、保险、信托及资产管理等金融配套信息技术人才，涂抹金融底色。

4. 强化引领，分步实施，坚持系统推进

充分考虑学校的实际情况和发展的要求，做好顶层设计整体规划，分步实施，确保决策及投入的科学性、合理性与有效性。数字化转型工作在做好统筹规划的前提下，根据各专业不同情况和特点，每年都选择一批有条件的专业和课程，给予政策扶持，做好示范点建设，总结积累经验后通过示范引领作用，分步实施。

9.1.3 数智化新金融人才培养的顶层设计

在顶层设计、思政引领方面，哈尔滨金融学院党委紧紧围绕党的重要指示精神，开展数智化新金融人才培养布局，制订了详细的实施方案。方案中指出以习近平新时代中国特色社会主义思想为引领，全面准确、系统深入理解和把握习近平总书记在新时代推动东北全面振兴座谈会上和视察我省时发表重要讲话的丰富内涵和精神实质。坚持立德树人根本任务，充分发挥金融特色，持续深化数字赋能新财经人才培养目标，进一步推动学院各项事业高质量发展。置身全国全省大局定位目标，紧密结合校情实际，切实把习近平总书记重要讲话重要指示批示精神转化为学校特色鲜明的地方高水平应用型财经大学建设和助力龙江全面振兴全方位振兴的生动实践。方案明确指出了哈尔滨金融学院数智化新金融人才培养的思想根源和精神指引以及服务实体服务龙江、新人才培养的工作最终落脚点。

哈尔滨金融学院人才培养过程中以学校办学特色为基础，坚持厚基础、重实践应用；坚持创新创业能力培养；坚持"金融变革推动者"的定位，不断提升学生创新创业的能力培养；坚持复合型人才培养。掌握金融、经济和管理等跨学科知识，为日后学生的持续发展提供助推力。坚持数智技术与专业的深度融合。通过数智技术课程的设置，用先进的数智技术扩展金融业务领域，解决金融领域问题。

9.1.4 数智化新金融人才培养目标和计划

数智化新金融人才培养目标是培养德、智、体、美、劳全面发展，专业理论基础扎实、实践能力强、综合素质高、创新创业意识突出，系统掌握经济、金融、投资、理财等基础理论知识和专业知识，掌握一定财务知识及现代金融分析的基本工具和方法，具有较强的应用能力、社会适应能力，能在金融机构、政府部门和企事业单位从事融资、投资、理财规划、综合金融服务等工作的高素质应用型人才。具体而言,数智化新金融人才要具备的能力要求如下。

第一,要具备跨界能力,能够在不同领域之间进行有效的沟通和整合。一方面,金融从业人员需要能够结合金融、经济学、数学和统计学等多个学科的知识,进行深入的分析和研究,为金融决策提供全面的支持。另一方面,要能够将金融业务与科技、数据分析、人工智能等领域进行有效整合,创造出更多的商业价值。同时还需要了解科技、法律、市场等多个领域的知识,以应对复杂多变的金融环境。

第二,要具备数字化技能,包括数据分析、人工智能、区块链等方面的知识。随着金融科技的迅猛发展,金融行业正经历着数字化转型和技术革新,数字化金融人才将成为新时代金融人才战略的重要组成部分。

第三,要具备创新精神和敏锐的市场洞察力。创新精神是金融行业发展的重要驱动力。新时代金融人才需要能够应对新兴科技和市场趋势,提出创新的金融产品和服务,以满足不断变化的市场需求和客户需求。同时,金融人才应具备对宏观经济、行业发展、政策变化等方面的敏锐洞察力,能够及时捕捉市场变化和趋势,为金融机构提供有效的战略规划和业务决策支持。

第四,要具备国际化视野和国际沟通交流能力。一方面,金融人才需要具备全球化的视野和思维方式,能够从全球化的角度思考和分析金融问题,了解全球金融市场的发展趋势和变化,把握全球经济形势和国际金融市场的机遇与挑战。另一方面,金融人才需要具备国际化的技能和能力,包括跨文化交流能力、英语等外语能力、国际金融实务操作能力,以及运用国际法律解决问题的能力,推动我国金融业走出国门,以适应全球化金融市场的需求。

第五,要具备严格的法律法规意识和合规管理能力,以确保金融机构的合规运营。随着金融市场的不断发展和监管力度的加大,金融机构面临的法律法规合规风险也日益增加,金融人才需要具备严格的法律法规意识、合规的管理能力、风险防控及合规监管能力,以确保金融机构的合规运营,降低合规风险,保障金融机构稳健发展。

人才培养方案是专业建设的灵魂,哈尔滨金融学院数智化金融人才培养主要依托金融学和金融工程专业的人才培养。2022年学校升级了人才培养方案,新的人才培养方案基于行业岗位的多方调研,使其具备数智化、国际化、实践性、交叉性的特点，如图 9-1 所示。

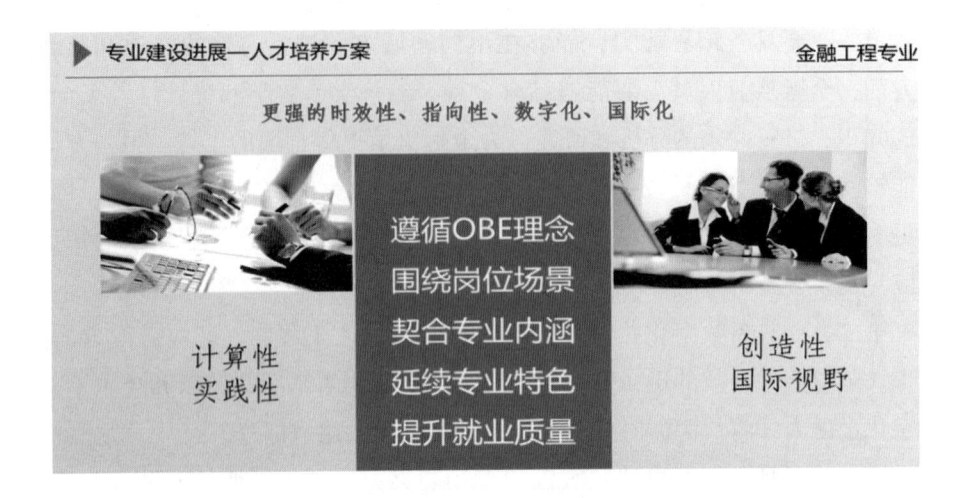

图 9-1　金融工程专业人才培养方案升级

9.1.5　数智化新金融人才培养专业设置

哈尔滨金融学院深耕专业设置数智化转型、专业内涵建设数智化升级。2024 年计划申报设置金融审计和金融数学专业。通过申报设置以上新专业，进一步强化对金融学类、经济学类专业支持力度，增强专业数智化更新及服务地方经济的能力。在专业建设数智化升级方面，以会计学国家一流专业及金融学、信用管理、金融工程等省级一流专业的数智化建设升级为范例，进行所有专业数智化改造，其中学院于 2022 年在全院范围内更新了人才培养方案，新的人才培养方案匹配了数智化时代新金融人才培养的知识、能力、素质要求，并且对人才培养模式的多维构建效果指向了人才就业后的 5—10 年，以满足金融领域迅速变化的信息化发展要求。新的人才培养方案从培养目标、能力素质要求、课程群设置、实践环节等多角度体现了数智化新金融人才的培养特点。同时学校开展了一流专业数智化建设汇报交流活动，通过专业带头人的汇报多方位展示了一流专业的数智化新金融人才的建设成果和建设思路以及对未来建设的思考。

从专业的本质而言，金融工程是现代金融的产物，是把工程思维、信息技术和数学建模等运用到金融领域去解决实际问题，设计产品，为产品定价以及进行风险管理，显然金融工程专业属于交叉学科范畴。而数字经济则是以数字资源作为关键生产要素，以现代信息网络作为重要载体，以信息通信技术的有效使用作为效率提升和经济结构优化重要推动力的一系列经济活动，可以看出数字经济要求要以数字作为生产要素，以信息技术作为重要载体，从工作方式和工具上金融工程专业完全贴合数字经济的特点，因此金融工程专业是为数字经济而生的，或者说数字经济更加能够成就金融工程的策略实现和行业发展。基于这样的思考，从微观的专业建设而言，哈尔滨金融学院金融工程专业的数字化发展思路应该是适配数字经济、培养数字素养、融入数字思政。要求专业发展、课程设置、课内知识点、能力素质培养要与行业需求连接，尽量防止错配，努力争取匹配甚至适配，从而培养创造性、计算性、实践性、职业操守、家国情怀的新金融人。从这个角度而言，数智化新金融人才的专业建设也要明确目标和打造清晰的专业特色。

培养学生的数字素养，数字素养可以概括为生存、安全、思维、生产和创新五个能力，以一个学生的学习过程为例，数字生存能力是数据的查询获取和存储的能力、数字安全能力是对数据进行筛选清洗保密的能力，数字思维能力是对数据挖掘信息或作为原料来解决问题的能力，数字生产能力则是把策略或解决方案进行呈现输出的能力，而数字创新则是进行数字平台开发，如区块链平台等。上述四种数字能力在哈尔滨金融学院的特色人才培养中都通过课程和实验环节设计实现。

9.1.6 数智化新金融人才培养的思政引领建设

习近平总书记曾说道："国势之强由于人，人才之成出于学。"培养社会主义建设者和接班人，是我们党一直以来的教育方针，也是我国各级各类学校的共同使命，而高等教育在专业人才的培养上，更应注重学生道德素养的培育。当今社会随着数字经济的发展，推动了新技术的发展，为社会经济的发展提供了至关重要的原动力，也产生了新的社会伦理道德问题。在这一背景下，培育新金融人才更应贯彻"立德树人"的理念，坚持为党育人、为国育才，坚持守正创新，强化价值引领。在专业教学的各阶段，大力融入课程数智思政，构建"传统文化＋时代精神"的经管专业课程思政体系，组建专业课程思政团队，开展课程思政示范项目建设，持续推进"思政进专业、进教材和进课堂"。在此基础上，充分利用数字技术深入挖掘数智伦理中的课程

◎ 数智时代新商科人才培养的理论研究与实践探索

思政元素,在专业教学中积极融入课程数智思政,多渠道、多方式强化专业课程教学中对学生的价值引领。

学习借鉴他校"思政+数智"专业人才培养的建设,建立哈尔滨金融学院特色的数智时代新金融人才培养的思政引领,思路如图 9-2 所示。

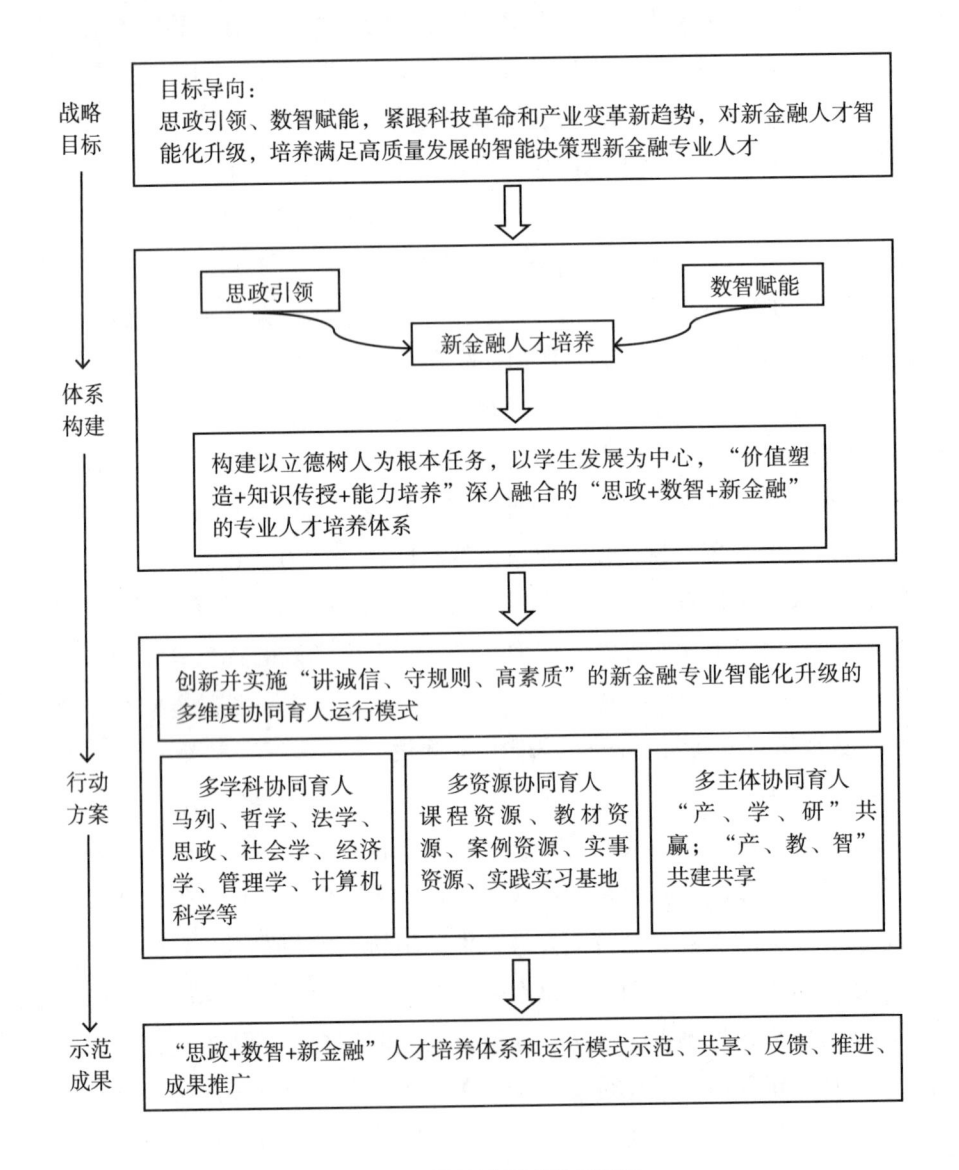

```
战略目标:
目标导向:
思政引领、数智赋能,紧跟科技革命和产业变革新趋势,对新金融人才智能化升级,培养满足高质量发展的智能决策型新金融专业人才

体系构建:
思政引领 → 新金融人才培养 ← 数智赋能

构建以立德树人为根本任务,以学生发展为中心,"价值塑造+知识传授+能力培养"深入融合的"思政+数智+新金融"的专业人才培养体系

行动方案:
创新并实施"讲诚信、守规则、高素质"的新金融专业智能化升级的多维度协同育人运行模式

多学科协同育人
马列、哲学、法学、思政、社会学、经济学、管理学、计算机科学等

多资源协同育人
课程资源、教材资源、案例资源、实事资源、实践实习基地

多主体协同育人
"产、学、研"共赢;"产、教、智"共建共享

示范成果:
"思政+数智+新金融"人才培养体系和运行模式示范、共享、反馈、推进、成果推广
```

图 9-2 思政引领建设思路图

具体措施如下。

第一，确立思政引领的定位和目标：明确思政引领在新金融人才培养中的核心地位，将培养具备社会主义核心价值观、有良好的道德品质和专业素养的金融人才作为首要目标。

第二，深化思政课程与金融专业课程的融合：将思政元素有机融入金融专业课程中，使学生在学习金融专业知识的同时，潜移默化地接受思政教育，树立正确的价值观念。

第三，强化实践育人的作用：通过组织学生参与金融实践活动，如社会调查、实习实训等，让学生在实践中感受金融行业的社会责任和职业道德要求，培养其社会责任感和职业操守。

第四，提升教师思政育人的意识和能力：加强教师培训，使教师深入理解思政引领的重要性，掌握将思政元素融入金融专业课程的方法和技巧，提高其思政育人的意识和能力。

第五，建立完善的思政引领评价体系：制定科学合理的评价指标和评价方法，定期对思政引领工作进行评价和反馈，以便及时发现问题、改进工作。

第六，发挥行业企业的协同作用：与金融行业企业建立紧密的合作关系，共同开展思政教育活动，使思政引领与金融行业实际需求相契合，提高人才培养的针对性和实效性。

第七，注重培养学生的创新精神：在思政引领过程中，注重激发学生的创新思维和创新能力，鼓励学生勇于探索、敢于创新，为金融行业的创新发展贡献力量。

9.1.7　数智化新金融人才培养课程设置、教学方法、教学内容

哈尔滨金融学院数智化金融人才培养主要依托金融学和金融工程专业的人才培养。在课程设置上，数智化新金融人才培养对标全球通用的注册金融分析师 CFA 证书考试科目，结合数字经济特点和专业人才培养特色要求，设计了岗、训、赛、证练的课程设置依据，课程满足其中一个或更多的依据才能进行设置，课程内容对标具体岗位，体现了数字化特征，如图 9-3 所示。

◎ 数智时代新商科人才培养的理论研究与实践探索

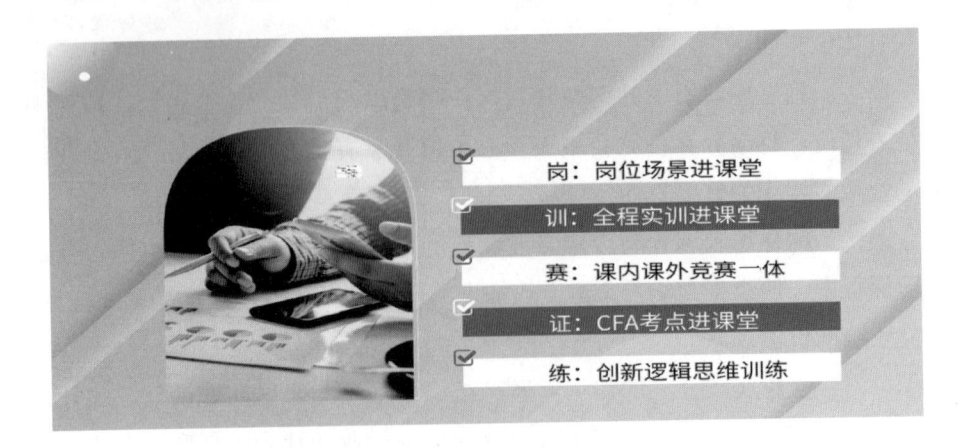

图 9-3　金融工程专业人才培养方案课程设计思路

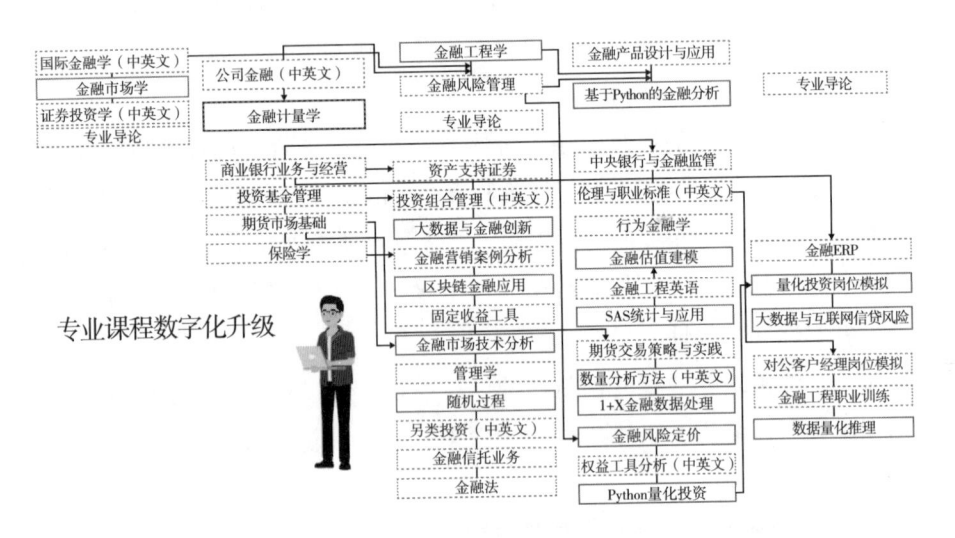

图 9-4　金融工程专业数智化交叉课程示意图

除此之外，课程建设的做法或特点还有课内课外实训平台的建立，学院使用的是数字化的交易平台，包括虚拟交易所和金融实验室等，在该平台上，专业可以自设交易竞赛，学生可以随时用手机开展跨市场的交易操作，输出成绩也是数字化的，目前金融工程专业的实践平台正在更新中，使实训过程更加契合岗位状态，同时提供金融数据服务，帮助师生运用数字这一生产要素进行教学科研活动。

9 数智时代新商科人才培养的实践探索与经验总结

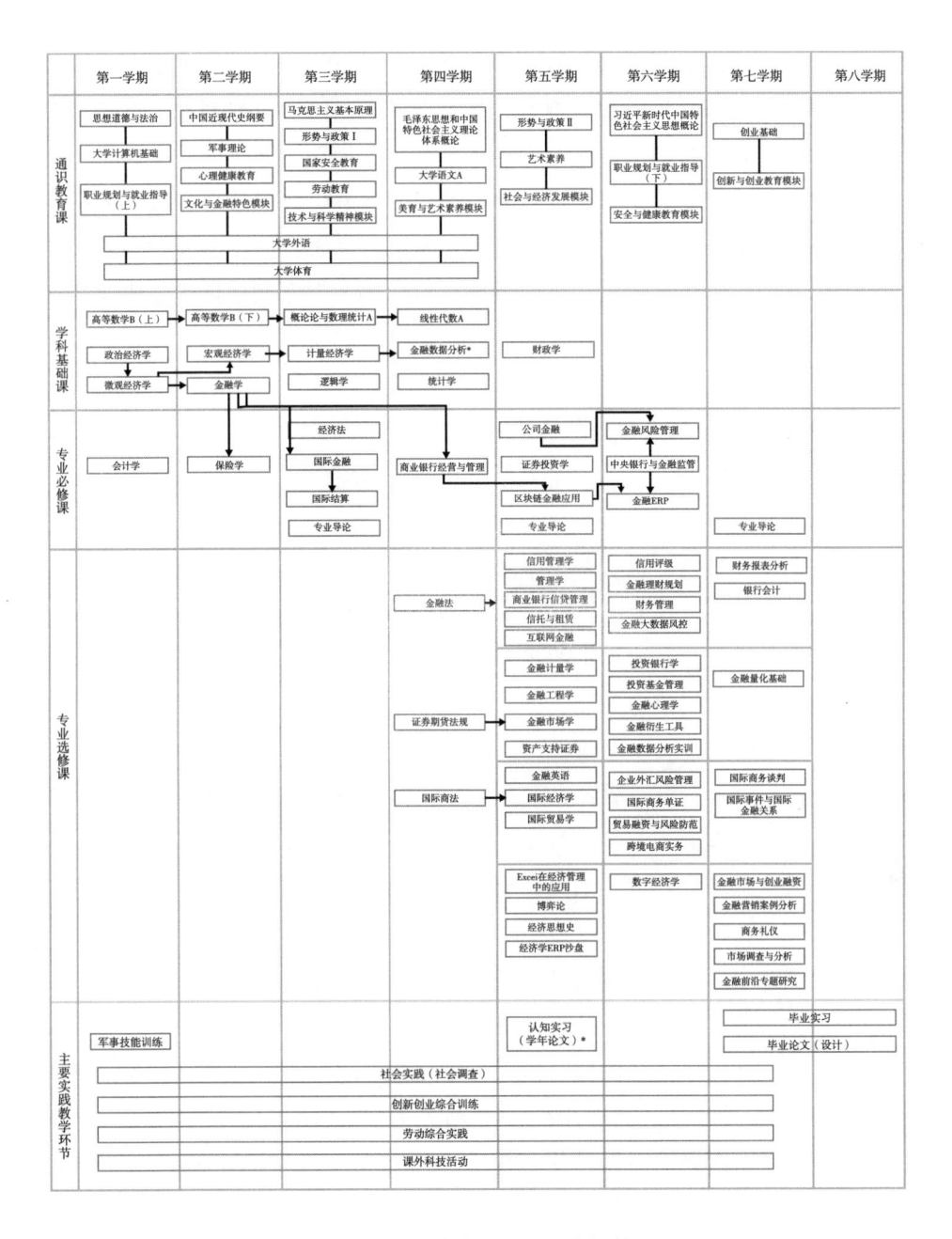

	第一学期	第二学期	第三学期	第四学期	第五学期	第六学期	第七学期	第八学期
通识教育课	思想道德与法治 大学计算机基础 职业规划与就业指导（上）	中国近现代史纲要 军事理论 心理健康教育 文化与金融特色模块	马克思主义基本原理 形势与政策Ⅰ 国家安全教育 劳动教育 技术与科学精神模块 大学外语 大学体育	毛泽东思想和中国特色社会主义理论体系概论 大学语文A 美育与艺术素养模块	形势与政策Ⅱ 艺术素养 社会与经济发展模块	习近平新时代中国特色社会主义思想概论 职业规划与就业指导（下） 安全与健康教育模块	创业基础 创新与创业教育模块	
学科基础课	高等数学B（上） 政治经济学 微观经济学	高等数学B（下） 宏观经济学 金融学	概率论与数理统计A 计量经济学 逻辑学	线性代数A 金融数据分析* 统计学	财政学			
专业必修课	会计学	保险学	经济法 国际金融 国际结算 专业导论	商业银行经营与管理	公司金融 证券投资学 区块链金融应用 专业导论	金融风险管理 中央银行与金融监管 金融ERP	专业导论	
专业选修课				金融法 证券期货法规 国际商法	信用管理学 管理学 商业银行信贷管理 信托与租赁 互联网金融 金融计量学 金融工程学 金融市场学 资产支持证券 金融英语 国际经济学 国际贸易学 Excel在经济管理中的应用 博弈论 经济思想史 经济学ERP沙盘	信用评级 金融理财规划 财务管理 金融大数据风控 投资银行学 投资基金管理 金融心理学 金融衍生工具 金融数据分析实训 企业外汇风险管理 国际商务单证 贸易融资与风险防范 跨境电商实务 数字经济学	财务报表分析 银行会计 金融量化基础 国际商务谈判 国际事件与国际金融关系 金融市场与创业融资 金融营销案例分析 商务礼仪 市场调查与分析 金融前沿专题研究	
主要实践教学环节	军事技能训练			社会实践（社会调查） 创新创业综合训练 劳动综合实践 课外科技活动	认知实习（学年论文）*		毕业实习 毕业论文（设计）	

图 9-5　金融学专业课程结构拓扑图

在数智化课程建设上，每门课程实行课程负责人制，形成各自的课程团队，并且在课程思政上融入了数字化元素，金融工程、金融学专业融入了数智化人才培养过程中的数字思政路径，具体而言包括：一是数字安全即要加强数字保密意识；二是数据获取；三是数据辨识；四是数据挖掘。上述思政教育要体现在金融工程、金融学专业毕业论文上面。比如，该专业毕业论文没有数学模型做佐证的评阅分数就会受到影响。最后数据呈现和数字分析是培养学生要有数字服务意识，就是当未来面对客户如何把复杂的数字结果进行沟通解读的能力和意识，在授课中老师不但要做出数据结果，还要对结果进行简单易懂的解读。上述思政内容的融入能够帮助学生观念意识匹配数字经济的现实需求。

9.1.8　数智化新金融人才培养的具体措施

1. 开展"金融助力龙江产业高质量发展"专项行动

哈尔滨金融学院及时开展"金融助力龙江产业高质量发展"专项行动。围绕科技金融、绿色金融、普惠金融、养老金融、数字金融五篇大文章，开展前瞻性、战略性、政策性的研究课题，形成有价值的研究成果和政策建议。立足学校金融特色、人才集中的优势，加强与黑龙江现代金融服务业工作专班等机构的合作，组建专家库，助力龙江现代金融服务业。发挥省级平台作用，推动金融学术交流、课题研究、决策咨询等质量提升。搭建完善产、学、研一体化产教融合平台，围绕支撑黑龙江省作为粮食安全"压舱石"、围绕科技创新引领产业全面振兴、围绕服务实体经济、围绕金融法治环境建设、围绕良好金融生态环境建设，加强调研工作，加强金融研究，更好地服务龙江产业发展。

2. 发挥区位优势，组建对俄金融合作研究中心

开展"向北开放对俄金融研究服务"专项行动，哈尔滨金融学院与省内外科研机构、高校、金融机构合作，组建对俄金融合作研究中心，建设对俄金融研究智库。加强与俄罗斯国立核能研究大学、西伯利亚国立经济与管理大学、俄罗斯国家研究型大学伊尔库茨克国立理工大学等高校的交流合作，开展校际交流访问，深化伙伴关系，推动学校跨越式发展，拓展新空间、赢得新优势。加快推进对外开放办学，联合人才培养，组织师生广泛开展交换、留学、访学等活动，加强学术交流研究，为构筑我国向北开放新高地提供金融支撑。发挥区位优势，哈尔滨金融学院积极助力黑龙江省向北开放。借助龙江打造教育向北开放新高地的契机，进一步强化前沿意识、开放意识，开

3. 实施"以赛促创"促进"双创型"金融人才培养策略

数智化新金融人才培养过程中按照"以赛促教、以赛促学、以赛促创、以赛促业"的指导思想，以学科竞赛检验实践创新成果，提升综合实践能力，培养"双创型"新金融人才。实施过程中，以重构优化双创课程体系为起点，开设通识类、专业+创新类课程启蒙创新意识；结合金融特色，开设《模拟银行综合实验》《金融ERP》等具有创新性和实用的"双创"课程，提升创新能力。依托课程建设，打造"课—项—赛"的教学模式。以课程为出发点，引入项目进行分析，培养学生创新思维和意识；对可操作性项目进行撰写，请创新创业导师进行指导；项目优化后参加各类创新创业竞赛，推动项目孵化落地，同时搭建校内外实践教学平台。利用数字化技术，建设校内实践教学平台，通过模拟银行实训中心、智慧学习空间和创业园使学生创意落地；依托学科竞赛和双创竞赛，如"互联网+""挑战杯""工行杯""学创杯"等竞赛平台，促进项目落地；多渠道深度挖掘各种优质资源，加强校企合作，为学生提供更多实践机会。

4. 开展书记校长访企拓岗促就业专项行动

学院关注学生出口、学生技能素养和知识体系与数智化行业变革匹配程度等重要环节。哈尔滨金融学院的具体做法是出台了哈尔滨金融学院书记校长访企拓岗促就业专项行动实施方案，通过专项行动实施，形成学校书记、校长及校级领导班子带头示范，相关职能部门、二级院系领导班子积极跟进，辅导员和专业教师广泛参与的全员联动促就业的良好局面。立足龙江，覆盖全国，面向重点领域、基层单位，深入各地组织、人社部门和企业，将访企拓岗与校友招商、人才培养等工作紧密结合，推动校地、校企合作，广泛开拓就业渠道和就业岗位，邀请一批用人单位到校招聘人才，建设一批毕业生就业实习实践基地。深入开展社会需求调查和毕业生就业状况跟踪调查。通过单位走访、交流座谈、问卷调查等形式深度了解用人单位对毕业生的能力素质要求，查找学校人才培养和就业服务等方面的不足，对我校毕业生的满意度，以及在思想道德品质、职业素养、专业能力等方面的反馈意见；深入了解毕业生的工作、生活和发展情况，听取毕业生对学校人才培养、就业指导服务的意见建议。促进学校学科专业调整、人才培养改革、招生计划动态调整和就业指导服务质量提升，推动学校深化教育教学改革、提高人才培养质量。

9.1.9 数智化新金融人才培养对新商科人才培养的启示

数智化新金融人才培养对新商科人才培养的启示在于，要深刻认识到数字化、智能化技术对金融行业的深刻影响，进而将这种影响融入新商科人才培养的全过程。新商科教育不仅要关注传统商科知识的传授，更要注重培养学生对新技术、新方法的掌握和应用能力。通过加强跨学科学习，融合计算机科学、数据分析等现代科技知识，新商科人才将能够更好地适应数字化时代的需求，提升商业决策和创新能力。同时，数智化新金融人才培养所强调的实践能力和商业伦理意识，也是新商科教育应当注重培养的重要素质。通过实践教学和社会责任教育，新商科人才将能够更好地应对商业挑战，实现个人和社会的共同发展。数智化新金融人才培养对新商科人才培养的启示具体体现在以下四个方面。

第一，数智化新金融人才的培养强调对新技术、新方法的掌握和应用，如大数据、人工智能、区块链等。这启示新商科人才培养需要适应数字经济时代的需求，将现代技术与商科教育紧密结合，打破传统管理学和经济学学科壁垒，形成跨学科复合型商科教育。

第二，数智化新金融注重培养具有创新思维和实践能力的人才。新商科教育也应借鉴这一点，鼓励学生跨领域学习，培养具备计算思维、数据思维、交互思维等多种商业思维的复合型人才。同时，加强实践教学，提升学生的实践能力和解决问题的能力。

第三，数智化新金融人才培养还强调对商业伦理和社会责任的重视。新商科教育也应注重培养学生的伦理意识和社会责任感，确保在商业活动中遵守道德规范和法律法规，实现可持续发展。

第四，数智化新金融人才培养的模式和方法也为新商科教育提供了有益的参考。例如，可以利用在线学习平台、模拟实验系统等技术手段，创新教学方式方法，提高教学效果。同时，加强产学研合作，与企业共同开展人才培养项目，推动商科教育与行业需求的紧密结合。

数智化新金融人才培养对新商科人才培养的启示在于融合现代技术、培养创新思维和实践能力、注重商业伦理和社会责任以及创新教学方式方法等方面。这些启示将有助于新商科教育更好地适应数字经济时代的需求，培养出更多高素质、复合型的商科人才。

9.2 哈尔滨商业大学智能会计人才培养案例探索

9.2.1 智能会计专业方向成立背景

智能会计是基于智能化环境产生的，以会计管理活动论为理论基础，通过智能化资源、人的智能行为、智能化技术工具三要素，对泛在会计主体的价值运动进行智能管理以实现资源优化配置，协同微观会计与宏观经济政策的管理活动。智能会计的产生源于技术的推动，特别是人工智能、量子信息技术、万物互联等为代表的第四次科技浪潮的来临。这些技术改变了商业模式、生产模式和管理模式，推动了会计的变革和发展。在商业模式方面，由农耕文明时代的"点"状思维、"点"状结构，工业文明时代的"线"性思维、"线"状结构，转换成生态文明时代的"网"性思维、"网"状结构，创新商业模式如 B2B、B2C、C2C、C2B、S2b2c、c2b2S 等不断涌现。在生产模式上，由工业文明时代的存货式、订单式生产向以消费者个人偏好和个性化需求牵引的实时化、后推式生产转变。在管理模式上，由以价值链、科层化、标准化、同质化、闭环式的科学管理转变为以自组织、扁平化、精准性、异质化、开环式的智能管理。在这样的背景下，会计也需要适应变革，进行智能化发展。智能会计的出现，不仅可以解决信息的不对称性问题，还可以通过自主学习，完成过去只有人才能处理的涉及专业判断的问题，大幅度替代人工，实现资源优化配置，提高会计工作的效率和质量。2017 年 3 月 10 日，德勤与 Kira Systems 达成合作，计划将人工智能技术引入会计、审计和税务工作中。与此同时，毕马威也宣布将采纳 IBM Watson 的认知技术。这些新技术的应用，如财务机器人、专家系统和机器学习，所揭示的会计智能化未来正在不断拓宽人们的视野。这不仅对传统会计实务和教育产生了深远的影响，而且也对传统会计理论和管理带来了颠覆性的变革。在此背景下，一些知名的财经类高校和综合性大学在近年来纷纷开设了智能会计专业或相关课程，以满足社会对智能会计人才的需求。例如，上海财经大学、中南财经政法大学、北京大学、清华大学、南京审计大学等高校都在智能会计领域进行了积极探索和实践，并开设了相应的课程或专业。此外，还有一些高校在会计学、财务管理等相关专业中设置了智能会计方向，以培养学生的智能会计技能和能力。

哈尔滨商业大学会计学科历史悠久，自1952年建校之初，即设立会计教研组，创设了财产收付记账法；1981年，会计学专业成立；1998年，正式招收会计学硕士研究生。哈尔滨商业大学会计学院是学校双跨重点学科、重点专业的学院。现已建成基础雄厚、前景广阔的国家级特色专业、省级重点学科、省级重点专业，拥有会计学硕士学位授予权。在黑龙江省及东北地区具有较高知名度，在国内同学科领域中具有较大影响。学院拥有工商管理一级学科（财务管理与会计控制方向）博士学位、工商管理一级学科会计学硕士学位、会计硕士（MPAcc）专业学位和审计硕士（MAud）专业学位授予权，是国家级专业综合改革试点单位，拥有会计学省级领军人才梯队，省级会计学教育研究基地，具有省级重点学科、省级重点专业，国家及省级一流课程。2019年会计学专业获批国家一流专业建设点，2020年财务管理专业获批国家一流专业建设点，审计学专业获批省级一流专业建设点。学院现有三个专业，八个方向，从2019年开始招收本硕连读班，2019年成立浪潮会计学院，2021年"智能+会计"教研室获批省级虚拟教研室建设点。为了应对人工智能、大数据等新技术对会计工作及会计教育教学的冲击与挑战，哈尔滨商业大学会计学院自2019年开始谋划和布局会计学专业智能化教育教学改革，与浪潮铸远教育科技集团联合建立了浪潮会计学院，成立了智能会计方向班，实行校企"双师"培养模式。

9.2.2　智能会计专业方向人才培养目标和计划

1. 智能会计专业方向人才培养目标

智能会计专业把立德树人作为根本任务，培育和弘扬社会主义核心价值观。人才培养目标是，培养德、智、体、美、劳全面发展，系统掌握经济学、管理学、法学、计算机等基本理论、基础知识，能够满足智能时代经济社会对会计数据分析和会计管理决策需要，具备人文素养、科学精神、诚信品质和技术能力，具有大数据分析和会计管理实践能力，突出学科知识与智能分析技术的交叉融合，培养具备智能会计数据分析能力的智慧型、创新型的复合型人才。本方向班学生毕业后，毕业生可胜任大中型企业、行政事业等单位，发挥运用智能化工具支持管理会计的规划、决策、控制、评价职能，提供数据分析支持以及智能决策信息。

2. 智能会计专业方向人才培养计划

会计学院研究制订智能会计专业方向人才培养计划。本计划旨在通过系统的课程设置和实践训练，培养出既具备会计专业知识，又掌握现代信息技术和数据分析技能的复合型人才。该计划为学生提供了全面的知识体系、注重实践能力的培养、适应行业发展趋势、促进跨学科交流与合作。智能会计专业方向人才培养计划在人才培养中发挥着重要作用，为培养适应未来会计行业发展需求的高素质人才提供了有力保障。

表 9-1 会计学（智能会计方向）本科专业人才培养方案计划表

专业教育过程	课程性质		合计 学分/学时	理论教学和实验课程 学分/学时/学期		备注
通识教育平台	通识基础课	必修课	36/534	思想道德与法治	3/48/Ⅰ	
				中国近现代史纲要	3/48/Ⅱ	
				毛泽东思想与中国特色社会主义理论体系概论	3/48/Ⅲ	
				习近平新时代中国特色社会主义思想概论、专题辅导	3/48/Ⅲ	
				马克思主义基本原理	3/48/Ⅳ	
				大学英语	11/180/Ⅰ—Ⅲ	
				体育	4/114/Ⅰ—Ⅳ	
				劳动教育	2/（32）	
				美育教育	2/（32）	
				军事理论	1/（26）/Ⅰ	
				大学生心理健康	1/（16）/讲座（分散）	
	通识选修课	选修课	10/260	思想政治素质教育	1/26	
				人文社会科学模块	1/26	
				自然科学模块	1/26	
				工具与方法模块	1/26	
				外语拓展与应用模块	1/26	
				艺术与美育模块	1/26	
				健康与安全教育模块	1/26	
				创新创业教育模块	2/26	

续表

专业教育过程	课程性质		合计 学分/学时	理论教学和实验课程 学分/学时/学期		备注
学科基础教育平台	学科基础课	必修课	44/722	基础会计	3/48/Ⅰ	至少选修10学分，创新创业至少2学分，其他模块至少1学分
				大学计算机基础	2/40/Ⅰ	
				高等数学（三）	9/142/Ⅰ—Ⅱ	
				微观经济学	3/48/Ⅱ	
				审计学原理	3/48/Ⅱ	
				Python语言程序设计	3/56/Ⅱ	
				财务管理基础	3/48/Ⅲ	
				宏观经济学	3/48/Ⅲ	
				线性代数	3/48/Ⅲ	
				管理学原理	3/48/Ⅳ	
				概率论与数理统计	3/52/Ⅳ	
				金融学	3/48/Ⅳ	
				计量经济学	3/48/Ⅵ	
	学科选修课	选修课	14/218	专业导论	1/10/Ⅰ	至少选修14学分
				经济法	3/48/Ⅲ	
				国际贸易	2/32/Ⅳ	
				商务大数据基础	2/32/Ⅳ	
				统计学	3/48/Ⅴ	
				数据库与数据仓库	3/48/Ⅴ	
				税法	2/32/Ⅵ	
专业教育平台	专业核心课	必修课	12/192	中级财务会计	6/96/Ⅱ—Ⅲ	
				高级财务会计	3/48/Ⅴ	
				会计信息系统	3/48/Ⅴ	
	专业拓展课	任选课	10/300	商品流通企业会计	1/30/Ⅳ	至少选修10学分
				成本会计	1/30/Ⅳ	
				企业智能财务（一）	1/30/Ⅴ	
				财务大数据采集与预处理	1/30/Ⅵ	
				大数据与智能财务决策	1/30/Ⅵ	
				财务分析	1/30/Ⅴ	
				管理会计	1/30/Ⅴ	

9 数智时代新商科人才培养的实践探索与经验总结

续表

专业教育过程	课程性质		合计学分/学时	理论教学和实验课程	学分/学时/学期	备注
专业教育平台	专业拓展课	任选课	10/300	商务数据建模与Excel高阶应用	1/30/Ⅵ	至少选修10学分
				金融企业会计	1/30/Ⅵ	
				Financial Accounting	1/30/Ⅵ	
				成本管理	1/30/Ⅵ	
				集团资金管理	1/30/Ⅵ	
				集团企业财务管控模式	1/30/Ⅵ	
				大数据审计	1/30/Ⅶ	
				Finance	1/30/Ⅶ	
				内部控制与风险管理	1/30/Ⅶ	
				证券评价	1/30/Ⅶ	
				税务筹划	1/30/Ⅶ	
				商业伦理与会计职业道德专题（自主学习）	1/（16）/Ⅶ 1/（16）/Ⅶ	
				会计研究方法	1/16/分散	
				学科前沿专题讲座	1/（16）/分散	
实践教育环节	通识教育实践		20/2(9)周	军训	2/2周/Ⅰ	
				公益劳动与志愿服务	1/2周/分散	
				心理健康教育实训	1/1周/分散	
				职业生涯规划实训	1/1周/分散	
				就业创业指导实训	1/1周/分散	
				假期社会实践	2/4周/分散	
				形势与政策讲座	2/2周/分散	
				毕业实习	4/7周/Ⅷ	
				毕业论文	6/6周/Ⅷ	
	专业教育实践		11.5/176/6周	会计仿真基础实验	1/32/Ⅱ	
				会计仿真中级实验	1/32/Ⅲ	
				企业数字化管理	1/32/Ⅳ	
				智能财务共享理论与实验	1.5/48/Ⅴ	
				企业智能财务（二）	1/32/Ⅵ 1/32/Ⅴ	
				公司创建与运营实训	3/3周/Ⅵ	

续表

专业教育过程	课程性质	合计 学分/学时	理论教学和实验课程 学分/学时/学期		备注
			学年实习（i实习）	3/3 周/Ⅶ	
	第二课堂教育实践	2/分散	社会实践与素质拓展	1/分散	
			学科专业竞赛	1/分散	
			大学生创新创业训练计划项目	1/分散	
			创新实践	1/分散	
			创业实践	1/分散	
必修课总计		102/1708	32/128/23（9）周		
选修课总计		24/518	2/分散		
总　　计		159.5/2402	34/128/23（9）周		

3. 智能会计专业方向人才毕业要求

本专业主要学习会计学、财务管理、审计学、金融学的基础知识和基本理论，接受会计方法与实务操作能力的基本训练。毕业生应获得以下八方面的素质、知识和能力。

（1）熟悉会计相关理论和方法、相关法规、政策和方针；

（2）掌握云会计信息系统、大中型集团财务共享的设计原理和应用；

（3）掌握会计领域知识背景下的智能数据分析技术、方法和工具；

（4）具备智能化财务决策和控制能力；

（5）具备外语文献的读、写、译基本能力；

（6）具有较强的语言与文字表达、人际沟通、自主学习和持续创新的能力；

（7）综合运用上述理论、知识、技术和方法，具备解决各单位经营与管理中的规划、决策、控制、评价等问题的能力；

（8）终身学习：具有自主学习和终身学习的意识，有不断学习和适应的能力，了解智能会计理论前沿、发展趋势和先进的研究方法。

9.2.3　智能会计专业方向的生源和师资

2019年起，哈尔滨商业大学会计学院实施大类招生。大类招生，即前三个学期实行大类统一培养，第三学期根据第一、第二学期的成绩进行专业分流，第四学期开始按三个专业及中国CPA、国际会计、智能会计方向培养。2019年智能会计方向班级第一次招生，共招生40人，选拔学生要求其具备扎实的数学和逻辑思维能力，对新技术和信息系统有浓厚的兴趣，愿意主动学习和掌握相关知识和技能。此外，学生还应具备良好的沟通能力和团队合作精神，以适应未来职业发展的需求。哈尔滨商业大学会计学院智能会计专业方向现已招生5年，200人；2021年首届智能会计方向班学生毕业，现有3届毕业生，120人。

智能会计专业方向人才培养，离不开一支结构合理、专业素养高的师资队伍。师资团队由资深会计专家、信息技术领域的领先学者以及具有丰富实践经验的行业导师组成。哈尔滨商业大学智能会计教研室现有教师9人，其中职称情况：教授3人，副教授3人，讲师3人；学位情况：博士2人，在读博士3人，硕士4人；50周岁以上教师3人，35—50岁教师4人，35周岁以下教师2人。资深会计专家、教授拥有深厚的会计理论功底和丰富的实践经验，能够为学生提供专业的会计知识指导和行业洞察。他们熟悉国内外会计准则和法规，能够帮助学生掌握会计实务操作，培养学生的会计思维和解决问题的能力。信息技术领域的领先学者则具备丰富的信息技术知识和创新能力，能够引导学生掌握数据分析、智能财务系统运用等现代信息技术。他们关注前沿科技趋势，不断将最新的技术成果融入教学中，帮助学生拓宽视野，提升竞争力。此外，学院还邀请了具有丰富实践经验的行业导师参与教学。他们来自各行各业，拥有丰富的实战经验和行业资源，能够为学生提供真实的案例分析和实践指导。通过与行业导师的互动交流，学生能够更好地了解行业需求和职业发展路径，为未来的职业生涯做好充分准备。

9.2.4 智能会计专业方向的课程设置、教学方法和教学内容

智能会计专业方向的课程设置、教学方法和教学内容是专业教育中的核心要素，对于培养具备专业知识和实践能力的优秀人才具有重要意义。

1. 课程设置方面

智能会计专业方向的课程设置应充分体现理论与实践的结合。除了传统的会计基础课程，如基础会计、中级财务会计、财务管理等，还应加入与智能会计相关的课程，如大数据分析在会计中的应用、智能财务系统、会计信息系统等。此外，为了培养学生的实践能力和创新精神，还应设置一定比例

的实训课程和实践项目。哈尔滨商业大学会计学院智能会计方向在课程体系围绕主干学科工商管理、经济学开课。主要课程包括：管理学原理、微观经济学、宏观经济学、统计学、经济法、基础会计、中级财务会计、高级财务会计、管理会计、财务管理、会计信息系统、审计实务、商务大数据基础、数据库与数据仓库、智能财务共享理论与实务、财务大数据采集与预处理、商务大数据智能分析等。主要实践性教学环节包括：公司创建与运营实训、学年实习（i实习）、毕业实习、会计仿真基础实验、会计仿真中级实验、财会一体化综合模拟实验、智能财务共享实训等。

2. 教学方法方面

哈尔滨商业大学会计学院智能会计方向班级教学过程中，教学方法灵活多样，注重激发学生的学习兴趣和积极性。采用案例教学、情景模拟、在线教学等多样化的教学方法，使学生能够更好地理解和掌握会计专业知识。同时，还注重培养学生的自主学习能力，引导他们主动探索和研究新的会计技术和方法。

3. 教学内容方面

哈尔滨商业大学会计学院智能会计方向教学内容应紧跟会计行业的发展趋势和技术变革，注重培养学生的实际应用能力。除了传授基本的会计理论知识和核算方法外，还应注重培养学生的数据分析能力、信息系统运用能力和创新能力。通过教授学生如何运用智能会计平台进行数据处理和分析、如何运用大数据技术进行财务风险预测和决策支持等内容，使学生能够更好地适应未来职业发展的需求。

2022年春季学期，学院开设《商业大数据与可视化设计》选修课，作为大数据与学校专业优势相融合的教学探索，该课程在设计之初，主讲教师进行了多轮教学研讨，最后认为，该课程在教学设计上一方面要突出哈尔滨商业大学作为全国第一所商业大学的办学特色，形成学校在商业大数据领域的教学优势；另一方面要训练学生运用可视化技术处理商业大数据的能力，拓宽学生对商业大数据的知识视野，提高学生运用BI平台进行商业智能建模和分析的技能。学院不断创新课程教学模式，组织由产业、科研和教学领域多名专家组成的教师团队，给学生提供多角度的教学支持。

9.2.5 智能会计专业方向学生的学习和就业

产教融合成效显,智会学子传佳音。智能会计方向班学生多次获得大学生竞赛奖项。2020级会计学(智能会计方向)1班宋移盈、赵芳芳、谭凯元、杜维缘四名学生在2022年"新道数智人才杯——黑龙江省大学生数智财经大赛暨金砖国家技能发展与技术创新大赛"黑龙江地区选拔赛中获得一等奖、总成绩排名第一的佳绩,成功晋级"2022'一带一路'暨金砖国家技能发展与技术创新大赛之数智财经赛项"全国总决赛。智能会计学子还曾在全国高校"浪潮铸远杯"数字经济共享财务大赛、全国本科院校税收风险管控案例大赛、IMA校园管理会计案例大赛、"正保会计网校杯"全国校园财会大赛总决赛、"中华会计网校杯"全国校园财会大赛等多项大赛、全国高等院校财务数智化大赛(财务大数据赛项)全国总决赛中参与并获奖。学生参与竞赛可以提升学生的实践能力、创新思维、团队协作和沟通能力等多方面的能力,同时也能够拓宽学生的知识视野和综合素质,提高他们的自信心和成就感。经过近几年的探索,会计学院已初步形成了符合专业特点与区域特色的人才培养模式,将产教融合中的教育链、人才链、创新链、产业链有机融合,旨在为行业、企业培养创新型、复合型财经类人才,为区域经济高质量发展提供智力支撑。

哈尔滨商业大学会计学院智能会计专业方向班截至2024年年初已毕业学生3届,就业去向包括政府机关、事业单位、银行、证券、保险、会计师事务所、国有大中型企业、民营企业、上市公司及股份公司。如哈尔滨市财政局、哈尔滨市税务局、中国工商银行、中国建设银行、中国交通银行、中国邮政储蓄银行、哈尔滨银行、龙江银行、格力电器、海尔集团、哈药集团、哈尔滨飞机工业集团、哈尔滨东安发动机公司、大庆油田有限责任公司、瑞华会计师事务所、江海证券、中石油黑龙江销售公司、中建一局五公司、中建六局、中国太平洋保险公司、中国平安保险公司等。学生专业方向符合数字经济时代需求,就业情况较好。

9.2.6 智能会计专业方向建设的具体措施

1. 坚持"经管法融合—国际视野—竞技(创新)能力提升"会计人才培养模式三重特色

(1)会计人才培养——经管法融合特色。经管法融合特色是针对学科的专业特点，确立学科融合的培养目标，促进会计学科专业与"经、管、法"课程模块相融合。在课程实施的过程，我们可以在学院设置辅助课程，使其基于全面构建专业核心课程和通识教育课程，进一步拓宽学习和进步的渠道，使网络资源平台得到充分利用，以一个更具体的指导方式提供一个更广阔的学习路径，减小不同学科之间的差距，提高学生自主学习的能力。

（2）会计人才培养——国际视野。会计人才的培养结合国际化理论教学即为与国际认证资质相结合，课程体系设计具有国际化特色，例如，开始 Basic Accounting、Financial Accounting、Financial Management 等课程，该课既有中文教授，又有英文教授讲解，教材也直接引进国外，外语的课时量因此有所增加，并增加外教口语课的课时来配合双语教学和原版教材的学习，同时也为学生未来的资格证书考试做准备。

（3）会计人才培养——竞技（创新）能力提升。会计人才培养要注重理论基础建设、培养方案的实施应用、更需要注重竞技（创新）能力的提升。会计人才竞技能力提升包括：实践能力提升、竞赛能力提升、创新创业能力提升。

实践能力提升过程主要融入课程体系和实践环节中。具体实施方式包括：第一，实践课程融入教学过程中。实践课程贯穿本科学习四年中，开设《会计基础实训》《专业基础实验》《专业模拟实验》《ERP 沙盘模拟实验》《VB-SE 模拟实验》等实训课程。第二，提供多种实习方式。卓越会计人才培养重视企业实习对理论实践和人格培养的重要性，提供多种实习方式主要包括：实习基地实习、记账公司轮岗实习、事务所审计专项实习、公司顶岗实习、学生自主选择公司实习等多种方式，保证每位同学均得到实习机会。第三，毕业设计实训。毕业设计采用教师指导等形式对学生进行指导，并以中期答辩等措施控制毕业设计的过程。第四，要把个人成绩与团队绩效评价结合起来，注重学生设计过程的绩效评价。

竞技（创新）能力提升，最主要的方式就是承办和组织各项竞技大赛，提升学生综合运用相关知识的能力。在竞赛中学习，在学习中创新，鼓励学生在校期间参加世界级、国家级、省级大赛。财会类技能大赛包括："科云杯"全国大学生财会职业能力大赛、全国大型财会专业竞赛"网中网"财务决策大赛、"中华会计网校杯"全国财会大赛、"新道杯"全国大学生创新会计人才技能大赛、"福思特杯"大学生会计手工技能大赛等，比赛以将理论融合实际为初衷，调动学生学习兴趣，提高实践能力。在众多大赛中还包括国际（美国）大学生数学建模竞赛、大学生创新创业训练项目等，这些大赛真正做到了给学生带来思维的训练、创新意识的提升，满足人才培养计划对学生多方面的要求。

2. 成立"黑龙江数字财经产教联盟"，共筑新商科人才数智化培养平台

2019年12月，"黑龙江数字财经产教联盟"在哈尔滨商业大学成立。"黑龙江数字财经产教联盟"是由哈尔滨商业大学与浪潮集团有限公司联合发起，经黑龙江省普通高等学校创新创业教育指导委员会秘书处审议并报省教育厅相关部门核准，联合有关院校及相关企事业单位共同成立。成立"黑龙江数字财经产教联盟"是一项具有深远意义的举措，旨在共筑新商科人才数智化培养平台，推动黑龙江地区乃至全国的数字财经教育与实践的深度融合。该联盟将汇聚政府、企业、高校等多方力量，共同打造一个资源共享、优势互补、协同育人的良好生态。通过联盟平台，各方可以共同研究数字财经领域的发展趋势和人才需求，制订符合实际的人才培养方案，推动新商科教育的创新发展。同时，联盟还可以促进产学研用紧密结合，推动数字财经技术的研发与应用，为行业发展提供有力支撑。此外，联盟的建立还有助于加强校企合作，推动产教融合，为学生提供更多实践机会和就业渠道。通过实习实训、项目合作等方式，学生可以更好地将理论知识与实践相结合，提升自己的综合素质和职业能力。

"黑龙江数字财经产教联盟"的成立将为新商科人才的数智化培养搭建一个高效、便捷的平台，在加快实施黑龙江省校企合作进程中，发挥校企合作在产学研融合、协同育人体系建设、人才培养模式创新、科技成果转化等方面的积极引领和推动作用，为黑龙江乃至全国的数字财经产业发展注入新的活力。

3. 成立产业学院，校企协同育人

2019年12月，浪潮集团与哈尔滨商业大学签约成立"哈尔滨商业大学浪潮会计学院"，浪潮会计学院通过建立与产业紧密对接的教学模式和课程体系，很好地满足社会对于高素质应用型、技术技能型人才的需求，提高了人才培养与社会需求的契合度。同时，产业学院建立了高校与企业的深度合作

机制，通过共同开展专业规划、共同制订人才培养方案、共同开发建设课程、共同组织教学实施和实习实训等方式，实现了校企"双主体"育人，提高了人才培养的质量和效益。会计学院智能会计方向教师与浪潮集团黑龙江省分公司管理人员共同围绕建设"智能会计"专业方向课程设置、师资培训、教材案例编写方案，系统、详细地研讨并确定实施方案细则，双方本着"优势互补、共谋发展、互惠互利、合作共赢"原则，发挥各自优势，共同努力，实现人才培养的改革创新。

4. 开设"数智会计"微专业班，助力数智人才发展

2021年6月，哈尔滨商业大学会计学院开设"数智会计"微专业班。微专业是在大学本科专业目录之外，围绕某些新兴的职业领域，以职业能力和素养培养为导向，通过相对系统和迷你精干的课程学习与实践，开阔视野，快速提升职业核心能力，打通专业教育与职业需求的"最后一公里"。微专业通常包含6门左右的核心课程，聚焦于某一特定领域或行业，旨在培养学生具备该领域所需的专业知识和实践技能。微专业的教学主要以工作坊场景开展项目式教学，以真实项目为导向，融入理论课程学习。同时，微专业课程可以借助慕课等形式，提供在线学习，提高学生学习效率，避免课程时间的冲突。微专业的特色在于其"微"字，即"小而精"，通常包含25个左右的学分课程，形成特色核心课程体系。同时，微专业课程具有前沿性，与产业发展高度匹配，并突出实践性，聚焦能力培养。这种教育模式有助于提高学生的就业竞争力和职业适应能力，促进他们快速融入职场并取得良好的职业发展。哈尔滨商业大学"数智会计"微专业是全国首批会计微专业课程，是哈尔滨商业大学实现教育部提出的"高校要根据区域经济建设和社会发展的需要，合理定位，努力建设一流本科课程，强化一流专业，培养一流人才"所迈出的坚实一步。学院将通过"数智会计"微专业的建设，使学生具备数据整合能力、投资理财能力、创新创业能力等符合时代要求的应用型、交叉复合型专业会计人才。哈尔滨商业大学会计学院微专业拟授课程（4门）：《智能财务管理（微专业）》《数智成本管理会计（微专业）》《财务可视化（微专业）》《数智会计应用实训》虚拟仿真实验。学生结业后成绩合格者将获得《数智会计》微专业证书。

微专业建设能够紧密结合社会需求和行业发展趋势，提供更为精准和高

效的人才培养模式。通过"数智会计"微专业建设，学生可以获得更加深入和系统的专业知识与技能，更好地满足特定领域或行业的工作需求。这种教育模式有助于提高数智时代新商科人才的就业竞争力和职业适应能力，促进他们快速融入职场并取得良好的职业发展。同时，微专业建设也促进了学科交叉融合，培养了学生的创新精神和综合能力，为社会的可持续发展提供了有力的人才保障。

5. 举办数智人才培养研讨会议，构建高质量教育支撑体系

数字化、智能化的时代背景下，数智人才的培养已成为教育领域的核心任务。为了深入探讨数智人才培养的有效路径，会计学院多次以数智人才培养为主题，举办全国性研讨会议。会议旨在汇聚各方智慧，共同探讨构建高质量教育支撑体系的策略与方法并通过会议平台，促进教育界的交流与合作，推动数智人才培养模式的创新与发展，为培养更多具备数字化思维和创新能力的优秀人才奠定坚实基础。

2021年6月，黑龙江数字财经产教联盟2021年智能会计专业建设研讨会在哈尔滨商业大学顺利举行。东北农业大学、东北林业大学、哈尔滨理工大学、黑龙江大学等15所省内高校的41名财会专业的负责人和教师参加会议，共同探讨了数字经济时代会计专业在人才培养模式设计、课程体系搭建、教学方法创新和师资队伍培养等方面的建设转型之路。2023年3月，会计学院举办慕课建设之教育教学智能化探索交流会，就慕课建设升级、课程思政、知识图谱建设等相关内容做了交流。会计学院60位教师以及智慧树网人员参加会议。此次会议，对学院教师成功的慕课建设经验进行了总结，激发了教师的建课热情，同时为后续课程建设升级、课程思政建设、教育教学信息化提供了方向。2023年4月，会计学院成功举办"智能财务发展中心启动仪式暨财务管理专业建设研讨会"，此次会议既是借助项目平台成立"智能财务发展中心"的启动会，更是同黑龙江省内兄弟院校共同探讨新时代背景下财务管理专业建设的研讨会。2023年5月，会计学院举行数字化人才培养研讨会暨加入SAP大学联盟签约仪式。哈尔滨商业大学会计学院在数字化人才培养方面坚持进行探索、创新和实践，此次加入"SAP大学联盟"，正式成为"SAP大学联盟数字化人才培养成员院校"，为学院的数字化人才培养战略再次搭建了更高水平的实践平台。通过和好睿教育签约，力求基于产教融合的

方式将数字化人才培养计划落地生根,将现代化企业场景应用到教学之中,为全面提升数字化和智能化会计人才、财务管理人才和审计人才培养模式融入新元素。

6. 深化产教融合,携手企业共育数智人才

深化产教融合,是提升数智人才培养质量的关键途径。会计学院积极倡导并践行这一理念,通过携手企业共同培育数智人才,实现教育资源与产业资源的优化配置。这种合作模式不仅有助于学生在校期间积累实践经验,更好地适应未来职场需求,同时也为企业提供了源源不断的人才支持,推动了产业的持续发展。学院努力与更多企业建立紧密的合作关系,共同打造适应未来社会需求的数智人才培养体系,为国家的数字化转型和智能化升级贡献力量。

与浪潮铸远教育科技有限公司教师发展培训基地签约,哈尔滨商业大学被授予了全省第一家"教师发展培训基地",基地将致力于提升教师实践能力和创新能力,有效推动高校专业教师与行业、企业人才队伍交流整合,并开展全国性师资培训活动。为落实校企"双师"培养模式,推进智能会计方向班的课程建设与实施,2023年6月,浪潮铸远科技集团与智能会计教研室教师进行课程内容交流,并为智能会计方向班的学生们讲授了商务大数据基础实训。实训以数据脱敏项目为业务分析对象,以数据预处理及数据挖掘、大数据可视化两方面内容为讲解要点,培养了学生使用数据治理平台实现数据全生命周期管理的数智理念,通过培训学生掌握数据分析、数据挖掘及数据可视化的基本操作,使其对大数据视域下的业财融合处理模式有了直观认知,对会计的数字化、智能化发展前景充满信心与期待。2023年12月,2022级智能会计方向班全体学生赴浪潮集团黑龙江省分公司参观学习。本次参观学习既让学生近距离认识和了解了我国企业数字化与智能化发展的现状,也借浪潮之窗对企业数字化转型过程中财务人才的财经素养定位有了更深刻的认识。

7. 支持教师参加人才培养学术会议,学习教学新理念

会计学院支持教师参加人才培养学术会议,学习教学新理念,不断提升教师的专业素养和教学能力,为培养高质量的会计人才提供了坚实的师资保障。这种重视教师专业发展的做法,有助于推动会计教育的创新与发展,为

社会的经济发展提供有力的支持。学院鼓励教师在学术会议中发言、点评，一方面学习其他院校的优秀教学成果，另一方面展示推广自身的教学研究成果。通过参加学术会议进行深度学术交流，提升学院教师素质、推动学院教学改革发展、提高会计学院在国内的影响力和宣传力。近年来，会计学院教师先后在中国会计学会年会、中国商业会计年会、中国会计学会环境资源会计专业委员会学术年会、中国管理会计论坛、"新会计、新技术"管理会计教育高峰论坛、新经济新技术背景下会计学科建设论坛等会议和论坛中围绕着"数智时代的财会人才需求与教育变革""数字经济背景下的会计学科建设""数字时代冲击与会计教育的发展""新技术条件下的业财融合""智能会计的基本内涵和发展逻辑""会计专业发展如何适应技术变革与时代需求""数智驱动下会计学研究内涵和外延的思考""数字化时代如何助力高校培养新型财务人才""新商科视角下的思政一体化创新实践""数智时代赋能新文科专业升级""数智时代新商科一流专业内涵建设探索与实践"等一系列问题，进行了汇报与探讨。

8. 举办系列讲座，拓宽学生视野

举办系列讲座是拓宽学生视野，提升学生素质的一种有效方式。通过邀请不同领域的专家、学者或行业领袖，学院为学生提供丰富的知识和经验，帮助他们了解不同领域的发展和趋势，激发他们对学习和探索的兴趣。学院从讲座的主题和内容、邀请嘉宾人选、组织形式等多方面进行综合考虑，为学生准备了一场场丰富的视听盛宴。例如，"智创前路，共计未来"是系列讲座主题，讲座第一期——校友付伟谈财经大数据分析智能财会与创业。付伟现为跃客科技总裁，数智云科技（辽宁）有限公司执行董事，中国会计教育专家委员会委员，国家教学成果奖获得者，教育部优秀创业导师。付伟首先谈了自己大学时沉迷研究数据分析建模、成立"7+1"财务分析团队等经历，并结合自身经历，向学生们提出宝贵建议，指出要善于抓住展现自我的机遇，不随波逐流，要有自己独立的见解与想法，找到有正能量并志同道合的伙伴，向优秀的人看齐等。他还分享了进入职场后的工作经历，从万达集团到中国投资集团，再到如今自己创立的跃客科技，一步步都是基于自己曾经的积累，他分享自己曾在图书馆废寝忘食研读诸多数据分析建模书籍，对于数据分析建模方面的知识了然于心，而这项技能在工作中给他带来了很多的机会。在

"7+1"财务分析团队研究上市公司财报的经历,使他对于财务分析与实践积累了宝贵的经验,这些大学期间的积淀,都成为后续创业成功的奠基石。学生们纷纷表示受益匪浅,对于如何提升自我有了新的认识,对于学术研究也有了更深刻的思考。2022年4月,会计学院师生参加了"数字化会计师公益云课"活动,共计62名师生进入学习,34人通过考试并取得《数字化会计师(初级)》证书,参与学生普遍认为数字化会计师公益云课的内容弥补了课堂与职场之间的技能差距,在会计专业知识学习的基础上,建立了数字化转型的思维,增加了数字化知识和技能,提升职业规划力和竞争力。通过举办系列讲座和公益课程,学生可以接触到更广泛的知识和领域,拓宽自己的视野和思维方式。这对于培养他们的创新精神和实践能力具有重要意义。

9.2.7 智能会计专业方向建立对新商科人才培养的启示

1. 智能会计人才培养与国家战略需求息息相关

随着信息技术的快速发展和经济全球化的深入推进,会计行业正面临着前所未有的挑战和机遇。为了适应这种变化,培养具备高度专业素养和技能的智能会计人才成为国家战略的重要组成部分。智能会计人才不仅需要掌握传统会计学的知识和技能,还需要具备信息技术、数据分析、人工智能等新兴领域的知识和能力。他们需要能够运用先进的技术手段,对企业的财务状况进行全面、准确、及时的分析和预测,为企业的决策提供有力支持。同时,他们还需要具备高度的职业道德和责任感,保证财务信息的真实性和合法性,维护企业的声誉和利益。因此,培养智能会计人才对于实现国家战略目标具有重要意义。政府、高校、企业等各方需要共同努力,加强智能会计人才的培养和引进,推动会计行业的转型升级和创新发展。只有这样,才能满足经济社会发展的需求,为国家的繁荣富强做出更大的贡献。

2. 明确区分会计专业教学和智能会计教学

会计专业教学和智能会计教学虽然同属于会计教育领域,但它们在教学目标、内容和方法上有着明确的区别。会计专业教学主要侧重于传统会计学的基本理论、方法和技能的培养。它注重学生对会计基本准则、会计制度和会计实务操作的掌握,使学生能够熟练处理日常会计事务,编制财务报表,进行基本的财务分析。会计专业教学强调会计的规范性和准确性,培养学生的会计核算和报告能力。而智能会计教学则更加注重信息技术和人工智能在会计领域的应用。它致力于培养学生掌握数据分析、数据挖掘、机器学习等先进技术，运用人工智能工具解决会计问题。智能会计教学强调学生的创新能力和技术实践能力，使学生能够运用智能会计系统进行财务数据分析、预测和决策支持。尽管两者有所区别，但会计专业教学和智能会计教学并非孤立存在，而是相互关联、相互促进的。会计专业教学为智能会计教学提供了基础知识和技能，而智能会计教学则是对会计专业教学的拓展和升级。通过两者的结合，可以培养出既具备传统会计知识，又具备信息技术和人工智能应用能力的复合型人才，更好地适应经济社会的发展需求。

3. 智能会计教学模式的探索和创新

随着信息技术的飞速发展和人工智能的广泛应用，传统会计教学模式已经难以适应经济社会发展的需求，急需进行探索和创新。智能会计教学模式的探索和创新可以从以下四个方面入手。①课程体系创新。构建以智能化技术为基础的会计课程体系，增加与人工智能、数据分析等相关的课程内容，使学生掌握智能化技术在会计领域的应用。同时，对传统会计课程进行优化和整合，减少重复和过时的内容，提高课程的实用性和前瞻性。②教学方法创新。采用多样化的教学方法，如案例教学、项目教学、实验教学等，引导学生在实际情境中学习和应用智能化技术。同时，积极引入在线教学、混合式教学等现代化教学手段，打破时间和空间的限制，提高教学效果和学习体验。③实践教学创新。加强实践教学环节，建立与智能化技术相关的实验室和实践基地，为学生提供更多的实践机会和实践项目。同时，与企业合作开展实践教学，使学生能够接触和了解实际工作环境和工作流程，提高其实践能力和就业竞争力。④教师队伍建设创新。加强教师队伍的培训和引进力度，提高教师的专业素养和技能水平。同时，积极引入具有丰富实践经验和行业背景的专家和学者，为学生提供更多的行业洞察和实践指导。智能会计教学模式的探索和创新需要从课程体系、教学方法、实践教学和教师队伍建设等多个方面入手，以适应经济社会发展的需求和培养具备高度专业素养和技能的智能会计人才为目标。通过不断的探索和创新，可以推动会计教育的转型升级和创新发展，为国家的繁荣富强做出更大的贡献。

9.3 数智时代新商科人才培养的经验总结与启示

9.3.1 数智时代推动新商科人才培养建设目标与使命的跃迁

数智时代推动新商科人才培养建设目标与使命的跃迁。数智时代，商科教育不再局限于传统的商业理论和管理知识，而是注重与信息技术、数据分析等前沿技术的结合。这种深度融合不仅提升了商科人才的技能水平，也使他们更好地适应数字化商业环境。

在数智时代，新商科人才培养的目标不再仅仅局限于传统的商业知识和技能，而是更加注重培养学生的跨学科素养和综合能力。具体来说，新商科人才需要全面掌握商业知识，包括商业管理、市场营销、财务会计、信息技术等，同时还需要发展创新思维，具备敏锐的市场洞察力和创新意识，能够捕捉商业机会、挖掘未来趋势。此外，实践能力也是新商科人才培养的重要目标，通过参与实践项目，学生可以了解市场需求、掌握实践技能和思维方式，增强自身综合素质和职场竞争力。

在数智时代，新商科教育的使命也发生了深刻变化。传统的商科教育往往过于重视理论研究和学术研究，而忽视了应用和实践教学。然而，在数智时代，新商科教育需要更加注重实践和应用，以满足社会对创新型、复合型商科人才的需求。另外，融合数智技术推动新商科建设，是数智技术对人类社会发展的影响，是"新时代""新需求""教育强国""文化自信"的新体现。因此，新商科教育的使命不仅仅是传授知识，更重要的是培养学生的创新能力、实践能力和跨学科素养，使他们能够适应数智时代的挑战，抓住数智时代的机遇，服务国家战略和全球治理大局。

9.3.2 数智时代指明新商科人才培养建设的方向和重点

新商科建设为应用型人才培养提供方向、标准和价值，提出新思想、新理论、新视角、新方法、新手段。新商科建设坚持以人为本、跨界融合、学科交叉、科技变革，坚持问题导向，强化实践导向，探索范式创新。数智时代为新商科人才培养注入了新动力，将新商科人才培养建设的方向和重点聚焦到数字经济发展、数智技术方向。数智时代将新商科人才培养建设的方向侧重于培养学生数字化与智能化思维、强化学生跨学科融合与创新能力，重点注重实践与应用能力培养、国际化视野与跨文化交流能力以及构建动态更新的课程体系与教学方法。这些方向和重点将有助于培养出适应数智时代需求的创新型、复合型商科人才。

随着大数据、云计算、人工智能等技术的广泛应用，新商科人才必须具备数字化与智能化思维，能够运用现代科技手段解决商业问题。这要求商科教育在课程设置、教学方法等方面注重培养学生的数字化素养和智能化技能，使他们能够熟练掌握数据分析、人工智能等前沿技术，并将其应用于商业实践中。商科教育也应打破学科壁垒，加强与其他学科的交叉融合，如信息技术、数据科学、心理学等，培养学生的综合素养和创新能力。同时，应注重培养学生的批判性思维、问题解决能力和团队合作精神，以适应快速变化的商业环境。此外，还应鼓励学生参与创新创业活动，培养他们的创业精神和创新能力。还应加强与国际商科教育的交流与合作，引进国际先进的教育理念和教学资源，提升商科教育的国际化水平。学校学科建设有关部门应关注行业动态和技术发展趋势，及时调整课程设置和教学内容，确保商科教育与时俱进。同时，还应探索新的教学方法和手段，如在线教育、混合式教学等，提高教学效果和学习体验。

9.3.3 数智时代助力新商科人才培养建设的教学创新

数智时代的浪潮下，新商科人才培养建设迎来了前所未有的教学创新机遇。借助大数据、云计算、人工智能等先进技术的赋能，商科教学正逐步向智能化、个性化、跨界融合的方向迈进。通过构建线上线下相结合的混合教学模式，打破时空限制，让学习更加灵活高效；通过加强实践教学环节，让学生在实践中掌握真知，提升解决问题的能力；通过推行跨学科教学，培养学生的综合素养和创新能力，以适应复杂多变的商业环境。同时，数智时代也为个性化教学路径设计提供了可能，根据学生的学习特点和需求，量身定制教学计划，实现因材施教。这些教学创新举措的实施，将有力推动新商科人才培养建设迈向新的高度，为培养适应数智时代需求的创新型商科人才奠定坚实基础。

9.3.4 数智时代助力新商科人才培养建设的学科治理

数智时代背景下，学科治理需要紧跟时代步伐，以创新的思维和方法，推动新商科教育的深入发展。首先，学科治理应强化跨学科融合与交叉创新。数智时代的商业环境日益复杂多变，要求商科人才具备跨学科的知识背景和创新能力。因此，学科治理应打破学科壁垒，促进商科与其他学科如信息技术、数据科学、心理学等的深度融合，形成多学科交叉创新的良好氛围。其次，学科治理应注重实践教学与产学研合作。实践是检验真理的唯一标准，也是培养商科人才的重要途径。学科治理应积极推动实践教学环节的改革与创新，加强与企业和行业的合作，为学生提供更多的实践机会和平台。同时，通过产学研合作，促进科研成果的转化和应用，提升新商科教育的实用性和针对性。此外，学科治理还应关注国际化视野与跨文化沟通能力的培养。在全球化背景下，商科人才需要具备国际视野和跨文化沟通能力，以适应跨国经营和国际贸易的需求。学科治理应推动国际化教育的发展，加强与国际商科教育的交流与合作，引进国际先进的教育理念和教学资源，提升学生的国际竞争力。最后，学科治理还应注重师资队伍的建设与培养。优秀的师资队伍是新商科人才培养的关键。学科治理应加强对教师的培训和引进力度，提升教师的教学水平和科研能力，打造一支具有创新精神和实践能力的高素质师资队伍。数智时代为新商科人才培养建设的学科治理带来了新的机遇与挑战。它推动新商科教育的深入发展，为培养适应数智时代需求的创新型商科人才提供有力保障。

9.3.5　数智时代助力新商科教育共同体发展

数智时代的特征，如大数据、人工智能、互联网和物联网的广泛应用，以及数字经济的兴起，为教育共同体提供了丰富的资源和手段，使其能够更好地适应新商科建设的需求。

数智时代的大数据技术为教育共同体提供了海量的数据支持。通过收集、分析和挖掘各类数据，教育共同体能够更准确地把握市场趋势、行业需求以及学生特点，为新商科建设提供有针对性的指导和建议。同时，大数据还能够帮助教育共同体优化资源配置，提高教育教学的效率和质量。人工智能技术在教育共同体中的应用，为新商科建设提供了智能化的支持。通过引入智能教学系统、智能评估系统等工具，教育共同体能够实现个性化教学、精准评估和及时反馈，从而提高学生的学习效果和满意度。此外，人工智能还能够模拟人类智能，为教育共同体提供决策支持和创新思路，推动新商科建设的深入发展。互联网和物联网的普及为教育共同体提供了更加便捷的信息交流和资源共享平台。通过互联网和物联网技术，教育共同体可以打破地域限制，实现全球范围内的信息共享和资源整合。这有助于教育共同体更好地了解国际商科教育的最新动态和趋势，引进国际先进的教育理念和教学方法，推动新商科建设的国际化发展。同时，数字经济的兴起为教育共同体提供了更加广阔的市场空间和商业机会。数字经济以数据为核心，以信息和知识为重要生产要素，推动了经济的转型和升级。教育共同体可以积极参与数字经济建设，利用自身的资源和优势，开展在线教育、远程教育等业务，为新商科建设提供更加全面和多元化的服务。

数智时代为教育共同体的发展提供了丰富的资源和手段，使其能够更好地适应新商科建设的需求。教育共同体应该积极拥抱数智时代，充分利用数智技术的优势，推动新商科建设的深入发展。同时，教育共同体还应该加强与其他领域的合作和交流，共同推动商科教育的创新和发展。

附录　数智时代商科人才培养能力调查问卷

尊敬的老师/同学您好：

　　非常感谢您参加我们的问卷调查。大数据和人工智能的时代背景，对商科人才培养模式提出新的挑战。本研究旨在调查数智时代商科人才培养能力结构。问卷采用匿名填写，与调查无关人员不会获取相关信息。我们保证本调查结果仅作学术研究之用，不会应用到无关领域，更不会对您的学习和生活产生影响，请您根据真实情况和真实感受填写，感谢您对我们的研究提供的支持和帮助。

第一部分　您的信息

1. 您的性别：□女　　　□男
2. 您的年龄：□20—30 岁　　□30—40 岁　　□40—50 岁　　□50—60 岁　　□60 岁以上
3. 您的职业：□商科从业者　　□商科教师　　□商科学生
4. 您的从业时间：□0—5 年　　□5—10 年　　□10—15 年　　□15—20 年　　□20 年以上
5. 您的学历：□本科　　□硕士　　□博士及以上
6. 您的专业：□金融　　□会计　　□管理学　　□经济学　　□商务类　　□物流　　□市场营销　　□人力资源管理　　□其他
7. 您的工作岗位：□无　　□学生　　□职员　　□小组组长　　□部门领导　　□单位领导
8. 您的专业技术职称：□无　　□初级职称　　□中级职称　　□高级职称

第二部分 问卷评价

请您对以下数智时代商科人才能力的重要程度做出评价,并在相应的数字前勾选。

一级指标	二级指标	三级指标	非常不重要	不重要	一般	重要	非常重要
专业能力	专业知识能力	财务专业能力	□1	□2	□3	□4	□5
		管理专业能力	□1	□2	□3	□4	□5
		金融专业能力	□1	□2	□3	□4	□5
	专业技术能力	英语专业能力	□1	□2	□3	□4	□5
		统计专业能力	□1	□2	□3	□4	□5
		技术工具能力	□1	□2	□3	□4	□5
		人文科学能力	□1	□2	□3	□4	□5
技术能力	信息技术能力	网络技术能力	□1	□2	□3	□4	□5
		人工智能技术能力	□1	□2	□3	□4	□5
		编程技术能力	□1	□2	□3	□4	□5
		区块链技术能力	□1	□2	□3	□4	□5
		大数据技术能力	□1	□2	□3	□4	□5
	数据技术能力	财务数据挖掘能力	□1	□2	□3	□4	□5
		云计算技术能力	□1	□2	□3	□4	□5
		数据统计技术能力	□1	□2	□3	□4	□5
		数据可视化能力	□1	□2	□3	□4	□5
实践能力	职业胜任能力	管理能力	□1	□2	□3	□4	□5
		领导能力	□1	□2	□3	□4	□5
		谈判能力	□1	□2	□3	□4	□5
		资源整合能力	□1	□2	□3	□4	□5
		法律能力	□1	□2	□3	□4	□5
		税务能力	□1	□2	□3	□4	□5
		风险管理能力	□1	□2	□3	□4	□5
	职业素质能力	思想品德素质	□1	□2	□3	□4	□5
		人际沟通能力	□1	□2	□3	□4	□5
		团队合作精神	□1	□2	□3	□4	□5
		项目策划能力	□1	□2	□3	□4	□5
		关系网能力	□1	□2	□3	□4	□5

续表

一级指标	二级指标	三级指标	非常不重要	不重要	一般	重要	非常重要
创新能力	自主创新能力	自主学习能力	□1	□2	□3	□4	□5
		自主研究能力	□1	□2	□3	□4	□5
	创新创业精神	数字商业思维能力	□1	□2	□3	□4	□5
		互联网视野能力	□1	□2	□3	□4	□5
		批判性思维能力	□1	□2	□3	□4	□5
		可持续发展思维能力	□1	□2	□3	□4	□5

第三部分　其他建议

如果您有关于数智时代商科人才能力的其他建议请在此处书写，感谢。

问卷结束，如果您对本研究的结论感兴趣，请在此处附上您的 E-mail 地址，我们将在第一时间与您分享我们的结论。您的 E-mail 地址：_____

参考文献

[1] Balmer, R. T. Converging Technologies in Higher Education: Paradigm for the "New" Liberal Arts? [J]. Annals of the New York Academy of Sciences, 2006, 1093 (1), 74-83.

[2] JEON In-Han J. The Graceful Exit for the Weak-Eyed Bats: Waiting for the Emergence of New Liberal Arts [J]. In/Outside: English Studies in Korea, 2015 (39).

[3] Dapat L, Alda R, Bacus R. Evaluation of Flexible Learning Module on New Literacies for Preservice Teachers [J]. International Journal of Information and Education Technology, 2023, 13 (3).

[4] Gabriel J. Felbermayr, Fraid Toubal. Culture proximity and trade [J]. European Economic Review, 2009, 54 (2): 279-293.

[5] Bilyalova A, Khairullina D, Nurullina A, et al. Language and Intercultural Communicative Competence in the Professional Training of Business Specialists [C]. New Silk Road: Business Cooperation and Prospective of Economic Development. 2020.

[6] Beheshtifar M, Kamanifard F B. Talent Pool: A Main Factor to Success [J]. Interdisciplinary Journal of Contemporary Research in Business, 2013, 4 (12).

[7] Foerster-Metz F S U, Golowko N, Hell R C, et al. Creating talent pools through coopetition: a case study on vocational training programs in Romania [J]. Management & Marketing. Challenges for the Knowledge Society, 2019, 14 (2).

[8] 王佳, 柴宇欣, 许鸣晗, 等. 元宇宙视域下智慧实践教学平台建设路径研究 [J]. 商业会计, 2024 (09): 121-125.

[9] 陈可唯，何欣欣，黄颖纬．数字经济语境下国潮品牌高质量发展研究［J］．新媒体研究，2024，10（03）：49-53．

[10] 张娇，王佳，张颖萍，等．科技赋能新商科会计人才动态培养机制研究［J］．创新创业理论研究与实践，2023，6（21）：172-174．

[11] 胡怀国．高质量发展的政治经济学解析［J］．山西师大学报（社会科学版），2023，50（06）：44-53．

[12] 王晶．"新财经"背景下的会计教育发展研究——基于学生视角［J］．对外经贸，2023（04）：119-122．

[13] 陈杰，林洁，顾容．教师思政赋能课程思政的底层逻辑与实践理路——基于党的二十大"强化现代化建设人才支撑"的视角［J］．浙江工业大学学报（社会科学版），2023，22（01）：10-18．

[14] 蒋远胜，张红兴，徐慧丹．新文科背景下的新财经和新商科：内涵辨析与国内外改革动向［J］．高等农业教育，2023（01）：23-30．

[15] 虞安骥．面向中国式现代化：职业教育融入全民终身学习体系的逻辑、价值与实践方略［J］．中国职业技术教育，2023（03）：70-76．

[16] 杨典，孙子涵，刘宪本．西方现代文明困境与中国式现代化的世界意义［J］．财经智库，2022，7（06）：35-48+136．

[17] 李玲玲，李欢欢．数智时代VR赋能高校思政课创新研究［J］．南京开放大学学报，2022（03）：9-14．

[18] 王学良，卢秋云，张晓磊．"产教融合"背景下应用型本科院校新商科人才培养研究［J］．高教学刊，2021（09）：173-176．

[19] 王佳．卓越会计人才培养模式创新与探索［J］．中国农业会计，2019（12）：38-39．

[20] 张林，王佳．"互联网+创新创业"导向的会计专业实践教学体系研究［J］．实验技术与管理，2018，35（03）：15-18．

[21] 冯果．新理念与法学教育创新［J］．中国大学教学，2019（10）：32-36．

[22] 樊丽明，杨灿明，马骁等．新文科建设的内涵与发展路径（笔谈）［J］．中国高教研究，2019（10）：10-13．

[23] 安丰存，王铭玉．新文科建设的本质、地位及体系［J］．学术交

流，2019（11）：5-14+191.

［24］胡开宝. 新文科视域下外语学科的建设与发展——理念与路径［J］. 中国外语，2020，17（03）：14-19.

［25］戴炜栋，胡壮麟，王初明，等. 新文科背景下的语言学跨学科发展［J］. 外语界，2020（04）：2-9+27.

［26］陈跃红. 新文科：智能时代的人文处境与历史机遇［J］. 探索与争鸣，2020（01）：11-13.

［27］曲卫国，陈流芳. "新文科"到底是怎样的一场教学改革？［J］. 当代外语研究，2020（01）：14-25.

［28］王学典. 新文科与新时代［J］. 新文科理论与实践，2022（01）：38-47+124-125.

［29］张宝明. 新文科背景下的人文社会科学跨度［J］. 河北学刊，2022，42（04）：62-64.

［30］周毅，白文琳，李洁. 项目化学习：新文科背景下信息资源管理类专业教学模式的深化实践［J］. 情报理论与实践，2022，45（04）：1-7.

［31］傅才武，明琰. 重构"新文科"：数字技术语境下两种文化的对话［J］. 武汉大学学报（哲学社会科学版），2023，76（04）：38-52.

［32］唐蓓，严丹. 新文科背景下数字人文的跨学科渗透机理与融合模式探索［J］. 图书馆理论与实践，2023（04）：113-120.

［33］王丹. 人类命运共同体引领下的高校新文科建设与人才培养［J］. 华南师范大学学报（社会科学版），2023（01）：58-67+206.

［34］崔延强，段禹. 新文科究竟"新"在何处——基于对人文社会科学发展史的考察［J］. 大学教育科学，2021（01）：36-43.

［35］袁凯，姜兆亮，刘传勇. 新时代 新需求 新文科——山东大学新文科建设探索与实践［J］. 中国大学教学，2020（07）：67-70+83.

［36］刘利. 新文科专业建设的思考与实践：以北京语言大学为例［J］. 云南师范大学学报（哲学社会科学版），2020，52（02）：143-148.

［37］韦韬，詹晶. 新文科建设背景下国际经贸人才培养的新路径研究——基于对湖南省本科高校的调查［J］. 科教文汇，2022（09）：58-61.

［38］张奕. 新文科背景下人文精神与科技创新相结合的拔尖人才培养研

究——以西北工业大学国家级英语一流本科专业建设为例［J］.中国外语，2023，20（05）：30-36.

［39］陈春声.新文科背景下的史学研究与人才培养［J］.中国高等教育，2021（01）：12-13.

［40］潘力，郑涛，陶然，等.新文科建设背景下广告学专业人才培养的创新模式［J］.传媒，2023（18）：78-80.

［41］张国平.新商科人才培养模式与实现路径［J］.中国高等教育，2021（02）：43-44+50.

［42］孔祥维，王明征，陈熹.数字经济下"新商科"数智化本科课程建设的实践与探索［J］.中国大学教学，2022（08）：31-36.

［43］金春华，张满.新商科专业人才信息化能力培养模式的探索与实践［J］.高教探索，2023（01）：51-56.

［44］张春萍.加强新商科课程思政建设的路径探析［J］.中国高等教育，2021（10）：37-39.

［45］陈强."专创融合"人才培养模式构建及推进策略——以新商科专业群为视角［J］.中国高校科技，2019（11）：73-76.

［46］宣昌勇，晏维龙."四跨"融合培养新商科本科人才［J］.中国高等教育，2020（06）：51-53.

［47］徐振浩，张化尧，倪云蕾."新商科"建设背景下MBA创新创业教育对创业意愿的影响机制研究—基于创业自我效能的中介作用［J］.高等工程教育研究，2020（06）：123-128.

［48］刘玉，朱姝.新商科类专业群"专创融合"人才培养路径研究［J］.教育学术月刊，2023（07）：46-52.

［49］徐永其，宣昌勇，孙军.新商科创新创业人才跨界培养模式的实践探索［J］.中国高等教育，2020（24）：44-46.

［50］张国平，王开田，施杨."四位一体、四维融合"的新商科复合型人才培养模式探析［J］.中国高等教育，2022（11）：50-52.

［51］齐佳音，张国锋，吴联仁.人工智能背景下的商科教育变革［J］.中国大学教学，2019（Z1）：58-62.

［52］朱廷珺.独立学院创新商科人才培养模式的探索与实践［J］.中

国大学教学，2012（05）：19-21.

[53] 陈晓红，刘国权，胡春华，等. 地方商科院校创新创业教育课程质量提升路径研究[J]. 中国大学教学，2018（03）：67-70.

[54] 曾小彬，李俊. 深化应用型人才培养模式改革 打造现代服务业人才培养基地[J]. 湖南商学院学报，2009，16（06）：66-69.

[55] 霍宝锋，张逸婷，姚佩佩. 基于扎根理论的新商科人才培养[J]. 中国大学教学，2023（04）：4-10.

[56] 李海廷."赛教融合"视角下新商科人才培养模式研究[J]. 中国大学教学，2023（05）：22-27+41.

[57] 王建明. 数智时代新商科人才培养的变与不变——以工商管理类专业人才培养为例[J]. 新文科教育研究，2022（04）：103-116+144.

[58] 曲志丽，姜雪松. 数智时代新商科会计财管人才培养路径的构建[J]. 商业经济，2022（06）：189-191.

[59] 韩婧怡. 数智化时代新商科人才培养模式研究[J]. 现代商贸工业，2023，44（10）：102-104.

[60] 万楚舒，黄玉婷，欧兆真. 数智时代新商科会计财管人才培养路径的构建探究[J]. 中国市场，2023（26）：170-173.

[61] 高利红. 新文科自主知识体系的构建[J]. 华中师范大学学报（人文社会科学版），2023，62（04）：1-11.

[62] 韩喜平，王思然. 在推进新文科建设中构建自主知识体系[J]. 内蒙古社会科学，2023，44（05）：16-22+2.

[63] 安丰存，王铭玉. 新文科建设的本质、地位及体系[J]. 学术交流，2019（11）：5-14+191.

[64] 颜冰，郑克岭."新文科"内涵探析及建设思考[J]. 江苏理工学院学报，2019，25（03）：115-119.

[65] 黄启兵，田晓明."新文科"的来源、特性及建设路径[J]. 苏州大学学报（教育科学版），2020，8（02）：75-83.

[66] 段禹，崔延强. 新文科建设的理论内涵与实践路向[J]. 云南师范大学学报（哲学社会科学版），2020，52（02）：149-156.

[67] 彭凤姣，代安定. 红色文化育人背景下新文科专业课程思政建设的

路径探究［J］．文化创新比较研究，2021，5（27）：165-168．

［68］阮倩．基于学科发展逻辑的新文科建设理念与路径［J］．学术论坛，2022，45（06）：51-62．

［69］黄炳超．高等教育现代化视域下新文科建设的思考［J］．教育理论与实践，2020，40（18）：3-6．

［70］黄震方，黄睿，侯国林．新文科背景下旅游管理类专业本科课程改革与"金课"建设［J］．旅游学刊，2020，35（10）：83-95．

［71］马洁，任学柱．新文科建设中高校外语教师专业身份建构研究［J］．外语界，2023（05）：73-80．

［72］蔡基刚．学科交叉：新文科背景下的新外语构建和学科体系探索［J］．东北师大学报（哲学社会科学版），2021（03）：14-19+26．

［73］范明献，谭慧娟．新文科背景下新闻与传播专硕跨学科培养模式探索［J］．中国出版，2022（16）：24-27．

［74］毛青．对新商科人才培养的创新性探索——评《商科人才培养探索与创新——重庆工商大学商务策划学院实践（2015）》［J］．中国教育学刊，2018，（07）：145．

［75］黄璐，周勇义，邢姝，等．基于数智技术的新商科实验数据资产管理体系探索与实践［J］．实验室研究与探索，2024，43（04）：184-189．

［76］姜文魁．数字化转型背景下职业教育新商科人才培养研究［J］．教育与职业，2024，（07）：109-112．

［77］段金锁．新商科背景下财务管理一流专业课程思政建设探讨［J］．财务与会计，2023，（15）：78-79．

［78］《数字中国发展报告（2022年）》https：//www.cac.gov.cn/2023-05/22/c_1686402318492248.htm．

［79］《会计改革与发展"十四五"规划纲要》https：//kjs.mof.gov.cn/gongzuotongzhi/202103/P020210331405846739978.pdf．

［80］《会计信息化发展规划（2021—2025年）》https：//www.gov.cn/zhengce/zhengceku/2022-01/06/5666675/files/d6bfaa9d79cb434e98be290f344dc7ec.pdf．

［81］《2022年工作重点》http：//www.moe.gov.cn/jyb_sjzl/moe_164/202202/t20220208_597666.html．

[82]《国际教育准则1-6号》https://www.cicpa.org.cn/ztzl1/hyfzyjzl/202107/W020210727664120113808.pdf.

[83] 曹艳,谭佳璐. 数智时代新质生产力与高职教育耦合的意蕴、机理、策略[J]. 当代教育论坛,1-11.

[84] 张静. 生成式人工智能赋能数智教育治理的风险与规避[J]. 教学与管理,2024,(21):32-37.

[85] 刘惠琴,牛晶晶,辜刘建. 倍增高质量发展:教育、科技、人才的协同融合[J]. 清华大学教育研究,2024,45(03):31-36.

[86] 高书国. 以教育高质量发展支撑教育强国建设——再论以质图强战略[J]. 教育发展研究,2024,44(11):1-10.

[87] 邱均平,张廷勇,徐中阳,等. 数智时代我国信息资源管理学科的发展趋势——基于科研、教育与技术的三重视角[J]. 情报科学,1-18.

[88] 祝智庭,戴岭. 融合创新:数智技术赋能高等教育的新质发展[J]. 开放教育研究,2024,30(03):4-14.

[89] 姚志友,邹雪. 新时代研究生教育治理审视:价值重塑与未来行动[J]. 研究生教育研究,2024,(03):45-53.

[90] 祝智庭,金志杰,戴岭,等. 数智赋能高等教育新质发展:GAI技术时代的教师新作为[J]. 电化教育研究,2024,45(06):5-13.

[91] 冯剑峰,姜浩哲,刘珈宏. 面向人机协同的教师数智素养:测评框架、现状审视与优化路径[J]. 教育发展研究,2024,44(10):21-29.

[92] 宋武全,李正福,张照旭. 日本教育数字化转型探析:以数智时代"人"的培养为中心[J]. 比较教育学报,2024,(03):35-45.

[93] 祝智庭,赵晓伟,沈书生. 融创教育:数智技术赋能新质人才培养的实践路径[J]. 中国远程教育,2024,44(05):3-14.

[94] 汪永安,孙增耀. 从导学一体到数智嵌入:研究生思想政治教育引导力的时代转向[J]. 学位与研究生教育,1-9.

[95] 宫长瑞. 数智技术赋能理想信念教育常态化探赜[J]. 兰州大学学报(社会科学版),2024,52(02):88-97.

[96] 谭培文,邝文聪. 数字技术赋能高校思想政治教育方法创新应用研究[J]. 思想政治教育研究,2024,40(02):161-168.

[97] 邹红军，赵洪瑶. 数智时代的学习异化：个体化、窄化与意义贫困[J]. 重庆高教研究，2024，12（04）：80-90.

[98] 林瑾，於荣，朱雪波. 澳大利亚高质量全科医学人才培养的发展历程、特征与启示[J]. 复旦教育论坛，2024，22（02）：121-128.

[99] 李志河，冯燕，李瑞萱. 数智时代教育技术学专业人才培养：局限性、作用域与知识框架[J]. 黑龙江高教研究，2024，42（03）：58-62.

[100] 高中华，张恒. 高质量发展驱动制造业企业人才支撑体系优化的路径及对策[J]. 技术经济，2023，42（12）：45-55.

[101] 汲昌霖，冯雨薇. 人工智能视域下的会计教育转型与人才培养模式优化研究[J]. 中国注册会计师，2023，（09）：68-72.

[102] 廖春华，李永强，魏华. 智能时代"新财经"人才培养的思考与探索[J]. 经济学家，2023，（04）：119-128.

[103] 王思霓. 数字经济背景下青年人才培养模式及对策研究[J]. 中国青年研究，2023，（04）：36-42+20.

[104] 张敏，贾丽，史春玲. 数字经济背景下的智能财务人才需求研究——基于调查问卷数据的实证分析[J]. 厦门大学学报（哲学社会科学版），2023，73（02）：56-68.

[105] 张晓雯，杜万里，杜双. 数字化人才研究热点与发展趋势研究[J]. 价格理论与实践，2023，（01）：70-73+183.

[106] 段洪波，王映竹，赵宏月. 数字时代财务人才培养的探索[J]. 财会通讯，2022，（07）：171-176.

[107] 舒伟，曹健，王华，等. 我国会计本科人才培养的现状、挑战及对策[J]. 会计研究，2021，（08）：177-189.

[108] 刘春来，丁祥海，阮渊鹏. 新工科背景下数字化工程管理人才培养模式探索与实践[J]. 高等工程教育研究，2020，（05）：48-52+63.

[109] 邓文勇，黄尧. 人工智能教育与数字经济的协同联动逻辑及推进路径[J]. 中国远程教育，2020，（05）：1-9+76.

[110] 杜海坤，李建民. 从欧盟经验看数字人才培养[J]. 中国高等教育，2018，（22）：61-62.